新编21世纪社会工作系列教材

# 残疾人社会工作

余艳萍 主 编
秦 琴 副主编

Social Work for Disabled People

中国人民大学出版社
·北京·

## 内容简介

本书全面系统地介绍了残疾人社会工作的基本理论、实践模式、原则和方法，选取了我国社会工作者所开展的专业性服务的案例，重点展现了实践模式在残疾人社会工作中的具体应用，并提供了残疾人社会工作专用量表。本书对残疾人社会工作从理论与实务两个方面进行了深入阐释，与现有的教材相比，更加突出实务性、案例性、指引性，可供高校社会工作专业教学使用，也可供我国各级残疾人联合会工作者使用。

## 主编简介

**余艳萍** 女，汉族，江西余江人，1986年11月生，曾就读于香港城市大学应用社会科学系社会工作专业，获得哲学博士学位。现任武汉理工大学法学与人文社会学院社会学系副主任、副教授、硕士生导师，湖北省普通人文社科重点研究基地武汉理工大学中国残疾人事业发展研究中心办公室主任，武汉理工大学精品课程教学名师、青年教学名师。主讲课程“社会工作概论”“残疾人社会工作”等。主要从事儿童福利、残疾人社会工作等方向的研究。先后主持和参与国家社会科学基金重大项目、一般项目，教育部项目，其他省级项目，一般纵向与横向课题10余项；出版专著1部、编著教材1部；在*Children and Youth Services Review*、《中国青年研究》等SSCI、CSSCI来源期刊上发表中英文论文10余篇。

**秦　琴** 女，汉族，湖北鄂州人，1974年10月生，法学博士。现任武汉理工大学法学与人文社会学院社会学系主任、教授、硕士生导师，湖北省普通人文社科重点研究基地武汉理工大学中国残疾人事业发展研究中心副主任。曾就读于华中师范大学、上海大学，于2016年赴美国加利福尼亚州立大学北岭分校访学一年半。兼任湖北省社会工作联合会副会长、武汉市社会学会副会长。获批武汉市2014年度“黄鹤英才（社会工作）计划”，获2017年全国社会学类专业优秀教学成果奖三等奖，获“2018年度中国十大社工人物”称号。主讲课程“社会工作理论”“高级社会工作实务”等。主要从事社会组织、残疾人社会工作等方向的研究。出版著作多部，发表论文数十篇，主持并参与多个国家级、省部级社会科学研究项目。

# 前言

本教材是“新编21世纪社会工作系列教材”之一，是在湖北省社会学会的支持下，由武汉理工大学社会工作专业教师余艳萍与秦琴主持编写的。本教材依托武汉理工大学社会工作专业的学科积累与湖北省人文社科重点研究基地武汉理工大学中国残疾人事业发展研究中心的智力支持完成编写。武汉理工大学社会工作本科专业自2000年开设，2018年获批专业硕士点；武汉理工大学中国残疾人事业发展研究中心于2016年被批准为湖北省人文社科重点研究基地，已形成知识传授与专业实践并重、残疾人事业发展研究与实践突出的专业特色。同时，本教材在收到湖北省社会学会专家和中国人民大学出版社编辑的评审意见后进行了三轮修改。与以往其他同类的教材相比，本教材力求突出以下特色。

特色一：教材框架清晰。本教材依据一个较清晰的逻辑框架进行呈现：残疾与残疾人—残疾人社会政策—残疾人社会服务—残疾人社会工作及实务。第一章至第三章重点梳理残疾与残疾人的定义、分类、需求等；第二章回顾残疾人社会政策及执行，交代残疾人事业发展的宏观背景和历史进程；第三章介绍社会工作介入残疾人服务的必要性和重要性，突出社会工作的专业视角；第四章开始重点介绍残疾人社会工作，包括概念、价值观与伦理、理论、方法和通用过程，结合案例分析呈现专业社会工作如何介入残疾人服务。

特色二：教材内容本上化。中国的残疾人社会工作发展较晚，但本土的残疾人工作发展历史长远，与国外存在不同。本教材将中国残疾人事业发展与残疾人社会上作本土化进行了梳理，帮助教材使用者更了解残疾人工作的本土发展。同时通过介绍国外残疾人社会工作的发展和专业理念，呈现未来中国残疾人社会工作发展的方向。

特色三：实践性和反思性强。在编写本教材的过程中，两位编写者不仅梳理了社会工作的理论和方法，还融入了专业教学、专业社会服务实践的经验和成果。同时，本教材引入了实务案例并进行分析，帮助学生进入专业领域深入了解社会工作者的工作内容和方法。此外，教材中每章增设“知识窗”“批判性思考问题”“复习思考题”“推荐阅读书目”等栏目，引导学生进行课外阅读，思考社会服务实践中的问题，拓展知识面，提升专业能力。

本教材的两位编写者是实际承担社会工作专业教学的教师，其中主编余艳萍是香港城市大学毕业的社会工作专业博士，对于我国珠三角地区、香港地区和国外残疾人社会工作的理念和发展有深入了解，副主编秦琴指导学生创办社会工作服务机构，完成多项残疾人社会工作服务项目，具有比较丰富的实践经验。近几年来，余艳萍一直从事“社会工作概论”“残疾人社会工作”等课程的教学与研究工作，秦琴一直从事“社会工作理论”“高级社会工作实务”等课程的教学和研究工作，授课对象为本科生和研究生，积累了比较丰富的资料和教学经验，为本教材的编写打下了一定的基础。本教材的编写人员分工主要是：主编余艳萍设计、规划教材编写大纲，并撰写前言、第一章、第二章、第三章、第四章、第七章、第九章、第十章、第十一章；副主编秦琴撰写第五章、第六章、第八章、附录。武汉理工大学社会学系社会工作专业 2019 级社会工作硕士（MSW）学生对全书进行文字检查修改，对中英文参考文献格式、注释等进行规范，其中严辉负责第一章、第二章和第七章，闫俊霞负责第三章、第五章和第六章，杜洁琼负责第四章，伍娜娜负责第八章，魏丹丹负责第九章，任宇彤负责第十章，刘雪燕负责第十一章。余艳萍对全书进行了最后的统稿。

本教材获批武汉理工大学校级“十三五”规划教材立项，并获得中央高校基本科研业务费专项资金资助（项目批准号：2020VI058）、武汉理工大学本科教材建设专项基金项目资助。本教材经历了多轮修改，在此要感谢武汉理工大学所有参与过本教材资料收集和整理的学生们，他们是：冀雪婷、王心凝、高艺源、黄佳琦、刘浩、彭丽媛、熊珠霞。感谢江西省社会科学院社会学研究所副所长涂龙峰先生对本书的指导。感谢深圳市龙岗区龙祥社工服务中心、武汉爱熙社会工作服务中心提供案例资料。感谢中国人民大学出版社编辑宋义平先生、盛杰女士在本教材成书过程中所付出的辛勤劳动。尽管本教材编者为编写此书竭尽心力，引用他人成果力求做到注明来源，但是错漏之处恐在所难免，有些地方还是未能如愿，在此向相关人士表达诚挚的歉意，并恳请读者批评指正，以便于今后进一步修订、完善。

# 目录

## 第一章
## 残疾与残疾人



## 第二章
## 残疾人社会政策



## 第三章
## 残疾人社会服务



## 第四章
## 残疾人社会工作概述

第十章

## 残疾人小组工作模式及运用



第十一章

## 残疾人社区工作模式及运用



附　录

## 残疾人社会工作专用表格

# 第一章
# 残疾与残疾人

**本章要点**

- 联合国与各个国家和地区均从不同的侧重点和角度出发，来对残疾与残疾人进行定义。总体来说，国际上对于残疾与残疾人的定义在逐步细化与明确。
- 世界卫生组织根据不同的残疾对人的生理和社会功能影响的不同情况来对残疾进行分类，而各国根据自身经济发展水平和文化伦理传统等对残疾进行分类。
- 残疾人的心理特征表现为自卑感、挫折感、敏感、孤独感、抱怨心理等；社会特征表现在缺乏社会参与感、与外界沟通少、受社会歧视与排斥现象屡见不鲜、就业难度大、可就业领域狭窄等方面。
- 残疾人的需求主要是生存需求和发展需求两大方面。其中，生存需求包括康复需求、就业需求、教育需求及外部环境保障需求等；发展需求包括社会交往、职业发展和价值实现需求等。

**关键概念**

残疾与残疾人的定义；残疾的分类及评定标准；残疾人的心理特征；残疾人的社会特征；残疾人的需求

## 第一节　残疾与残疾人概述

### 一、残疾与残疾人的定义

#### （一）残疾的定义

残疾现象和残疾问题由来已久，古今中外对此都有论及。由于文化和认识的差异，各国对残疾的界定也多种多样。国外学者汤逊德（Toashsent）将全球范围内已有的23种残疾的分类归纳为五大类：畸形或损失、临床症状、日常活动功能限制、由于异常而造成的残疾、由于不利条件而造成的残疾。[①] 世界卫生组织（World Health Organization，WHO）于1980年发布《国际残损、残疾和残障分类》（International Classification of Impairments，Disabilities，and Handicaps），提出残疾的概念分为残损、残疾和残障三层含义：残损（impairment）是指心理、生理或解剖结构和功能上的缺损和异常。残疾（disability）是指残损导致的执行活动能力的限制和丧失。执行活动能力是一种执行习惯性活动的能力或者正常人应该具有的能力，残疾则由于身体缺陷而缺乏作为正常人以正常的方式从事正常活动的能力。残障（handicap）是指由于缺陷，个体处于某种不利地位，限制或阻碍其发挥与本身年龄、性别、社会和文化等因素相符的正常作用（见图1-1）。[②] 残损、残疾和残障分别代表机能损伤、生理功能障碍和社会功能障碍。[③]

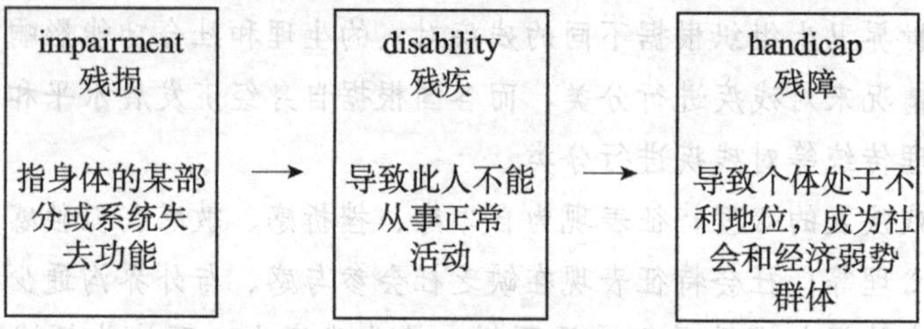


**图1-1 残疾的概念（根据WHO的划分整理）**

残疾的概念在持续地发展。残疾人国际（Disabled Peoples' International，DPI）1982年提出，“impairment”（残损）指个体生理、心智或感官上的缺损所造成的功能限制；“disability”（残疾）指由于生理和社会的阻碍，致使人们在平等参与社区正常生活中受到限制，甚至丧失机会。DPI没有使用“handicap”（残障）这一概念，认为“disability”并非个体的生物现象，而是社会建构的现象，个体能力受限的原因是社会环境未给个体提供适当条件，个体障碍即社会障碍。[④] WHO在2001年推出《国际功能、残障和健康分类》（International Classification of Functioning，Disability and Health，ICF），指出每个人都会有健康日渐耗弱的经验，因此都会体验到某种程度的残障，残障并不只是少数人才有的状况，而是一种人类普遍存在的经验。因此，ICF摒弃了正常/异常的二分法，将所有健康状态（health conditions）平等地置于“残障-健康”维度之上加以衡量。ICF将残障发展为一个涵盖性术语，包括身体残损、活动和社会参与受限的所有障碍状态。ICF不再试图

---

① 奥利弗．残疾人社会工作．谢子朴，谢泽宪，译．北京：华夏出版社，1990：40-42.

② WHO. International classification of impairments，disabilities，and handicaps：a manual of classification relating to the consequences of disease［C］. Geneva：World Health Organization，1980.

③ 周沛，曲绍旭，张春娟，等．残疾人社会工作．北京：社会科学文献出版社，2012：2.

④ DPI. Proceedings of the First World Congress［C］//Singapore：Disabled People′s International，1982.

解释残障的原因是生理上的残损抑或是社会障碍，而是专注于残障的影响与后果，通过把身体和社会的功能水平作为标准，衡量个体的健康状态在“残障-健康”维度中的位置。①

### （二）残疾人的定义

残疾人，对应的英文是“the disabled people”，是指带有残疾的人（people with disabilities）。1982 年联合国大会通过的《关于残疾人的世界行动纲领》（World Programme of Action Concerning Disabled Persons）中提到，残疾人并不是一个单一的性质的群体，包括精神病者，智力迟钝者，视觉、听觉和言语方面受损者，行动能力受限者和“内科残疾”者等。② 联合国 2006 年 12 月 31 日通过并于 2008 年 5 月 3 日生效的《残疾人权利国际公约》中指出：“残疾人是包括肢体、精神、智力和感官有长期损伤的人。”这是一个宏观层面的定义，指导着拥有不同国情、存在地区差异的各个国家对于残疾人的基本定义。在英国，关于残疾人的定义主要来自 1995 年制定、2005 年修正的《反残疾歧视法》，该法案将残疾定义为“对个体正常日常生活能力有不利影响的一种身体和精神上的缺陷，这种不利影响，必须具有特质性和长期性的特点”。在美国，没有统一的残疾人的定义，而是在公民权利、教育、就业、住房、税务、社会保障、社会服务、兵役等方面的相关法律中对残疾人或残疾有多达 67 种不同的定义。其中《美国残疾人法案》（American with Disabilities Act of 1990，ADA）对残疾人的定义最为常见，也最宽泛，在这项法案中，残疾人是指“确实限制了个体从事主要生活活动的身体和精神上损伤的人。此人有这种损伤的记录，或其确被认定有这种损伤。其中‘主要生活活动’指个体的日常生活、学习和工作等方面的活动”。日本对残疾人概念的界定在借鉴国际社会上的通用概念的基础上经过多次修改，将残疾人定义为“身心残障者、障碍者”，并于 2011 年明确指出“残疾人不仅包括肢体上的残疾、智力上的残疾、精神上的残疾，同时还包括发育上的残疾”。由此可见，国际上对于残疾人的定义在逐步细化与明确。

在中国，大陆地区一直将残疾人称呼为“残疾人”；香港地区将其称呼为“弱能人士”；台湾地区将其称呼为“残障、身心障碍者、身障者、障碍者”。根据第七届全国人民代表大会常务委员会 1990 年 12 月 28 日通过的《中华人民共和国残疾人保障法》（以下简称《残疾人保障法》）第二条的规定，残疾人是指“在心理、生理、人体结构上，某种组织、功能丧失或者不正常，全部或者部分丧失以正常方式从事某种活动能力的人”。这一定义体现了残疾人的两层含义：“一是心理、生理或躯体的残缺或损伤，即个体层面的功能缺失；二是全部或部分丧失以正常方式应对生活的能力，即

---

① 鲍雨，黄盈盈．从偏差到“体现”：对“残障”意义的社会学理解．北京社会科学，2015（5）：57-64.

② World Programme of Action Concerning Disabled Persons.（1982-12-03）［2016-12-06］. https://www.un.org/development/desa/disabilities/resources/world-programme-of-action-concerning-disabled-persons.html#objectives.

社会层面的功能缺失”①。可以说，在日常生活中我们所看到的存在不同程度的躯体功能或精神心理障碍、社会功能部分或全部缺失的群体，都属于残疾人范畴。出于本土社会工作实务操作的需要，本书采用《残疾人保障法》中对于残疾人的界定。

**批判性思考问题:**

对残疾人的称呼不同，对个人和社会有何影响?

## 二、残疾的分类及评定标准

### (一)残疾的分类

世界卫生组织根据不同的残疾对人的生理和社会功能影响的不同情况，把残疾分为三类（见表1-1）：

第一类是功能、形态残疾，指因意外伤害或疾病的后遗症，使人体结构或功能发生缺陷或异常的状况；

第二类是丧失功能残疾，指人体的结构缺陷和功能障碍使人体丧失应具备的能力（与其性别、年龄、文化程度和职业等相应的能力）；

第三类是社会功能残疾，指由于身体的形态和功能的缺陷或异常而影响残疾人参加正常社会活动的情况，或者虽然具备参加社会活动的能力，但因受到歧视而被迫脱离社会的情况。

**表1-1 世界卫生组织关于残疾的分类标准（1980）**

| 残疾概念 | 残疾类别 | 残疾的分类 |
|---|---|---|
| 损伤 | 功能、形态残疾（病损分类） | （1）智力病损 （2）心理病损<br>（3）听力病损 （4）语言病损<br>（5）视力病损 （6）内脏病损<br>（7）骨骼病损 （8）多种综合病损 |
| 残疾 | 丧失功能残疾（失能分类） | （1）行为失能 （2）语言交流失能<br>（3）个人生活自理失能 （4）运动方面的失能<br>（5）身体姿势和活动方面的失能<br>（6）精细活动方面的失能 （7）环境适应方面的失能<br>（8）特殊技能方面的失能 （9）其他活动方面的失能 |
| 障碍 | 社会功能残疾（残障分类） | （1）识别（人、地、时）残障 （2）身体残障<br>（3）运动残障 （4）职业残障<br>（5）社会交往残障 （6）经济自给残障 |

资料来源：周沛，曲绍旭，张春娟，等．残疾人社会工作．北京：社会科学文献出版社，2012：5.

各国根据自身经济发展水平和文化伦理传统对残疾的分类与划分又有具体的区别。本书着重介绍中国关于残疾的分类判定和标准。2011年年初发布的《残疾人残疾分类和分级》国家标准已于2011年5月1日起正式实施，这是中国在残疾人

① 周云．英国残疾人的社会保障．社会保障研究，2016（6）：92-99.

领域关于残疾种类和等级划分的首个国家标准。它规定了残疾人残疾分类和分级的术语和定义、残疾分类和分级及代码等。在这份标准中，按照不同残疾分为视力残疾、听力残疾、言语残疾、肢体残疾、智力残疾、精神残疾和多重残疾。①

视力残疾：各种原因导致双眼视力低下并且不能矫正或双眼视野缩小，以致影响其日常生活和社会参与。视力残疾包括盲及低视力。

听力残疾：各种原因导致双耳不同程度的永久性听力障碍，听不到或听不清周围环境声及言语声，以致影响其日常生活和社会参与。

言语残疾：各种原因导致的不同程度的言语障碍，经治疗一年以上不愈或病程超过两年，而不能或难以进行正常的言语交流活动，以致影响其日常生活和社会参与。包括：失语、运动性构音障碍、器质性构音障碍、发声障碍、儿童言语发育迟滞、听力障碍所致的言语障碍、口吃等。（注：3 岁以下不定残。）

肢体残疾：人体运动系统的结构、功能损伤造成的四肢残缺或四肢、躯干麻痹（瘫痪）、畸形等导致人体运动功能不同程度丧失以及活动受限或参与的局限。肢体残疾主要包括：（1）上肢或下肢因伤、病或发育异常所致的缺失、畸形或功能障碍；（2）脊柱因伤、病或发育异常所致的畸形或功能障碍；（3）中枢、周围神经因伤、病或发育异常造成躯干或四肢的功能障碍。

智力残疾：智力显著低于一般人水平，并伴有适应行为的障碍。此类残疾是由于神经系统结构、功能障碍，使个体活动和参与受到限制，需要环境提供全面、广泛、有限和间歇的支持。智力残疾包括在智力发育期间（18 岁之前），由于各种有害因素导致的精神发育不全或智力迟滞；或者智力发育成熟以后，由于各种有害因素导致智力损害或智力明显衰退。

精神残疾：各类精神障碍持续一年以上未痊愈，由于存在认知、情感和行为障碍，以致影响其日常生活和社会参与。

多重残疾：同时存在视力残疾、听力残疾、言语残疾、肢体残疾、智力残疾、精神残疾中的两种或两种以上残疾。

## （二）残疾的评定标准

中国最新的残疾评定标准依据为国家标准《残疾人残疾分类和分级》②。该标准中分级的原则为：各类残疾按残疾程度分为四级，残疾一级、残疾二级、残疾三级和残疾四级；残疾一级为极重度，残疾二级为重度，残疾三级为中度，残疾四级为轻度。

### 1. 视力残疾分级

视力残疾按视力和视野状态分级，其中盲为视力残疾一级和二级，低视力为视力残疾三级和四级。视力残疾均指双眼而言，若双眼视力不同，则以视力较好的一眼为准。如仅有单眼为视力残疾，而另一眼的视力达到或优于 0.3，则不属于视力

---

①② 残疾人残疾分类和分级．（2011－01－14）［2017－05－18］．http：//www.gzdpf.org.cn/Article/UploadFiles/201703/2017033109305961.pdf.

残疾范畴。视野以注视点为中心，视野半径小于10度者，不论其视力如何均属于盲。视力残疾分级见表1-2。

**表1-2 视力残疾分级**

| 级别 | 视力、视野 |
|---|---|
| 一级 | 无光感～<0.02；或视野半径<5度 |
| 二级 | 0.02～<0.05；或视野半径<10度 |
| 三级 | 0.05～<0.1 |
| 四级 | 0.1～<0.3 |

**2. 听力残疾分级**

听力残疾分级原则为按平均听力损失，及听觉系统的结构、功能，活动和参与，环境和支持等因素分级（不佩戴助听放大装置）。注：3岁以内儿童，残疾程度一、二、三级的定为残疾人。

一级指听觉系统的结构和功能极重度损伤，较好耳平均听力损失大于90 dB HL①，不能依靠听觉进行言语交流，在理解、交流等活动上极重度受限，在参与社会生活方面存在极严重障碍。二级指听觉系统的结构和功能重度损伤，较好耳平均听力损失在（81～90）dB HL之间，在理解和交流等活动上重度受限，在参与社会生活方面存在严重障碍。三级指听觉系统的结构和功能中重度损伤，较好耳平均听力损失在（61～80）dB HL之间，在理解和交流等活动上中度受限，在参与社会生活方面存在中度障碍。四级指听觉系统的结构和功能中度损伤，较好耳平均听力损失在（41～60）dB HL之间，在理解和交流等活动上轻度受限，在参与社会生活方面存在轻度障碍。

**3. 言语残疾分级**

言语残疾分级原则为按各种言语残疾不同类型的口语表现和程度，脑和发音器官的结构、功能，活动和参与，环境和支持等因素分级。

一级指脑和/或发音器官的结构、功能极重度损伤，无任何言语功能或语音清晰度小于等于10%，言语表达能力等级测试未达到一级测试水平，在参与社会生活方面存在极严重障碍。二级指脑和/或发音器官的结构、功能重度损伤，具有一定的发声及言语能力。语音清晰度在11%～25%之间，言语表达能力等级测试未达到二级测试水平，在参与社会生活方面存在严重障碍。三级指脑和/或发音器官的结构、功能中度损伤，可以进行部分言语交流。语音清晰度在26%～45%之间，言语表达能力等级测试未达到三级测试水平，在参与社会生活方面存在中度障碍。四级指脑和/或发音器官的结构、功能轻度损伤，能进行简单会话，但用较长句表达困难。语音清晰度在46%～65%之间，言语表达能力等级测试未达到四级测试水平，在参与社会生活方面存在轻度障碍。

① dB HL，decibel hearing level，听力损失程度。

**4. 肢体残疾分级**

肢体残疾分级原则为按人体运动功能丧失、活动受限、参与局限的程度分级（不佩戴假肢、矫形器及其他辅助器具）。肢体部位说明如下：（1）全上肢：包括肩关节、肩胛骨；（2）上臂：肘关节和肩关节之间，不包括肩关节，含肘关节；（3）前臂：肘关节和腕关节之间，不包括肘关节，含腕关节；（4）全下肢：包括髋关节、半骨盆；（5）大腿：髋关节和膝关节之间，不包括髋关节，含膝关节；（6）小腿：膝关节和踝关节之间，不包括膝关节，含踝关节；（7）手指全缺失：掌指关节；（8）足趾全缺失：跖趾关节。

一级指不能独立实现日常生活活动，并具备下列状况之一：（1）四肢瘫：四肢运动功能重度丧失；（2）截瘫：双下肢运动功能完全丧失；（3）偏瘫：一侧肢体运动功能完全丧失；（4）单全上肢和双小腿缺失；（5）单全下肢和双前臂缺失；（6）双上臂和单大腿（或单小腿）缺失；（7）双全上肢或双全下肢缺失；（8）四肢在手指掌指关节（含）和足跗跖关节（含）以上不同部位缺失；（9）双上肢功能极重度障碍或三肢功能重度障碍。

二级指基本上不能独立实现日常生活活动，并具备下列状况之一：（1）偏瘫或截瘫，残肢保留少许功能（不能独立行走）；（2）双上臂或双前臂缺失；（3）双大腿缺失；（4）单全上肢和单大腿缺失；（5）单全下肢和单上臂缺失；（6）三肢在手指掌指关节（含）和足跗跖关节（含）以上不同部位缺失（一级中的情况除外）；（7）二肢功能重度障碍或三肢功能中度障碍。

三级指能部分独立实现日常生活活动，并具备下列状况之一：（1）双小腿缺失；（2）单前臂及其以上缺失；（3）单大腿及其以上缺失；（4）双手拇指或双手拇指以外其他手指全缺失；（5）二肢在手指掌指关节（含）和足跗跖关节（含）以上不同部位缺失（二级中的情况除外）；（6）一肢功能重度障碍或二肢功能中度障碍。

四级指基本上能独立实现日常生活活动，并具备下列状况之一：（1）单小腿缺失；（2）双下肢不等长，差距大于等于 50 mm；（3）脊柱强（僵）直；（4）脊柱畸形，后凸大于 70 度或侧凸大于 45 度；（5）单手拇指以外其他四指全缺失；（6）单手拇指全缺失；（7）单足跗跖关节以上缺失；（8）双足趾完全缺失或失去功能；（9）侏儒症（身高小于等于 1 300 mm 的成年人）；（10）一肢功能中度障碍或两肢功能轻度障碍；（11）类似上述的其他肢体功能障碍。

**5. 智力残疾分级**

智力残疾按 0～6 岁和 7 岁及以上两个年龄段发育商、智商和适应行为分级。0～6 岁儿童发育商小于 72 的直接按发育商分级，发育商在 72～75 之间的按适应行为分级。7 岁及以上按智商、适应行为分级；当两者的分值不在同一级时，按适应行为分级。WHO-DASⅡ[①]分值反映的是 18 岁及以上各级智力残疾的活动与参与情况。智力残疾分级见表 1－3。

① WHO-DASⅡ，WHO Disability Assessment ScheduleⅡ，WHO 残疾评定量表。

表 1－3　智力残疾分级

| 级别 | 智力发育水平 | | 社会适应能力 | |
|---|---|---|---|---|
| | 发育商（DQ）<br>0～6 岁 | 智商（IQ）<br>7 岁及以上 | 适应行为<br>（AB） | WHO-DASⅡ分值<br>18 岁及以上 |
| 一级 | ≤25 | ＜20 | 极重度 | ≥116 分 |
| 二级 | 26～39 | 20～34 | 重度 | 106～115 分 |
| 三级 | 40～54 | 35～49 | 中度 | 96～105 分 |
| 四级 | 55～75 | 50～69 | 轻度 | 52～95 分 |

适应行为表现：
极重度——不能与人交流、不能自理、不能参与任何活动、身体移动能力很差；需要环境提供全面的支持，全部生活由他人照料。
重度——与人交往能力差、生活方面很难达到自理、运动能力发展较差；需要环境提供广泛的支持，大部分生活由他人照料。
中度——能以简单的方式与人交流、生活能部分自理、能做简单的家务劳动、能参与一些简单的社会活动；需要环境提供有限的支持，部分生活由他人照料。
轻度——能生活自理、能承担一般的家务劳动或工作、对周围环境有较好的辨别能力、能与人交流和交往、能比较正常地参与社会活动；需要环境提供间歇的支持，一般情况下生活不需要由他人照料。

**6. 精神残疾分级**

精神残疾分级原则为：18 岁及以上的精神障碍患者依据 WHO-DASⅡ分值和适应行为表现分级，18 岁以下精神障碍患者依据适应行为的表现分级。

一级指 WHO-DASⅡ值大于等于 116 分，适应行为极重度障碍；生活完全不能自理，忽视自己的生理、心理的基本要求。不与人交往，无法从事工作，不能学习新事物。需要环境提供全面、广泛的支持，生活长期、全部需他人监护。二级指 WHO-DASⅡ值在 106～115 分之间，适应行为重度障碍；生活大部分不能自理，基本不与人交往，只与照顾者简单交往，能理解照顾者的简单指令，有一定学习能力。监护下能从事简单劳动。能表达自己的基本需求，偶尔被动参与社交活动。需要环境提供广泛的支持，大部分生活仍需他人照料。三级指 WHO-DASⅡ值在96～105 分之间，适应行为中度障碍；生活上不能完全自理，可以与人进行简单交流，能表达自己的情感。能独立从事简单劳动，能学习新事物，但学习能力明显比一般人差。被动参与社交活动，偶尔能主动参与社交活动。需要环境提供部分的支持，即所需要的支持服务是经常性的、短时间的需求，部分生活需由他人照料。四级指 WHO-DASⅡ值在 52～95 分之间，适应行为轻度障碍；生活上基本自理，但自理能力比一般人差，有时忽略个人卫生。能与人交往，能表达自己的情感，体会他人情感的能力较差，能从事一般的工作，学习新事物的能力比一般人稍差。偶尔需要环境提供支持，一般情况下生活不需要由他人照料。

**7. 多重残疾分级**

按所属残疾中残疾程度最重类别的分级确定其残疾等级。

知识窗

## 有关残疾人证的信息

《中华人民共和国残疾人证管理办法》规定：中华人民共和国残疾人证（以下简称残疾人证）是认定残疾人及其残疾类别、残疾等级的合法凭证，是残疾人依法享有国家和地方政府优惠政策的重要依据。残疾人证坚持申领自愿、属地管理原则。凡符合残疾标准的视力、听力、言语、肢体、智力、精神及多重残疾人均可申领残疾人证。

残疾人证由中国残疾人联合会统一印制，套印中国残疾人联合会印章。地方残联负责发放和管理。视力残疾人证采用红色外皮，其他类别残疾人证采用绿色外皮。有视力残疾的多重残疾人可采用红色外皮的视力残疾人证。

残疾人证号全国统一编码，首次办证采用20位编码格式，以公民身份号码和残疾类别、残疾等级代码为基础，由18位公民身份号码加1位残疾类别代码和1位残疾等级代码组成。

中国残联、国家卫生计生委按照职责分工共同指导省、市、县级残联、卫生计生委做好残疾评定、残疾人证核发管理等工作。

## 核发残疾人证的程序

根据《中华人民共和国残疾人证管理办法》规定，核发残疾人证程序包括：

(1) 申请：第一次申办残疾人证的申请人，需持申请人居民身份证、户口本和3张两寸近期免冠白底彩照，向户口所在地县级残联提出办证申请，如实填写申请表、评定表。申请智力、精神类残疾人证和未成年人申请残疾人证须同时提供法定监护人的证明材料。有条件的地方可开展网上办理申请。

(2) 受理：县级残联接到办证申请人提交的申请材料后，由受理人对申请人、法定监护人、照片、身份证、户口本进行确认，对于填写虚假信息者不予受理。

(3) 评定：指定机构对于申办残疾人证的申请人进行残疾评定，按照残疾标准作出明确的残疾类别和等级评定结论，填写评定表并加盖公章。评定结论符合残疾标准的，应在申请人所在的村（社区）予以公示，公示时间为五个工作日；申请人是未成年人的，原则上不予公示。

(4) 审核、批准：县级残联对办证申请材料、受理程序、残疾评定结论和公示结果进行审核，并在十个工作日内审核完毕。经审核符合规定的，予以批准，填写打印残疾人证相关信息，并在批准残联栏内加盖公章、在持证人像上加盖钢印，同时将残疾评定表等相关信息录入残疾人人口基础数据库。评定结论不符合残疾标准者，不予办理。

(5) 发放、存档：县级残联将残疾人证发放给申请人，并将申请表、评定表、公示结果等相关材料存档、长期保存。

# 第二节 残疾人的基本特征

## 一、残疾人的心理特征

生理上的缺陷对残疾人的心理存在不同程度的影响，因而残疾人存在不同程度的心理特征差异。本节根据多位学者的研究成果总结出以下残疾人常见的心理特征：

第一，自卑感。生理或心理上的缺陷导致残疾人在社会功能上弱于身心健全的人，而社会上的异常眼光和贴标签行为进一步强化了残疾人内心对于自己比别人“弱”且更“特殊”的意识。因而在日常生活中，残疾人非常在意周围人的眼光，经常猜想别人对自己的看法，他们往往会觉得自己被轻视，这种体验让他们变得内向孤僻，且自我效能感低。①

第二，挫折感。一方面，从健全人到残疾人的转变会让残疾人形成强烈的挫败感；另一方面，身心的不健全导致残疾人在学习、生活和就业方面存在不同程度的障碍，他们无法完成健全人轻而易举就能够完成的事情，这种落差会使残疾人产生挫败感。如果无法得到有效排解，这种挫败感将会在很大程度上影响残疾人的心理。

第三，敏感多疑。残疾人非常在意自身缺陷和别人对自己的评价。特别是如果有人在某些场合有意无意说出带有贬义的、不恰当的称呼，就会引起残疾人的反感和排斥心理。他们的自尊心一旦遭到伤害，就会产生愤怒情绪，甚至可能会做出过激行为。②

第四，孤独感。一方面，身体上的缺陷限制了残疾人群体的活动范围，阻碍其正常与外界进行互动；另一方面，残疾人心理上对外界的恐惧和抗拒以及对自我的否定态度又会进一步阻碍其进行正常的社会参与。久而久之，因与外界接触较少，朋友的缺乏和生活的单调让残疾人常常产生孤独感。

第五，抱怨心理。残疾的产生或天生，或后天因疾病及意外事故造成，由残疾人自己导致残疾的情况较少。无法从“不健全”的阴影中走出的残疾人容易将自身的缺陷归因于父母、亲人或者命运的不公，进而产生抱怨心理。

第六，渴望关注。长期的“弱势群体”标签让残疾人自然而然地认为自己比别人弱，因而产生“我比健全人更需要关注、帮助和关爱”的心理，这种心理让他们在日常生活中更渴望得到他人和社会的关注。

## 二、残疾人的社会特征

残疾人的社会特征主要表现在以下几个方面。

---

① 周沛，曲绍旭，张春娟，等．残疾人社会工作．北京：社会科学文献出版社，2012：175－176.

② 石开铭．残疾人心理特征及心理疏导对策．经济研究导刊，2014（2）：88－89.

## （一）残疾人的社会交往特征

残疾人生理上的缺陷导致生活不便，他们常常在社交活动中表现出社交动机不足、社交技能较弱、社会活动参与少等现象。[①] 残疾人的社会交往特征表现在以下三个方面：

第一，社会交往认知方面。一方面残疾人对于信息的理解（社交中的语言及行为）存在局限性，即认知单一。另一方面残疾人存在一些错误的人际期待及人际交往态度。由于社会对残疾人的关心还不够，使得残疾人不能意识到自身的价值和潜能，他们大多存在依附意识，缺乏自主性、勇气和向上的心态。

第二，社会交往心理方面。残疾人自身的身体缺陷易让他们产生自卑和其他不良情绪，这使得他们在与他人交往的过程中处于被支配地位。而且与健全人相比，他们对于他人的言语及行为更加敏感，更容易在心理上受挫。

第三，社会交往行为方面。残疾人多缺乏社交技巧，特别是口语及非口语沟通技巧。残疾人的家人会因为他们身体上的不便而过分关爱与照顾他们，导致残疾人与人交往过程中的自我意识较强，并存在错误的人际期待及人际交往态度。此外，残疾人的活动空间也受到极大限制，他们不能充分接触外界，与外界交流，导致交往经验缺失。

## （二）残疾人的社会融合特征

第一，残疾人在政治方面的社会融合。残疾人虽然政治参与积极性较高，但对目前的政治参与状况普遍表示不满意，政治参与度低；残疾人政治潜能未能充分挖掘，没有制度化、法制化保障；残疾人主观上自认为政治地位不高，这也影响了他们顺畅表达自己的政治愿望。社会上对残疾人参与政治的观念普遍较为落后，使得残疾人政治参与的权利没有得到充分保障。

第二，残疾人在就业方面的社会融合。残疾人群体在就业中的社会融合状况不容乐观，主要表现为：残疾人就业政策对残疾人就业和社会融合的影响力不够；社会体系未能为残疾人生活、就业提供一个普遍平等参与的社会氛围；多数残疾人就业水平低、收入少、社会保障待遇低，导致经济地位低下、对家庭依赖程度高。残疾人个体的社会融合度不高，主要在家庭内活动，参与社会交往的空间不足，很难参与整个社会的交往，逐渐成为边缘化的社会群体。

第三，残疾人在教育方面的社会融合。由于残疾人这一群体的特殊性，导致残疾人接受教育常遭遇社会排斥。多数普通学校不接收残疾学生；而特殊教育学校正处于发展中，无法满足社会上大量残疾学生的入学需求。已进入学校的残疾学生遭受的排斥与歧视也给他们带来很大压力。因此，残疾人总体受教育水平比较低，适龄人口受教育水平不容乐观。要改变残疾人群体受教育遭排斥的局面，就需要削弱排斥，加大社会融合度，使残疾人走上正常的教育轨道。

---

① 魏寿洪，师家璇，王妤，米韬．残疾人社交媒体使用研究进展．残疾人研究，2018（2）：68－73.

### （三）残疾人的社会支持特征

第一，主体层次的多样性。在残疾人社会支持网络中存在着不同性质的支持主体，一般而言，这些支持主体包括家庭、亲朋好友与邻里、非营利组织、社区、政府以及专业的社会工作者和志愿者等。这些主体可分为正式支持网络和非正式支持网络两类，不同性质的社会关系网络所提供的具体的社会支持内容是不同的。正式支持网络的主体——政府，主要提供最基层的制度保障，尤其是政府建立的社会救助体系是一种成效显著的政策性社会支持手段，其中包括最低生活保障制度、五保供养制度、扶贫计划等。广大残疾人从中受益。非正式支持网络可以分为传统的非正式支持网络和新型的非正式支持网络。传统的非正式支持网络就是在血缘、地缘、业缘以及趣缘基础上自发形成的关系网络。其中家庭在残疾人社会支持系统中的作用是无可替代的，家庭为残疾人提供情感性支持、物质性支持、工具性支持以及抚育性支持等。而新型的非正式支持网络主要来自非营利性组织、社会工作者和志愿者，他们为残疾人提供各种社会服务。其中社会工作者的专业性服务对于残疾人的发展来说具有重要作用。

第二，支持内容的层次性。残疾人的社会支持网络所提供的社会支持内容是多种多样的，从满足残疾人的需求层次来看，可以分为基本需求层次、能力康复层次以及享受福利等高级层次。基本需求层次主要是满足残疾人的基本生理需求及安全需求，如各种社会救助制度所提供的物质帮助能够满足其最低生活需要，无障碍设施建设为残疾人的通行提供安全和便利服务，各类社会保险能满足其各种安全需要等。能力康复层次主要是赋权、增强残疾人的能力，如残疾人的心理康复训练、肢体康复训练、教育康复、职业康复等。高级层次主要是为残疾人提供各种生活支持服务以及心理支持、关系支持等专业性的社会工作服务。

第三，支持形式的弱关系性质。残疾人支持形式的弱关系性质包括两种含义。一种是从自发的非正式网络关系角度看，残疾人的网络关系与正常人相比，是一种弱关系状态。由于社会资源占有的不同和社会不公的客观存在，残疾人往往处于弱关系状态之中，即社会交往单一、关系网络简单、社会地位低微，很难融入社会的主流而成为事实上的生活贫困、精神空乏的特殊社会群体。另一种是从美国社会学家格兰诺维特对强、弱关系的划分角度来看，残疾人自发形成的社会网络规模比较小，而且多集中于强关系范畴，为其构建的社会支持网络的主体则多为弱关系，即互动频率不多，交往程度不深，多是为残疾人提供服务的单向支持。①

## 第三节　残疾人的需求

马斯洛需求层次理论由美国心理学家亚伯拉罕·马斯洛于 1943 年在《人类激

① 周沛，曲绍旭，张春娟，等．残疾人社会工作．社会科学文献出版社，2012：156－157.

励理论》这篇论文中提出。该理论将人的需求从低到高分为五级，分别是生理需求、安全需求、社交需求（感情和归属的需求）、尊重需求和自我实现需求。残疾人是社会中的个体，同样具有这五类需求。本节根据残疾人自身的特点，将残疾人需求分为生存需求和发展需求两大类。生存需求包括残疾人生理方面和安全方面的需求，主要体现为康复需求、教育需求、就业需求和外部环境保障需求等；发展需求则包括社交、尊重以及自我实现方面的需求，主要体现为社会交往需求、职业发展需求以及价值实现需求等。

## 一、残疾人的生存需求

### （一）康复需求

医疗康复服务既能减轻甚至消除残疾人的痛苦，又能提高残疾人融入社会的能力，还可以缓解残疾人的心理压力，改善残疾人的家庭生活。残疾类别和残疾等级与残疾人的康复需求也有着紧密的关系。一般来说，视力残疾、听力残疾和肢体残疾者对辅助器具的需求比较高，精神残疾与智力残疾者对医疗康复和心理辅导的需求比较高。此外，不同级别的残疾等级与医疗帮助的需求也有所差别。残疾等级越高，医疗康复所能发挥的作用越是有限，越难以体现康复效果；而残疾等级越低，则对医疗康复帮助的需求也越小。因此，对医疗康复帮助需求最大的集中在二、三级残疾的残疾人群中。康复需求是残疾人最基本的需求，尤其对于那些突然遭遇重大变故而致残的个体，比如在大地震中致残的残疾人，他们有的是因为被倒塌的房屋砸伤或压伤而造成了肢体残疾，有的是因为受到地震的突发刺激而产生了心理或精神上的问题，从而导致了智力、精神残疾等，他们的康复需求显然更为迫切。[①]

**知识窗**

第二次全国残疾人抽样调查数据显示，残疾人需求的前 4 项及比例分别为：有医疗服务与救助需求的占 72.78%；有救助或扶持需求的占 67.78%；有辅助器具需求的占 38.56%；有康复训练与服务需求的占 27.69%。根据数据显示，当前残疾人最主要的需求集中在医疗与救助方面，这与当前我国医疗服务费用较高、残疾人生活较为贫困有关。

### （二）教育需求

教育是提高残疾人自身素质和社会参与能力的重要途径，也是推动残疾人走出家庭小圈子、进入社会、战胜自卑心理的重要渠道。残疾人教育主要包括基础教

① 杨立雄．中国残疾人事业典型案例．北京：人民出版社，2012：15.

育、特殊教育、职业教育和高等教育等，帮助残疾人提高社会参与、就业生存能力，促进残疾人实现自我价值。随着社会的发展，人才市场竞争日益残酷和多样，残疾人对教育需求的类型也发生着变化，对学历教育的需求逐渐上升，对职业教育的需求以及对特殊教育的需求则有所下降。

**知识窗**

第二次全国残疾人抽样调查数据显示：截至2006年4月1日，我国现有各类残疾人达8 296万人。具有大学程度（指大专及以上）的残疾人为94万人，高中程度（含中专）的残疾人为406万人，初中程度的残疾人为1 248万人，小学程度的残疾人为2 642万人（以上各种受教育程度的人包括各类学校的毕业生、肄业生和在校生）。15岁及以上残疾人文盲人口（不识字或识字很少的人）为3 591万人，文盲率为43.29%。可见，我国残疾人受教育水平普遍集中在小学和初中学历，高中尤其是大学学历的残疾人比例较少。

### （三）就业需求

“就业是最好的保障”是公认的一个社会保障原则。对残疾人来说，就业不仅是获取收入、维持生存的必要手段，也是残疾人融入社会，获得与健全人同等权利，实现自我发展和自我价值的重要途径。残疾约束了残疾人选择工作的方向和类型。大部分身体不允许的残疾人，具有行动能力弱、需要更多照顾、文化水平低等特点，这意味着其对职业及单位存在特殊需求，导致增加单位压力的同时也会受到更多的社会歧视，进而在劳动力就业市场中处于被动地位。但另有一部分身体允许，只是就业无门或宁愿享受救济而不愿就业的残疾人群体，他们首先需要的是就业培训，提升他们的个人劳动能力，或改变其不劳而获的想法。对于一些地震致残人员，就业更是他们获得稳定生活来源、改善生活状况和精神状况的根本途径，他们的就业需求很大。

**案 例**

汶川大地震后，四川省全省城镇失业人口在原有的70多万人的基础上新增近40万，加上30多万个体就业人员，城镇就业问题非常突出。受地震因素影响，新增的失业人口中，身体残疾者自然不在少数。众所周知，残疾人在社会中一直处于弱势地位，因此在面临失业和再就业问题时，他们和健全人本不应被摆在同一条起跑线上。灾后重建工作及修复工作理应从国家层面及社会的方方面面考虑，对省内现有的身体残疾者有针对性地开展就业援助。那些因身体残疾及社会性因素而在市场竞争中处于劣势的残疾人，需要由国家出面，经立法保障，给予其必要的就业保障措施和特殊的保护手段，同时结合社会力量，在司法、行政等各方面体现对残疾人的就业照顾。例如，修订或新增省市内部的有关残疾人就业保障的法律条例；联合社会慈善机构、民间志愿者团体与社工机构，帮助身体残疾者整合自身资源、链接社会资源，保障其失业期间的基本生活需要；组织就业培训小组和技能学习互助小组，为身体残疾者提供免费的就业指导、技能培训和互帮互助机会，鼓励其再就业或自主创业，帮助其尽快恢复社会功能、寻找就业机会、回归正常生活等。

### （四）外部环境保障需求

无障碍设施是残疾人走出家门、参与社会生活的基本条件。在城市道路中，盲人穿行马路需要依赖盲道，肢体残疾者需要缘石坡道；在建筑物方面，肢体残疾者从室外进入室内需要特殊通道（坡道），其使用的楼梯、电梯、电话、洗手间、扶手、轮椅位、客房等都需要无障碍保护；在信息和交流方面，听力、言语和视力残疾者需要能够无障碍地获得信息并进行交流，这就需要公共传媒如影视作品、电视节目的字幕和解说，电视手语，盲人有声读物等。

无障碍环境建设是社会文明进步的重要标志，是社会接纳和平等对待残疾、老弱群体的重要表现。长期以来，社会一直是只适合健全人存在的社会，城市中的残疾人基础设施并不完善。一方面适合残疾人的基础设施数量少、覆盖面小且被不合理侵占现象屡见不鲜；另一方面，损坏的和老旧残疾人基础设施很多时候得不到及时修理和更换，这给残疾人造成了通行和使用的不便，直接减少了残疾人与外界交流的机会。

## 二、残疾人的发展需求

### （一）社会交往的需求

社会性是人的本质属性，个体无法脱离社会而孤立生存。现代文明社会的残疾人观强调残疾人同样有人的尊严和权利，有参与社会生活的愿望和能力。残疾人社会交往需求是指残疾人在社会生活过程中所得到的社会支持，包括政府支持、家庭支持和社会其他支持等。残疾人的社交需求包括情感和社会归属感的需求。在情感需求方面，残疾人渴望与他人交往融洽，能像健全人一样平等地参与社会活动，例如通过参与社会娱乐、文化、体育等活动来增进与他人的友谊，排解自身的孤独感。在社会归属感需求方面，同为社会成员，残疾人不愿因自身的残疾而被大家抛弃，他们希望自身所面临的困难可以得到大家的关心和同情，以及相应的帮助，进而获得社会存在感。[①] 残疾人面对婚恋问题时，最大的忧虑在于担心他人无法接受自己，也有部分残疾人想要找正常人做自己的伴侣，但被多数人认为根本不可能。

---

① 管亮．残疾人特殊性及其需求分析．社会工作，2009（4）：60－62．

### （二）职业发展的需求

比起普通人，残疾人更加希望得到应有的尊重。他们十分在意别人如何看待他们，他们的自尊心会因为自己的缺陷而变得比普通人更强。在大多数残疾人自己眼中，他们的“残疾”并不等同于“残废”。他们也希望通过自己的双手创造财富、养活自己。残疾人追求就业满足和职业发展满足是为了满足马斯洛需求层次理论中的尊重需求。就业需求的满足实现的是残疾人获得一般尊重的满足，让残疾人具有和健全人同样的能够生存、保证温饱的机会；职业发展需求的满足则能使残疾人获得更高层次的被尊重感。例如，对于盲人而言，学习推拿技巧，开一间盲人推拿店铺是满足他们就业的需求，将推拿技术推广出去或者传承下来则是满足他们职业发展的需求。

**案 例**

浙江大学经济学院无臂博士王争，一级残疾。虽然失去双臂给王争带来了诸多不便，但他并没有因此而自暴自弃，也没有丝毫自卑和胆怯。他在父母和老师的帮助与鼓励下，从小就养成了坚强、独立、自信的性格，也很快学会了自己处理好日常生活起居和学习。一路走来，他不怕吃苦，不怕困难，不断在进步。即使身体残疾，他也从未放弃过学业，最终凭借自身努力，以优异成绩踏入了高等学府的大门，还给自己树立了更高、更难的目标——做学术。有志者事竟成，王争不仅圆了自己的学术梦，如今还留在英国德蒙福特大学执教，担任国际贸易课程的教学工作。

无臂博士王争用行动向我们诠释，即使是残疾人也能用努力和实际行动来为自己赢得尊重，并逐步走向成功。身体的残疾并不能阻挡内心的热情和对成功、对美好生活的渴望。只要肯付出努力，无论取得成就大小，都能赢得来自他人的尊重，更能为自己找回自信，让自己变得自尊、自立、自强，甚至比普通人更加优秀。

### （三）价值实现的需求

实现自我人生价值是最高层次的需求。无论是正常人还是残疾人，在满足了生理、安全、社交和尊重这前四个需求后，都会希望自己可以充分发挥自身潜能，实现个人理想与抱负。对能够接受教育的适龄残疾人而言，他们也非常渴望能够像其他同龄人一样走进课堂学习知识，让自己成为一个对社会有用的人，实现自我价值。对已步入社会的残疾人而言，他们不愿被众人视作“残废”，不愿给家庭和社会带来沉重负担，希望能同健全人一样自食其力，找到适合自己的工作，在工作中实现个人价值。

**案 例**

安徽芜湖的王利军正是一个实现了自我人生价值的生动的典型。他自幼残疾，却未曾因此影响自己实现人生目标和完成自我突破。他成功创办企业，不但没有给国家、社会和家庭增加一点负担，反而为他们谋得了许多的利益。这是他本人凭借自身能力和坚强的意志获取的成功。王利军的成功案例表明，有的残疾人除了在身体方面与普通人有所区别之外，其他方面完全可以不输给普通人。只要有足够的恒心和毅力，并付出足够的努力，残疾人也能在不同程度上实现自我的人生价值，甚至还能为他人提供便利，为他人创造就业机会和劳动财富，从而造福社会。

## 复习思考题

1. 残疾的定义有哪些？这些定义有何异同？
2. 结合残疾人的社会特征，分析如何提高残疾人的社会参与度。
3. 残疾人有哪些需求？如何更全面地了解残疾人的需求？

## 推荐阅读书目

1. 卓彩琴．残疾人社会工作．广州：华南理工大学出版社，2008.
2. 奥利弗，萨佩．残疾人社会工作（第二版）．高巍，尹明，译．北京：中国人民大学出版社，2009.
3. ROTHMAN J C. 残疾人社会工作．曾守锤，张坤，译．上海：华东理工大学出版社，2013.

# 第二章 残疾人社会政策

**本章要点**

- 社会政策是政府为了满足民生需求、维护社会公平、解决各种社会问题而通过各种方式调动公共资源、促进各项社会事业发展、为民众提供福利性社会服务的政策体系。它可分为四种存在类型，包含三方面要素，在维持社会良性运行方面发挥着重要的作用。残疾人的社会政策指政府和其他社会组织为满足残疾人的基本生活需求、日常照顾服务需求和医疗保健康复服务需求，维护残疾人的合法权益不受侵害，使残疾人幸福愉快地参与社会生活而提供各种社会服务的政策。
- 美国、日本和英国三个国家的残疾人社会政策各有其不同的侧重点。美国政府主要是通过制定并严格实施法律，为残疾人提供学习、就业和生活上的各类保障；日本政府对残疾人在就学、就业以及生活方面都有一系列优惠措施，从而保证“障碍者”无障碍；英国政府针对残疾人的社会政策综合起来可归为对日常生活和照料、改善生活环境、教育、工作与收入以及出行等方面的资金或政策上的支持。
- 在中国，残疾人相关法律法规政策相继出台，为残疾人工作的规范和长远发展奠定了深厚基础。具体包括：有关残疾人基本生活保障的政策、有关残疾人日常照顾服务的政策、有关残疾人医疗保健和康复服务的政策、有关残疾人教育的政策、有关残疾人就业的政策、有关残疾人行动的基础设施和相关制度建设的政策、有关丰富残疾人精神文化生活的政策、有关残疾人权益保护的政策。

**关键概念**

社会政策；残疾人社会政策；基本生活保障；医疗保健和康复；残疾人教育；残疾人就业；残疾人精神文化生活；残疾人权益保障

# 第一节 社会政策概述

## 一、社会政策的内涵与类型

社会政策是公共政策体系的重要方面之一，是政府为了满足民生需求、维护社会公平、解决各种社会问题而通过各种方式调动公共资源、促进各项社会事业发展、为民众提供福利性社会服务的政策体系。[①] 社会政策通过推动更适当地生产和分配社会公共产品来平衡私人物品的生产和分配，其目的是解决市场经济下公民的社会风险。社会政策的存在类型共分为四种：一是立法性政策（主要指国家法律）；二是行政性政策（主要指行政法规）；三是执行性政策（主要指部门规章等）；四是司法性政策（主要指法院等机构的司法解释）。[②] 社会政策的领域一般涉及社会（安全）保障、健康（医疗卫生）、住房、就业、教育、个人社会服务（社会照顾与人类服务）这六个方面。

## 二、社会政策的要素

社会政策包含以下三方面要素。[③]

### （一）社会需要的认定

考察社会集体（以国家为代表）将个人生活中遭遇到的哪些问题算作是需要用集体的努力来加以应对和解决的，它们又是如何具体地理解处于这些问题中的个体对社会帮助的确切需要的。

### （二）满足责任的划分

在认定了集体应予满足的需要之后，考察对这种提供满足的责任在集体中是如何具体划分的。这里的集体可以指国家、政府（公共部门），也可以指市民社会（非政府组织、非营利性机构、社区、自愿团体），还可指市场组织（营利性机构）。考察它们之间是如何具体地分担责任、提供各项帮助以满足社会需要的。

### （三）资源的类型与服务的传递

针对被认定的需要，在明确集体中各方责任的基础上到底提供哪些特定的社

① 全国社会工作者职业水平考试教材编写组．社会工作法规与政策．北京：中国社会出版社，2015（4）：5.

② DOBELSTEIN A W. Social welfare：policy and analysis. Chicago：Nelson-Hall Publishers，1990.

③ JONES C. Promoting prosperity：the Hong Kong way of social policy. Hong Kong：Chinese University Press，1990.

会资源用来满足需要？是一种法定的权利，是一些物质或金钱形式的给付，还是一种人力的服务？这些资源（最终都可视作某种社会服务的形式）是如何经由一个传递的过程送达需求者，能否满足其需要，这种传递的组织安排又是怎样的？

## 三、社会政策的作用

社会政策在维持社会良性运行方面发挥着重要的作用，体现了多方面的意义。

### （一）社会政策在塑造社会团结中的作用

**1. 重新理解社会福利**

社会福利在本质上反映的是人类自身固有的一种依赖关系。“控制社会问题、满足需求和增进机会——以复杂的方式共同满足基本的需求，从而达成一种社会福祉状态。任何特定社区或社会如果满足了这三方面的要求，我们就可以说该社区或社会享有令人满意的福利水平。”①

**2. 社会政策在调节人类依赖关系上的作用**

依赖是人类的生存状态，是社会团结的内在机制。社会政策在本质上就是调节人类的依赖关系，引导人类通过合作、互助和相互照顾而建立彼此之间的尊重和信任，重塑各种社会关系，提升人类的福祉。通过社会政策调节人类的依赖关系，有助于社会的和谐与进步。

### （二）社会政策在政府社会管理中的作用

社会政策的实质是政府在社会福利事务领域中的干预措施。在现代社会条件下，社会政策对于协调社会群体之间的利益关系、保证社会安全、促进社会的整体发展、提升社会质量、最大限度地增进社会公共利益，均起到不可替代的重要作用。社会政策在社会管理中的作用使其成为实现社会管理目标的重要途径②。

### （三）社会政策在促进社会发展中的经济意义

第一，通过社会福利发展人力资本，为经济发展提供高素质的人力资源保障；

第二，通过社会福利发展提升人民的生活消费信心，为经济增长创造稳定的消费环境；

第三，发展社会服务为第三产业发展开辟新的增长点，并打造自然与社会和谐

① 米奇利．社会发展：社会福利视角下的发展观．苗正民，译．上海：上海人民出版社，2009：17.

② 朱子娟．论社会政策在政府社会管理中的作用及其实现途径．学理论，2010（12）：20－21.

的经济模式。[1]

### （四）社会政策在促进社会发展中的政治意义

有效地运用社会政策杠杆可以很好地调节国家与社会、政府与民众的关系，为社会发展创造稳定的政治环境；为社会公平正义提供政策导向，引导社会大众关注共同利益和公共福利，改善公众参与的社会治理结构；调节不同阶级、阶层和族群的利益关系，消除贫困，降低政治冲突风险，促进社会和谐。

### （五）社会政策在促进社会发展中的文化意义

良好有效的社会政策的建立有助于全社会构建起促进社会发展的福利文化，营造良好的社会福利氛围。建立社会政策从某种意义上来说即在全社会倡导公民意识，有利于推动社会民众公益理念与共同体意识的形成。社会政策最主要的意义还在于创造以人为本的社会环境与文化氛围，促进社会和谐发展。

## 四、残疾人社会政策

残疾人的社会政策指政府和其他社会组织为满足残疾人的基本生活需求、日常照顾服务需求和医疗保健康复服务需求，维护残疾人的合法权益不受侵害，使残疾人幸福愉快地参与社会生活而提供各种社会服务的政策。

国际社会有关残疾人的社会政策一般包括以下内容。

### （一）有关残疾人基本生活保障的政策

即有关如何为残疾人提供维持其基本生活保障的政策，主要用以解决残疾人基本生活保障问题，使残疾人不至于陷入生存危机。

### （二）有关残疾人日常照顾服务的政策

即有关由谁和如何为残疾人提供日常的照顾服务，以及由谁承担残疾人日常照顾服务费用的政策，主要用以解决残疾人的日常照顾服务问题。

### （三）有关残疾人医疗保健和康复服务的政策

即有关由什么机构和如何为残疾人提供医疗保健和康复服务，以及由谁承担、如何承担残疾人的医疗保健和康复服务费用的政策，主要用以解决残疾人的医疗保健和康复服务问题。

---

① 科布．后现代公共政策：重塑宗教、文化、教育、性、阶级、种族、政治和经济．北京：社会科学文献出版社，2003：152－162.

### （四）有关残疾人教育的政策

即有关由什么机构和如何为残疾人提供平等的教育服务的政策，主要用以保证为残疾人提供平等的受教育机会，使其能提高自身素质，增强平等参与社会生活的能力。

### （五）有关促进残疾人就业的政策

即有关扶持、规范残疾人就业服务，加强残疾人职业培训，促进残疾人就业的政策。

### （六）有关方便残疾人行动的基础设施和有关制度的建设

包括在城乡公共基础设施建设中的无障碍设计，适合残疾人的居住条件，在公共交通和公共文化娱乐设施服务中对残疾人的优惠政策等。

### （七）有关丰富残疾人精神文化生活的政策

即有关为残疾人提供宽松、关爱的社会环境，充足的活动场所和活动设施，以及开展丰富多彩的文化娱乐活动的政策。

### （八）有关残疾人权益保护的政策

即有关宣传、贯彻、落实、执行涉及残疾人权益保护的各项法律、法规，以切实保障残疾人权益的各项政策，确保残疾人的合法权益不受侵犯。

# 第二节　国外残疾人社会政策

## 一、美国残疾人社会政策

美国作为一个法治社会，其政府主要是通过制定并严格地实施法律，为残疾人提供学习、就业和生活上的各类保障，其残疾人社会政策主要通过法律形式加以确立。1990 年出台、2008 年修订的《美国残疾人法案》（ADA）涉及残疾人的就业、州/地方政府的服务、公共设施、电讯转接服务几部分。每部分的法律都明确规定了残疾人的权利以及所禁止的歧视行为。此外还针对不同残疾类型和不同残疾问题建立了完善的专门法。总之，在立法上，美国建立了相当健全的法律体系。

在残疾人基本生活保障方面，美国社会保障局（Social Security Administration，SSA）为残疾人提供两种经济补助，用来直接改善残疾人的经济状况。两种经济补助分别是社会保障残疾保险（Social Security Disability Insurance，SSDI）和生活补助金（Supplemental Security Income，SSI），这是美国政府向残疾人提供的最大的联邦经济补助项目。

在残疾人教育方面，美国政府对残疾人教育的保障政策更多是支持性的，政府的作用是制定政策、尽可能提供相关资金和信息。政府针对残疾人的各项教育优惠政策主要由美国的教育部（Department of Education）来制定和实施。教育部下设“特殊教育项目办公室”（Office of Special Education Programs，OSEP），专门负责改善残疾儿童的教育工作、资助州和地方政府的相关工作。美国政府有两种面向残疾人教育的资助：一种是面向各州的“公式性资助”（formula grants），这是一种非竞争性的资助，资助的额度根据预先形成的公式决定；另一种是面向高等教育机构和其他非营利组织、用于研究和改进服务等目的的“选择性资助”（discretionary grants），这是一种竞争获得的资助，即只有那些申请内容符合特殊教育项目办公室的资助理念、方向，被认为值得资助的项目才可获得资助。[①] 图 2-1 列出了美国根据《美国残疾人教育法》（IDEA）设立的主要资助项目。

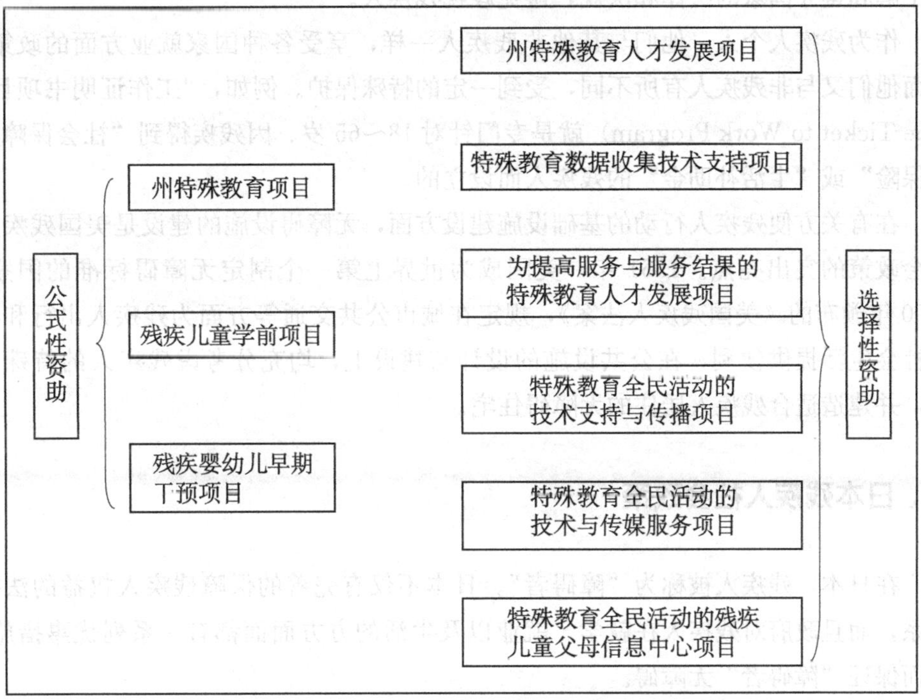


**图 2-1　美国有关残疾人教育的主要资助项目**

资料来源：朱逸杉．美国残疾人社会保障政策概况．残疾人研究，2012（2）：73.

在残疾人就业方面，《美国残疾人法案》规定残疾人有平等就业的权利，这些权利的落实需要依靠政府部门。劳工部下设多个机构，用来促进、监督和加强残疾人平等就业各类条款的执行；不同部门负责不同的具体内容（见表 2-1）。

① 朱逸杉．美国残疾人社会保障政策概况．残疾人研究，2012（2）：71-76.

表 2-1 美国劳工部下设服务于残疾人的机构及其主要职责

| 机构名称 | 主要职责 |
| --- | --- |
| 残疾人雇佣政策办公室（ODEP） | 制定政策；<br>加强部门之间和部门与企业、政府机构之间的联系与合作。 |
| 联邦合同执行项目办公室（OFCCP） | 执行《康复法案》503 条款；<br>依据 ADA 防止企业歧视残疾人；<br>执行《协助越战老兵再适应法案》。 |
| 雇用与培训部门（ETA） | 为培训残疾人增加就业机会提供资金及其他服务。 |
| 公民权利中心（CRC） | 加强执行多项联邦法案（如《康复法案》504 和 508 条款）。 |

资料来源：www. dol. gov/dol/topic/disability.

《美国残疾人法案》要求雇主不仅不能以残疾为理由歧视残疾人，还要在一些方面考虑和调整已雇用的残疾人的工作环境和工作需要。作为相关的雇主，他们必须了解和遵守国家的法律和法规，避免歧视残疾人。

作为残疾人个人，他们与其他非残疾人一样，享受各种国家就业方面的政策。然而他们又与非残疾人有所不同，受到一定的特殊保护。例如，“工作证明书项目”（the Ticket to Work Program）就是专门针对 18～65 岁、因残疾得到“社会保障残疾保险”或“生活补助金”的残疾人而设立的。

在有关方便残疾人行动的基础设施建设方面，无障碍设施的建设是美国残疾人社会政策的突出亮点。1961 年，美国成为世界上第一个制定无障碍标准的国家。1990 年颁布的《美国残疾人法案》，规定在城市公共交通等方面为残疾人出行和参与社会生活提供便利，在公共设施的设计与建设上，均充分考虑残疾人的特殊需求，并建造适合残疾人居住的无障碍住宅。

## 二、日本残疾人社会政策

在日本，残疾人被称为“障碍者”。日本不仅有完善的保障残疾人权益的法律体系，而且政府对残疾人在就学、就业以及生活的方方面面都有一系列优惠措施，从而保证“障碍者”无障碍。

1947 年，日本政府颁布《儿童福利法》，它是日本第一部涉及残疾人问题的法律。随后，日本又根据残疾人的分类，相继通过了《肢体残疾人福利法》（1949 年）、《精神残疾人福利法》（1950 年）、《智力残疾人福利法》（1960 年）。由此，日本构建完成了以此为三大支柱的残疾人社会福利保障体系。这些法律也为维护残疾人权利、保障残疾人福利提供了完善的法律依据。①

在残疾人教育方面，实现“少有所学”。残疾儿童到普通公立学校就学，学校

① 高晶，胡静萍．日本残疾人体育政策、法律的发展研究．学理论，2014（31）：102-103.

不得拒收，入学考试也不设体检，只要残疾人能考上，就能入校读书。对于那些身体条件确实不适应普通公立学校的学习的残疾人，日本各地区都设有“特别支援学校”，以确保他们接受义务教育。此外，为鼓励盲童和聋童进专门学校接受教育，政府还会给予部分资助。在促进残疾人就业方面，日本各地区政府开设了专门的残疾人就业促进机构，帮助残疾人掌握劳动技能并提供就业机会。国家则规定政府机构和民间企业、特殊法人等必须招收一定比例的残疾人，达不到要求就要向国家缴纳补偿金。对于残疾人来说，就医有着特别的要求。日本规定，残疾人领取助听器、义肢等残疾人用品的自费比例只有一成，而在公立医院看病的自费比例也比普通人低得多。

在日本，不仅无障碍设施齐全，无障碍通道保持通畅，而且残疾人可免费乘坐公营地铁、公交车等交通工具，可在公共设施内免费停车。在残疾人的日常照顾服务上，日本的残疾人可向公共事务所申请派家庭服务员帮助处理一些家庭杂务，其收费根据残疾人收入高低而定，不过都比雇佣私人保姆便宜得多。同样，残疾人要出门远行，比如看病、旅游等，也可请公共事务所派人陪同。不能工作或收入低的残疾人也不用为生活发愁，符合条件的困难残疾人可每月领取政府补助金。对于20岁以下的残障儿童和需要经常护理的重残儿童，政府另有“残障福利津贴”，其数额各地不一。[①] 此外，日本政府还建立了预防、救助网络和紧急通信系统，并且落实到户，还免费向残障者家庭发放火焰报警器和自动灭火器等。

除了衣食住行外，日本还会在税收、邮政和娱乐等方面对残疾人给予照顾。日本残疾人普遍受到社会的尊重和重视，社会的方方面面为残疾人平等参与社会生活创造了许多便利条件。

## 三、英国残疾人社会政策

英国是现代社会福利制度的发祥地。早在1601年英国政府颁布的《伊丽莎白济贫法》（The Elizabethan Poor Law）中就已明确规定“要资助老人、盲人等丧失了劳动能力的人”。英国残疾人社会福利政策经过长期的发展，已形成了一套完善而又细致的体系。英国对残疾人的社会政策综合起来可归纳为日常生活和照料、改善生活环境、教育、就业以及交通出行等方面的资金或政策上的支持。

在日常生活和照料方面，政府主要提供“残疾生活补助”“看护补助”“独立生活基金”“直接支付”和“照料提供者补贴”五类补助，目的是帮助残疾人的日常生活。

在改善生活环境方面，为鼓励和方便残疾人在自己家中独立地生活，政府提供

① 吕学静．日本孤残儿童福利的特点及启示．(2016-05-23)［2017-03-20］. http://www.gddpf.org.cn/ztjj/26jqgzcr/zjjd/201605/t20160523_771469.htm.

一些资金补助，帮助他们改造、改善家中的居住环境。例如增设大型装置，改造一些现有日常用品，安装救助警报系统、远距离照料系统等。

在教育方面，英国的残疾人拥有与正常人一样的受教育机会。残疾人除享受其他学生可申请的各种教育津贴外，还可享受免税的“残疾学生补助”（Disabled Students' Allowance）。这项补助用于本科和研究生阶段的学习，申请时不受家庭收入多少的影响，所得到的补助也不必偿还。

在就业方面，补助内容很多，主要有“就业与支援补助”“无行为能力补助”“工作安排”“工作补助金”“工作课税补助”“盲人减税补助”“工伤残疾补助”“（工伤）持续看护补助”“子女税金免除补助”“子女补助”“残疾人（家庭税）减免计划”等。

在交通出行方面，主要包括优惠甚至免费使用公共交通设施、享有在马路上就近停车的特权以及购买自用特殊交通工具时的优惠。例如，行动极为不便的残疾人经过申请、获得证明后可享受在马路上停车的优惠政策。在英国一些地区，人们还可以利用“社区交通服务”（community transport service），这是当地政府提供的一项交通服务，帮助那些无法乘坐公共交通外出的残疾人去商店购物或办理其他一些事情。

## 第三节　中国残疾人社会政策

在中国，残疾人相关法律法规政策相继出台，为残疾人工作的发展奠定了基础。

1990 年 12 月 18 日，第七届全国人大常委会正式审议通过了《中华人民共和国残疾人保障法》，并于 1991 年 5 月 15 日正式实施，2008 年 4 月 24 日又经第十一届全国人大常委会修订。《残疾人保障法》是关于残疾人和残疾人事业的基本法律，是制定其他残疾人法律、法规政策的基础。新修订的《残疾人保障法》包括 9 章，分别为总则、康复、教育、劳动就业、文化生活、社会保障、无障碍环境、法律责任、附则。为了切实贯彻《残疾人保障法》，截至 2007 年年底，全国有 31 个省（自治区、直辖市）制定了《残疾人保障法》实施办法，部分省份还完成了对《残疾人保障法》实施办法的修订。《残疾人保障法》的制定及其修订，对于依法维护残疾人合法权益，推动残疾人事业在新的起点上加快发展，促进残疾人平等充分参与社会生活、共享社会物质文化成果等提供了强有力的法律保障。另外，《中华人民共和国残疾人教育条例》（以下简称《残疾人教育条例》）《残疾人劳动就业条例》等一系列法规、条例也陆续出台，健全了残疾人事业法律体系。①

除此之外，国务院批转实施的指导全国残疾人事业发展的纲领性文件，属国家

① 周沛，曲绍旭，张春娟，等．残疾人社会工作．北京：社会科学文献出版社，2012：85.

级专项规划，主要是对我国残疾人事业发展的总体要求、指导思想、基本原则、主要任务、政策措施及监督实施评估等做出安排部署，为残疾人事业发展规定目标和方向。1988年9月国务院批转实施《中国残疾人事业五年工作纲要（1988年—1992年）》。1991年12月，依据《国民经济和社会发展十年规划和第八个五年计划纲要》，国务院批转实施《中国残疾人事业“八五”计划纲要（1991年—1995年）》，五年工作纲要后两年的任务纳入“八五”计划纲要实施。从“十一五”起，“计划纲要”改为“发展纲要”。从“八五”计划纲要开始，残疾人事业就纳入国民经济和社会发展总体规划，国务院也连续印发了七个残疾人事业专项规划，这对推动残疾人事业全面发展，对促进残疾人事业与经济社会协调发展发挥了重要作用。“八五”计划（1991年—1995年）至“十三五”规划（2016年—2020年）时期，国家层面提倡逐步解决残疾人的温饱问题并逐步实现全面小康水平，政府对残疾人事业的投入逐年递增，与之相关的残疾人就业、教育、康复、保障等具体方案得以一一实施。2021年7月，国务院印发《“十四五”残疾人保障和发展规划》，立足新发展阶段，贯彻新发展理念，围绕构建新发展格局，对推动残疾人事业高质量发展，促进残疾人全面发展和共同富裕做出了重要部署。明确了社会保障、就业创业、公共服务、权益保障四个方面的发展重点，明确了领导体制、投入机制、科技创新、人才培养、信息化等八个方面的支持保障条件，夯实残疾人事业高质量发展的基础，促进残疾人公共服务提质增效。

## 一、有关残疾人基本生活保障的政策

目前，我国关于残疾人基本生活保障的社会政策主要集中在社会保险和社会救助方面。

在社会保险方面，我国通过立法保障残疾人享有各项社会保障的权利。这在一些立法性政策上有所体现，最具代表性的法律文件是《中华人民共和国残疾人保障法》，其中第四十六条规定：政府和社会采取措施，完善对残疾人的社会保障，保障和改善残疾人的生活。同时第四十七条规定：残疾人及其所在单位应当按照国家有关规定参加社会保险。要求残疾人所在城乡基层群众性自治组织、残疾人家庭，应当鼓励、帮助残疾人参加社会保险。对生活确有困难的残疾人，按照国家有关规定给予社会保险补贴。此外，《关于完善残疾人就业保障金制度 更好促进残疾人就业的整体方案》[①] 第十八条规定：完善残疾人就业服务保障机制。积极发挥残疾人就业服务机构在事前事中事后全流程服务的作用，鼓励企业、残疾人职工、就业服务机构签订三方协议。大力推广雇主责任险、残疾人意外伤害保险等保险，保费由企业和残疾人合理分担，消除企业和残疾人的后顾之忧。

---

① 关于完善残疾人就业保障金制度 更好促进残疾人就业的整体方案．(2019-12-27)［2020-05-10］. http://www.gov.cn/zhengce/zhengceku/2019-12/30/content_5465191.htm.

在社会救助方面，为进一步落实国家对残疾人基本生活保障的相关政策，《残疾人保障法》要求各级人民政府对生活确有困难的残疾人，通过多种渠道给予生活、教育、住房和其他社会救助。例如，有残疾人特困临时补助、贫困残疾人参加养老保险补助、低保残疾人生活补助、低保边缘重度残疾人生活补助等。承担这一职责的主体则主要为县级以上地方人民政府，以及由国家鼓励和扶持社会力量创办的残疾人供养、托养机构等。县级以上地方人民政府对享受最低生活保障待遇后生活仍有特别困难的残疾人家庭，应当采取其他措施保障其基本生活；对贫困残疾人的基本医疗、康复服务、必要的辅助器具的配置和更换，应当按照规定给予救助；对生活不能自理的残疾人，地方各级人民政府应当根据情况给予护理补贴；对无劳动能力、无扶养人或者扶养人不具有扶养能力、无生活来源的残疾人，地方各级人民政府应按照规定予以供养。残疾人供养、托养机构及其工作人员不得侮辱、虐待、遗弃残疾人。在《残疾人保障法》里，上述行政性政策有集中的表述与体现。此外，《关于完善残疾人就业保障金制度 更好促进残疾人就业的整体方案》第八条也有规定：加大对用人单位安排残疾人就业的激励力度。合理调整残疾人就业岗位补贴、保险补贴、设施设备购置改造补贴等补贴标准。①

随着我国社会主义法治建设的发展，目前我国已初步形成一套残疾人事业的法律体系，依托法律制定的一系列社会政策使残疾人人权进一步得到保障。整体来看，相关政策普遍适用于大多数残疾人，且保障项目范围广泛；但对类似于因战、因伤致残的退伍军人等特殊残疾人群体制定的专门性的保障性政策，尚存在不少空白领域。另外，还存在阻碍社会政策发挥其真正的作用的问题，如《残疾人保障法》在有些地方和部门贯彻落实不力，对现行残疾人法律、法规和规章执行不力的现象依然存在。② 总之，我国有关残疾人基本生活保障方面的政策，在内容上还有不尽完善的地方，在工作中还存在落实不力的问题。实事求是地说，目前所谓的残疾人状况明显改善仅仅是指一部分残疾人的状况明显改善。为了缓解社会中的确存在着的残疾人强烈的正当需求和这种需求实际上没有得到满足之间的矛盾，建立残疾人基本生活保障制度以及制定相关保障政策显得十分必要。残疾人基本生活保障制度的建立可以缓解这种矛盾，可以密切残疾人与政府、与残疾人组织的关系，增加残疾人对政府、对残疾人组织的信赖。③

## 二、有关残疾人日常照顾服务的政策

有关残疾人基本生活保障的政策旨在对残疾人衣食住行给予基本救助和补贴。同时，为了提升残疾人及残疾人家庭的生活质量和水平，我国对关于残疾人日常照

① 关于完善残疾人就业保障金制度 更好促进残疾人就业的整体方案．(2019-12-27) [2020-05-10]. http://www.gov.cn/zhengce/zhengceku/2019-12/30/content_5465191.htm.

② 奚从清，林清和．残疾人社会工作．杭州：浙江大学出版社，2013：282.

③ 林彰善，李奇明．应当建立残疾人基本生活保障制度．中国残疾人，2004 (1)：23-24.

顾服务方面也有一定的政策支持。

有关残疾人日常照顾的社会政策大体上可以分为微观层面和宏观层面。微观层面的相关政策主要针对残疾人个体，表现为给予残疾人个体一些特殊待遇或优惠政策。比如《残疾人保障法》中有如下具体表述：盲人持有效证件免费乘坐市内公共汽车、电车、地铁、渡船等公共交通工具；盲人读物邮件免费寄递；国家鼓励和支持提供电信、广播电视服务的单位对盲人、听力残疾人、言语残疾人给予优惠。此外，部分省市以《残疾人保障法》为依托，还根据本地残疾人发展实际情况制定了如残疾人税务优惠政策、农村信用合作社小额信用贷款给予利率补贴等优惠政策。

宏观层面的相关政策则以残疾人群体为主要对象，如政府有关部门与残疾人组织建立和完善社会各界为残疾人捐助和服务的渠道，鼓励和支持发展残疾人慈善事业，开展志愿者助残等公益活动。目前，我国社区及社会组织一方面已经较为普遍地设立残疾人日间照顾服务中心，如武汉市硚口区阳光家园康复中心等。这类服务机构能够借助丰富的社区或社会资源，为残疾人群体提供便捷而相对专业的日常照顾服务，协助残疾人进行物理康复，改善残疾人及残疾人家庭的诸多问题，从而促使残疾人在医疗、教育以及就业等各方面的情况得以改善。另一方面，开展以残疾人为主体的特殊活动或社会公益慈善活动是对残疾人日常生活照顾的更高层次的服务。如《残疾人保障法》第十四条规定：每年5月第三个星期日为全国助残日。不仅有助残日，各省市的残疾人联合会（简称“残联”）还会根据具体情况制定助残月，通过开展一系列社区活动为残疾人提供相关的服务。像中国残疾人福利基金会这样的慈善组织，也在大力倡导扶残助困的良好社会风尚，致力于积极筹集资金，努力改善残疾人康复、教育、就业等方面的状况。

残疾人家庭照顾残疾人会增加整个家庭的负担，残疾人的日常照顾也需要一定的人力物力支持，可能会因此增加机会成本。所以，家庭照顾急需社会和国家的支持。正如民政部、中国残联《关于贯彻落实〈国务院关于全面建立困难残疾人生活补贴和重度残疾人护理补贴制度的意见〉的通知》[①] 规定，要探索推进责任共担、功能互补的长期照护体系建设。具体表现为：坚持《意见》提出的资源统筹、责任共担原则，发挥残疾人两项补贴制度的带动作用，逐步建立面向多类群体、统筹多方资源的长期照护体系；强调家庭善尽义务，禁止家庭成员虐待、遗弃残疾人，维护残疾人合法权益，探索通过培训家庭照顾者、改造家庭无障碍环境、社区支援服务等措施，进一步巩固家庭照顾残疾人的基础性作用；鼓励社会力量积极扶助，通过政府购买服务、引导市场服务、鼓励慈善志愿服务等方式，引导社会力量广泛参与残疾人工作；明确政府兜底职责，对家庭无力照顾、社会扶助后仍有困难的残疾人，政府要予以兜底保障；加快残疾人服务体系建设，使残疾人福利补贴与社会服

① 关于贯彻落实《国务院关于全面建立困难残疾人生活补贴和重度残疾人护理补贴制度的意见》的通知．(2015-09-25) [2020-05-10]. http://www.gov.cn/zhengce/content/2015-09/25/content_10181.htm.

务相互配合，形成解决残疾人长期照护困难的保障合力；探索推进残疾人照护体系与老年人照护体系的整合，推动老年人、残疾人服务项目和服务资源共享，逐步建立包括老年人、残疾人等功能障碍人士在内的长期照护体系。

**批判性思考问题：**

残疾人家庭需要什么样的社会支持？

整体来说，我国当前对残疾人日常照顾服务方面的政策比较着重于政府和社会组织购买社区照顾方面，这是向“服务型政府”转变的表现。新型的国家治理模式是“服务型社会”，残疾人社区照顾的主要载体即“社会组织”正是承担这一照顾职能的主体，政府和社会组织购买社区照顾正是解决之道。因此，有关残疾人日常照顾服务的政策应在这方面加大力度。

## 三、有关残疾人医疗保健和康复服务的政策

我国在残疾人医疗保健和康复服务方面，有关政策是发展程度较高的，有较为充实的内容，较全面地涵盖了残疾人的需要，充分体现出党和政府对残疾人群体的关心与爱护。

从 1988 年 10 月我国建成第一个现代化综合性的残疾人康复研究机构——中国康复研究中心起，各省、地、市及部分县相继建立起康复中心、康复站等康复训练服务机构，截至 2018 年，已竣工的省、市、县三级康复设施 914 个，总建筑面积 344.9 万平方米；残疾人专业康复服务机构 9 036 个，在岗人员 25 万人，2 750 个县（市、区）开展社区康复服务。[①]《2020 年残疾人事业发展统计公报》显示，截至 2020 年底，全国有残疾人康复机构 10 440 个，其中残联系统康复机构 2 550 个，康复机构在岗人员达 29.5 万人。[②] 越来越多的康复医疗中心的建立体现了我国对落实残疾人医疗保健和康复服务相关政策的重视。

首先，对残疾人而言，进行医疗保健和康复是恢复社会功能并使其转向正常化的基础和前提。因此，我国的有关政策法规以法律形式保障残疾人享有康复服务的权利，如《中华人民共和国残疾人保障法》明确规定，各级人民政府和有关部门应当采取措施为残疾人康复创造条件，建立和完善残疾人康复服务体系，并分阶段实施重点康复项目，帮助残疾人恢复或者补偿功能，增强其参与社会生活的能力。从充分实现保障残疾人医疗保健的目标出发，相关的执行性政策对残疾人予以多方面多类别的支持，比如贫困白内障患者复明手术、贫困精神病患者门诊助医、残疾人患重大疾病医疗救助、残疾人辅助器具配发补助、贫困残疾人免除残疾鉴定费用

---

① 国务院新闻办公室．为人民谋幸福：新中国人权事业发展 70 年．(2019-09-23)[2021-03-20]. https://www.cdpf.org.cn//xwzx/clyw2/beeae6812b43458aaa72cd28f0ca7d57.htm.

② 中国残疾人联合会．2020 年残疾人事业发展统计公报．(2021-04-09)[2021-06-20]. https://www.cdpf.org.cn//zwgk/zccx/tjgb/d4baf2be2102461e96259fdf13852841.htm.

等。《湖北省残疾人优惠待遇规定》① 第十条也提到，按照国家制订的残疾人康复计划，残疾人康复对象到指定的康复机构进行白内障复明手术、安装假肢以及进行聋儿培训等康复训练，按规定免费提供眼球晶体、假肢、助听器等用具用品，生活确有困难的，按规定予以救济补助。

残疾人接受医疗保健和康复服务时，需要的是一个具有衍生性的网络支持系统，因此需要个人、家庭以及社区、社会组织共同搭建平台，并从实际出发，将现代康复技术与我国传统康复技术相结合，以社区康复为基础，康复机构为骨干，残疾人家庭为依托；以实用、易行、受益广的康复内容为重点，优先开展残疾儿童抢救性治疗和康复；发展符合康复要求的科学技术，鼓励自主创新，加强康复新技术的研究、开发和应用，为残疾人提供有效的康复服务。在《中华人民共和国残疾人保障法》里，上述政策有集中的表述与体现。中国残联、民政部、国家卫生健康委联合制定的《残疾人社区康复工作标准》② 也规定，要为残疾人社区康复提供支持性服务。例如，为有康复需求的视力残疾人提供导盲随行、心理疏导、康复咨询、知识普及等服务；为有康复需求的听力残疾人提供手语翻译、心理疏导、康复咨询、知识普及等服务；为有康复需求的肢体、智力、精神残疾人提供托养、护理、居家照料、心理疏导、康复咨询、知识普及等服务。

其次，我国还有大量的行政性或执行性法规，目标是落实残疾人康复服务、满足其医疗保健需要、确保其正常回归社会。它们的施行与实践，构成了我国相对较完善的残疾人医疗保健和康复服务的具体制度体系。例如，《中华人民共和国残疾人保障法》在提供康复服务基地及硬件设施方面，要求由地方各级人民政府和有关部门组织和指导城乡社区服务组织、医疗预防保健机构、残疾人组织、残疾人家庭和其他社会力量开展社区康复工作。此外，残疾人教育机构、福利性单位和其他为残疾人服务的机构，也为残疾人创造条件，开展康复训练活动。例如有关部门组织和扶持残疾人康复器械、辅助器具的研制、生产、供应、维修服务。在为残疾人提供康复技能训练服务方面，通过专业人员的指导和有关工作人员、志愿工作者及亲属的帮助，残疾人得以努力进行功能、自理能力和劳动技能的训练。在培养残疾人康复专业人才方面，医学院校和其他有关院校应当有计划地开设康复课程，设置相关专业，采取多种形式对从事康复工作的人员进行技术培训。同时，应积极向残疾人、残疾人亲属、有关工作人员和志愿工作者普及康复知识，传授康复方法，以期实现双向互动帮扶。

再者，伴随着康复医学的发展和康复知识的推广与普及，社会大众尤其是残疾人的康复意识普遍提高。在大力推进康复工作的同时，还注重开展残疾预防工作，宣传普及优生优育和残疾预防知识。针对遗传、疾病、药物中毒、事故、环境污染和其他致残因素，制定相关的宣传政策规划。比如组织和动员社会力量，开展“爱耳

① 湖北省残疾人优惠待遇规定．湖北省人民政府公报，2005 (4)：5 - 6.

② 残疾人社区康复工作标准．(2019 - 11 - 25) [2020 - 05 - 10]. http://www.cdpf.org.cn/zcwj/zxwj/201912/t20191202_668907.shtml.

日”“爱眼日”和“精神卫生日”等群众性宣传教育活动，逐步增强全社会“预防残疾，增进健康”的观念，减少残疾的发生。越来越多的残疾人及其亲属逐步懂得并愿意接受康复治疗和训练，争取通过治疗和训练恢复、改善功能，提高社会参与能力。[①]

## 四、有关残疾人教育的政策

根据第二次全国残疾人抽样调查数据，15 岁以上的残疾人文盲人口有 3 591 万，文盲率高达 43.29%。[②] 2020 年第七次全国人口普查结果显示，全国成人文盲率为 2.67%。残疾人的文盲率是普通人的 16 倍之多，这说明残疾人的受教育程度非常低。由于残疾人特殊的身体状况，针对残疾人这一群体的特殊教育学校十分有限，且这些学校多分布在城镇，加大了残疾人受教育的难度。此外，残疾人家庭的贫困比例较高、残疾人入学受到种种因素的限制、相关部门政策不够灵活等问题，都严重影响残疾人受教育水平的提高。

残疾人的受教育程度直接影响残疾人的就业，进而影响残疾人回归社会。我国颁布的《义务教育法》（1986 年）中明确提出，要求“地方各级人民政府为盲、聋哑和弱智的儿童、少年举办特殊教育学校（班）”。这是我国改革开放以来，首次明确在宏观政策层面提出关注残疾人教育事业，为之后残疾人教育事业的渐进成长奠定了基础。

后来，残疾人教育事业被写入《中国残疾人事业五年工作纲要（1988 年—1992 年）》。此外，《中华人民共和国残疾人保障法》第二十一条规定，“国家保障残疾人享有平等接受教育的权利”；第二十二条规定，“残疾人教育，实行普及与提高相结合、以普及为重点的方针，保障义务教育，着重发展职业教育，积极开展学前教育，逐步发展高级中等以上教育”；第二十四条规定，“县级以上人民政府应当根据残疾人的数量、分布状况和残疾类别等因素，合理设置残疾人教育机构，并鼓励社会力量办学、捐资助学”。自此，我国与残疾人教育相关的宏观政策数量逐渐增多，除了《中华人民共和国残疾人保障法》之外，还有《中国残疾人联合会关于印发〈第三次全国残疾人事业工作会议纪要〉的通知》《中国残疾人事业“八五”计划纲要》《中国残联 1994 年工作要点》《中华人民共和国残疾人教育条例》《中国残疾人事业“九五”计划纲要》《中国残疾人事业“十五”计划纲要》》等。

1988 年至 2002 年这一阶段处于残疾人教育事业的渐进成长阶段，虽然与残疾人教育相关的具体政策总量较多，但是涉及范围还不够全面，仅仅停留在教育补助、学校招生和手语推广等方面。比如国家教委、国家计委、财政部、民政部、中募委（中国社会福利有奖募捐委员会，简称中募委）、中国残联关于印发《特殊教育补助费使用办法》（1989 年）的通知，国家教委、人事部、劳动部、民政部《关

---

① 程凯．我国残疾人康复工作的回顾与展望．中国康复理论与实践，2008（3）：201－205.

② 郑功成．残疾人社会保障：现状及发展思路．中国人民大学学报，2008（1）：2－9.

于进一步做好高等学校、中等专业学校招收残疾考生和残疾学生毕业分配工作的通知》，国家教委、国家计委、财政部民政部、劳动部、人事部、中募委、中国残联《关于切实做好“八五”期间残疾人教育工作的通知》，民政部、国家教育委员会、国家语言文字工作委员会、中国残疾人联合会《关于在全国推广应用〈中国手语〉的通知》等。

2003年至今是我国残疾人教育事业的稳定拓展阶段。除了在宏观层面颁布的《中国残疾人事业“十一五”发展纲要》（2006年）、《中国残疾人事业“十二五”发展纲要》（2011年）、《关于促进残疾人事业发展的意见》（2008年）、《关于进一步加快特殊教育事业发展的意见》（2009年）等政策法规之外，在微观层面也落实了各种措施，例如《关于举办全国盲人电脑师资培训班的通知》（2004年）涉及师资力量的培训，《关于2005年度“江民特教园丁奖”评选工作的通知》涉及对优秀特教老师的奖励，《中国残联、教育部关于印发〈残疾人中等职业学校设置标准（试行）〉的通知》（2007年）中涉及残疾人职业学校的设置标准，《教育部、文化部、国家广电总局、中国残联关于举办第五届全国盲、聋、培智学校学生艺术汇演的通知》（2007年）中涉及特殊教育学校的艺术人才培养。

后来印发的《国家中长期教育改革和发展规划纲要（2010—2020年）》首次将特殊教育单列一章，作为八大教育改革发展任务之一，标志着残疾人教育事业发展被纳入国家教育事业改革和发展大局。①

此外，教育部、中国残联印发《残疾人参加普通高等学校招生全国统一考试管理规定（暂行）》（2015年），对各级招生考试机构遵循高考基本原则、残疾人参加高考的具体标准条件、残疾人参考无障碍环境建设的要求等做出了明确规定，为残疾人参加高考提供了平等机会和便利。《残疾人教育条例》第三条也提到，残疾人教育是国家教育事业的组成部分。发展残疾人教育事业，实行普及与提高相结合、以普及为重点的方针，保障义务教育，着重发展职业教育，积极开展学前教育，逐步发展高级中等以上教育。残疾人教育应当提高教育质量，积极推进融合教育，根据残疾人的残疾类别和接受能力，采取普通教育方式或者特殊教育方式，优先采取普通教育方式。②

我国残疾人教育事业的政策法规呈现出由宏观到微观逐步细化、逐步扩大的特点。部分政策法规仍然停留在指导层面，在实际运作方面的规定仍有所欠缺。

## 五、有关促进残疾人就业的政策

《中华人民共和国宪法》规定残疾人有劳动的权利。我国为鼓励企事业单位吸

① 国家中长期教育改革和发展规划纲要（2010—2020年）.（2010-05-05）［2018-08-16］. http：//www.moe.gov.cn/jyb_xwfb/s6052/moe_838/201008/t20100802_93704.html.

② 残疾人教育条例.（2017-02-01）［2018-08-16］. http：//www.gov.cn/zhengce/2020—12/26/content_5575055.htm.

收残疾人就业、引导和促进残疾人就业、保障残疾人就业的权利，在国家法律层面、行政法规层面以及部门规章制度层面等制定了许多政策法规。

首先，在国家法律层面，为确保残疾人就业，我国以《中华人民共和国宪法》为核心，以《中华人民共和国劳动法》和《中华人民共和国就业促进法》为基础，颁布了《中华人民共和国残疾人保障法》，其中单独列出了关于保障残疾人劳动就业权利的规定，对残疾人集中就业安置问题、按比例安排就业问题、自主择业问题、自主创业问题、农村残疾人就业扶持问题、残疾人就业优惠问题、残疾人就业服务问题以及残疾人就业权益保障等问题都做出了明确的规定。[①]

其次，在行政法规层面，国务院残疾人工作委员会根据国家每个五年规划纲要制定中国残疾人事业五年计划纲要，制定残疾人事业发展目标，为残疾人事业做指导。例如《中国残疾人事业“八五”计划纲要》中将提高残疾人劳动就业率作为目标之一；《中国残疾人事业“九五”计划纲要》中指出残疾人就业率应达到 80%，要为可以就业的残疾人提供基本的职业培训；《中国残疾人事业“十一五”发展纲要》中指出要加强残疾人事业信息化建设。在五年计划的指导下，国务院颁布的《残疾人就业条例》以残疾人就业保护和就业促进为宗旨，完善和强化了保护性就业制度，明确了促进就业的保障措施和服务措施，规定了政府、社会及用人单位等各方面的法律责任义务。[②] 目前，最新颁布的《关于完善残疾人就业保障金制度 更好促进残疾人就业的整体方案》中也提出，要以完善残疾人就业保障金征收使用管理制度为切入点，进一步提高残疾人就业能力和残疾人就业服务能力，积极拓展残疾人多元就业渠道，千方百计促进残疾人就业，推动残疾人更好融入社会，共建共享经济社会发展成果。

最后，在部门规章制度层面，国家计委、劳动部、民政部、中国残联共同颁布了《关于在部分城市开展残疾人劳动就业服务和按比例就业试点工作的通知》，对残疾人就业服务机构建设方面明确提出了要求。之后，残疾人就业服务机构的建设逐步完善，并在原有基础上逐渐扩展到了农村，越来越多的相关规章也陆续出台。例如，中国残联、劳动部、民政部、国家工商行政管理局和国家税务总局共同制定了《残疾人就业“九五”实施方案》，推动形成残疾人就业服务网络，推动城镇残疾人就业；中国残联、国家工商行政管理局颁布了《关于建立和完善残疾人服务社并进行企业法人登记注册的通知》，提到要“在已有残疾人就业服务所的基础上，进一步建立和完善面向农村的残疾人服务体系”；《国务院办公厅转发劳动保障部等部门〈关于进一步做好残疾人劳动就业工作若干意见〉的通知》也提到要“逐步建立残疾人就业服务机构工作人员岗位业务培训和职业指导人员资格培训、鉴定制度”；中国残联制定的《残疾人就业信息网建设发展规划》对残疾人信息网络的建设提出了明确的目标和任务，并做出了具体部署。此外，财政部、国家税务颁布了

---

① 周沛．残疾人社会工作．北京：社会科学文献出版社，2012：169.

② 同①168.

《关于促进残疾人就业税收优惠政策的通知》，明确了对安置残疾人的单位和残疾人就业的税收政策，明确了对残疾人人数的计算方式，明确了对虚假行为骗取税收优惠政策的处理意见和法律责任，也明确了享受残疾人就业税收优惠政策的资格认定、减免税申请及审批、退税减税办法、退税减税的变更申报以及相关监督管理办法等内容。[①] 最新颁布的《关于完善残疾人就业保障金制度 更好促进残疾人就业的整体方案》第二十一条也有规定，要压实部门责任，各级政府和相关部门要将保障残疾人劳动就业权益放在重要位置，明确各方责任，分工合作，齐抓共管，形成合力。

虽然我国在残疾人就业方面有许多政策法规，但是以往的政策并不能完全满足残疾人的就业需求，仍然存在许多问题。第一，企事业单位招收残疾人人数过少；第二，招收残疾职工过程中缺乏监管，不公平现象时常发生；第三，残疾人职业技术培训单一，难以满足就业问题。

在当前就业压力普遍加大的情况下，残疾人就业更加困难。要解决困难，首先应制定行之有效的政策，加大监管力度，明确责任；其次可以鼓励残疾人自主创业，出台相应的政策，创造有利于残疾人创业的条件和环境；最后可以鼓励成立残疾人就业互助组织，共享信息、资源和经验。

## 六、方便残疾人行动的基础设施和相关制度的建设

无障碍设施是保证残疾人平等地参与社会生活的重要条件，无障碍设施制度的推行有利于方便残疾人等行动不便群体的出行，为残疾人群体提供更为便捷舒适的生活环境，也有利于完善城市建设。

中国残疾人无障碍设施建设起步于 1980 年，1985 年发出了为残疾人创造便利的生活环境的倡议，旨在为残疾人提供更有利的物质条件和生活环境。建设部、民政部、中国残联颁布的《方便残疾人使用的城市道路和建筑物设计规范》中明确提出对城市中原有的道路和建筑有步骤地进行改造，使无障碍环境建设取得重要进展。此外，《中华人民共和国残疾人保障法》第四条提出：“国家采取辅助方法和扶持措施，对残疾人给予特别扶助，减轻或者消除残疾影响和外界障碍，保障残疾人权利的实现。”第五十三条指出：“无障碍设施的建设和改造，应当符合残疾人的实际需要。新建、改建和扩建建筑物、道路、交通设施等，应当符合国家有关无障碍设施工程建设标准。各级人民政府和有关部门应当按照国家无障碍设施工程建设规定，逐步推进已建成设施的改造，优先推进与残疾人日常工作、生活密切相关的公共服务设施的改造。对无障碍设施应当及时维修和保护。”

“八五”计划后，建设部相继出台了一系列有关无障碍设施建设的规定和通知，如《关于做好城市无障碍设施建设的通知》《关于贯彻实施〈方便残疾人使用的城

① 关于促进残疾人就业税收优惠政策的通知．(2016-05-13)［2018-08-16］. http://www.gov.cn/xinwen/2016-05/13/content_5073047.htm.

市道路和建筑物设计规范〉若干补充规定的通知》《关于印发〈建筑工程项目施工图设计文件审查试行办法〉的通知》等，对各大城市开展无障碍设施建设做了详细规定，并取得了一定的成效。随后，建设部、中国残联又联合发布了《关于进一步推行无障碍设施的建设的通知》，其中指出了无障碍设施建设工作开展的不平衡情况，要求各级单位对残疾人无障碍设施建设按规定进行。此外，中国民用航空局发布了《民用机场旅客航站区无障碍设施设备配置标准》①，此标准的实施为残疾人出行提供了便利。这一系列有关无障碍设施建设规定的出台保障了残疾人生活环境更加优化，进一步完善了我国残疾人的相关政策体系。

《2020年残疾人事业发展统计公报》显示，全国共出台了674个省、地、县级无障碍环境建设与管理法规、政府令和规范性文件。北京等12个城市被建设部、中国残联等有关部门联合命名为“全国无障碍设施建设示范城市”。另外，我国颁布的《方便残疾人使用的城市道路和建筑物设计规范》经过多次修订，正式更名为《无障碍设计规范》，增加了多项内容，为残疾人提供方方面面的无障碍设计，并正式上升为国家标准。②

目前，我国无障碍设施资源投入力度较大，社会各界给予的关注度较高，在各方面取得了快速的进展。例如，《残疾人社区康复工作标准》明确规定：残联组织要协助政府做好残疾人社区康复工作规划，组织开展残疾人康复需求和服务状况调查、残疾儿童康复救助以及残疾人辅助器具适配等服务，推进社区和残疾人家庭无障碍设施建设。但是，无障碍设施建设在公民意识方面仍有所欠缺，许多公民对无障碍的理解不到位，甚至会在无意间占用针对残疾人的无障碍公共设施资源。此外，农村无障碍设施建设滞后，有待进一步提高。

## 七、有关丰富残疾人精神文化生活的政策

相比于健全人，残疾人整体参加精神文化活动的频率较低、人数较少，其所享有的机会也较为稀少，导致残疾人的精神文化生活普遍较为匮乏。

为了进一步活跃残疾人的文化、体育生活，发挥残疾人在艺术、体育方面的特殊作用，展示残疾人才华，增进理解与沟通，《中国残疾人事业“十五”计划纲要》要求：公共文化机构要为残疾人提供服务；要广泛开展并吸收残疾人参加文化体育活动；在“十五”期间，使经常参加体育健身活动的残疾人达到10%，参加特奥运动的智力残疾人由5万增加到50万；培育特殊艺术人才，参加国内外演出和交流；提高残疾人体育运动水平，办好第六届全国残疾人运动会、第三届全国特奥运动会，组织参加第八届“远南”残疾人运动会、第十二届残疾人奥运会等重大赛事。《中国残疾人事业“十二五”发展纲要》提出“加强残疾人公共文化和体育健身服

① 民用机场旅客航站区无障碍设施设备配置标准．(2008-10-13)［2016-01-22］. http://www.caac.gov.cn/XXGK/XXGK/ZFGW/201601/t20160122_27696.html.

② 张东旺．中国无障碍环境建设现状：问题及发展对策．河北学刊，2014 (1)：122-125.

务，进一步丰富残疾人精神文化生活”。

在政策保障方面，《中华人民共和国残疾人保障法》规定，国家保障残疾人享有平等参与文化生活的权利，各级人民政府和有关部门鼓励、帮助残疾人参加各种文化、体育、娱乐活动，积极创造条件，丰富残疾人精神文化生活。为保障残疾人的文化生活权利的实现，《中华人民共和国残疾人保障法》做了如下具体规定。①

政府和社会采取下列措施，丰富残疾人的精神文化生活：

（1）通过广播、电影、电视、报刊、图书、网络等形式，及时宣传报道残疾人的工作、生活等情况，为残疾人服务。

（2）组织和扶持盲文读物、盲人有声读物及其他残疾人读物的编写和出版，根据盲人的实际需要，在公共图书馆设立盲文读物、盲人有声读物图书室。

（3）开办电视手语节目，开办残疾人专题广播栏目，推进电视栏目、影视作品加配字幕、解说。

（4）组织和扶持残疾人开展群众性文化、体育、娱乐活动，举办特殊艺术演出和残疾人体育运动会，参加国际性比赛和交流。

（5）文化、体育、娱乐和其他公共活动场所，为残疾人提供方便和照顾。有计划地兴办残疾人活动场所。

相对于普通的大众读物和传播方式，特殊读物和特殊的文艺演出、体育活动对于丰富残疾人的精神文化生活有不可替代的重要作用。例如，《残疾人文化体育工作“十三五”实施方案》中规定，要丰富基层残疾人文化生活，就近就便提供文化服务。具体措施如下。②

（1）广泛开展“全国残疾人文化周”活动，不断深化文化周活动内容和形式，在残疾人日常活动范围内，搭建残疾人半小时或更短时间内参与文化活动的平台，使文化活动有组织领导、有活动计划、有固定阵地、有无障碍环境、有特色品牌，提高文化服务覆盖率和残疾人参与率。

（2）实施残疾人文化进社区、残疾人文化进家庭“五个一”基层残疾人群众性文化项目。充分整合和利用现有资源和设施，为社区残疾人活动场所和残疾人家庭配置必要的文化艺术用品、视听阅读设备和图书音像资料，帮助中西部和农村地区10万户贫困、重度残疾人家庭每年读一本书、看一次电影、游一次园、参观一次展览、参加一次文化活动。

（3）发挥各级残疾人阅读指导委员会作用，积极发布推荐书目，指导广大残疾人多读书、读好书。扎实开展主题公益文化活动，采取举办名家讲坛、读书演讲、组织参观、指导艺术鉴赏和捐助图书等活动，丰富残疾人精神文化生活，提高自身素质和生活品质。

---

① 中华人民共和国残疾人保障法．（2008-04-24）［2018-08-16］．http：//zyzx.mca.gov.cn/article/zyzx/shsw/202001/20200100023465.shtml.

② 残疾人文化体育工作“十三五”实施方案．（2016-09-21）［2018-08-16］．http：//www.gzdpf.org.cn/article/a2d/16557.html.

（4）在全国扶持建立175个残疾人文化服务实验区，探索有效推进残疾人文化工作的经验和方法。

目前，我国有关丰富残疾人精神文化生活的政策仍在不断完善中。但总体而言，残疾人均等享有公共文化体育服务的程度还较低，尤其是在广大农村地区，残疾人文化及体育建设严重滞后，残疾人权益保障也有待加强。无论是基层残疾人文化体育活动匮乏、活动参与率较低，还是残疾人特殊文化艺术人才短缺、文化创意产业尚需扶持等问题，都严重影响并阻滞了残疾人均等享有公共文化体育服务。由此可见，国家及各级政府必须要采取切实有力、行之有效的措施，推进基层残疾人文化体育建设工作。

## 八、有关残疾人权益保护的政策

法律规定的残疾人合法权益主要包括康复、教育、劳动就业、文化生活、社会保障、享有无障碍环境方面。[①] 在我国的宪法、选举法、民法、民事诉讼法、刑法、刑事诉讼法、治安管理处罚条例、教育法、义务教育法、婚姻法、劳动法、个人所得税法等35部法律法规中都有对于残疾人给予特殊保护的规定。另外，国家为了保障残疾人的权利得到切实实现，还专门制定了适用于残疾人的特殊法规加以保护。到目前为止，我国有关残疾人的专门立法有《中华人民共和国残疾人保障法》《中华人民共和国残疾人教育条例》，其中《中华人民共和国残疾人保障法》是维护残疾人权益的最基本的法律，其宗旨是维护残疾人的合法权益，发展残疾人事业，保障残疾人平等充分的参与社会生活，共享社会物质文化成果。该法规定：

第一，残疾人在政治、经济、文化、社会和家庭生活等方面享有同其他公民平等的权利。残疾人的公民权利和人格尊严受法律保护。禁止基于残疾的歧视。禁止侮辱、侵害残疾人。禁止通过大众传播媒介或者其他方式贬低损害残疾人人格。

第二，国家采取辅助方法和扶持措施，对残疾人给予特别扶助，减轻或者消除残疾影响和外界障碍，保障残疾人权利的实现。

第三，全社会应当发扬人道主义精神，理解、尊重、关心、帮助残疾人，支持残疾人事业。国家鼓励社会组织和个人为残疾人提供捐助和服务。国家机关、社会团体、企业事业单位和城乡基层群众性自治组织，应当做好所属范围内的残疾人工作。从事残疾人工作的国家工作人员和其他人员，应当依法履行职责，努力为残疾人服务。

第四，残疾人的扶养人必须对残疾人履行扶养义务。残疾人的监护人必须履行监护职责，尊重被监护人的意愿，维护被监护人的合法权益。残疾人的亲属、监护人应当鼓励和帮助残疾人增强自立能力。禁止对残疾人实施家庭暴力，禁止虐待、

① 全国社会工作者职业水平考试教材编写组．社会工作法规与政策．北京：中国社会出版社，2015(4)：97－102.

遗弃残疾人。

另外，该法还规定，残疾人的合法权益受到侵害的，可以向残疾人组织投诉，残疾人组织应当维护残疾人的合法权益，有权要求有关部门或者单位查处。有关部门或者单位应当依法查处，并予以答复。这为残疾人合法权益的保护提供了政策保护和途径选择。《残疾人教育条例》在《中华人民共和国残疾人保障法》的基础上对如何维护和实现残疾人受教育的权利做了进一步的规定。

2020 年 5 月 28 日第十三届全国人民代表大会第三次会议通过的《中华人民共和国民法典》（以下简称《民法典》）直接涉及残疾人权益保障的内容近 30 条，中国残疾人联合会将其总结为四个方面。①

第一，《民法典》充分肯定残疾人作为民事主体的平等地位，注重残疾人民事权利的平等保护，第 1041 条明确规定"保护妇女、未成年人、老年人、残疾人的合法权益"。同时，《民法典》也注重对残疾人民事权利的特殊保护。在婚姻家庭编和继承编中，明确家庭成员对不能独立生活者或者缺乏劳动能力者的抚养、扶养、赡养责任，对缺乏劳动能力者在分配遗产时的照顾和必留份制度，残疾人都将成为重要受益者；放宽收养残疾未成年人的条件限制，将使更多残疾未成年人可以享受家庭的温暖。坚持"特别法"优先于"一般法"的原则，确认法律对残疾人的"民事权利保护有特别规定的，依照其规定"，从而肯定了《残疾人保障法》等专门立法在法律适用上的优先地位。

第二，《民法典》进一步完善了民事行为能力制度和监护制度。将《中华人民共和国民法通则》（以下简称《民法通则》）中不能辨认或不能完全辨认自己行为的主体从精神病人扩展至所有成年人，提高了立法的科学性；监护制度从《民法通则》中的 3 条扩展为单独一节共 14 条；根据疫情防控中发现的问题，明确规定"因发生突发事件等紧急情况，监护人暂时无法履行监护职责，被监护人的生活处于无人照料状态的，被监护人住所地的居民委员会、村民委员会或者民政部门应当为被监护人安排必要的临时生活照料措施"。授权残疾人联合会可以申请人民法院认定成年人的民事行为能力和撤销监护人资格。

第三，《民法典》强化了涉及残疾人的侵权责任划分。在侵权责任编中，详细规定了无民事行为能力人和限制民事行为能力人在幼儿园、学校或者其他教育机构学习、生活期间受到人身损害的，相关责任方的责任划分准则，有利于更好保障包括残疾人在内的无民事行为能力人和限制民事行为能力人的权利。详细规定了无民事行为能力人和限制民事行为能力人造成他人损害的，教唆者、帮助者、监护人、监护受托人等责任主体的责任划分准则，有利于使包括残疾人在内的无民事行为能力人和限制民事行为能力人合理承担责任。第 1179 条中规定，侵害他人"造成残疾的，还应当赔偿辅助器具费和残疾赔偿金"，有利于保障残疾人的基本生活。

---

① 中国残疾人联合会．《民法典》注重残疾人权益保障．(2020-06-05)［2021-08-16］. https://www.cdpf.org.cn//xwzx/ywdt1/2e733a16da234fb4b892ed6639403d04.htm.

第四，《民法典》还强化了与残疾人有关的社会责任。第 281 条规定，经业主共同决定，建筑物及其附属设施的维修资金可以用于无障碍设施等共有部分的维修、更新和改造。第 660 条规定，“依法不得撤销的具有救灾、扶贫、助残等公益、道德义务性质的赠与合同，赠与人不交付赠与财产的，受赠人可以请求交付。”这些规定，有助于营造更加和谐的社会助残氛围和秩序。

## 复习思考题

1. 社会政策有哪些要素？
2. 残疾人社会政策在解决残疾人社会问题中有哪些作用？
3. 残疾人的社会政策包括哪些内容？

## 推荐阅读书目

1. 关信平．社会政策概论．北京：高等教育出版社，2014.
2. 杨伟民．社会政策导论．北京：中国人民大学出版社，2010.
3. 李迎生．当代中国社会政策．上海：复旦大学出版社，2012.

# 第三章
# 残疾人社会服务

**本章要点**

- 狭义的社会服务是指为社会弱势成员解决生活困难、提升生活质量提供的服务；广义的社会服务是指社会上不同的主体以多种方式来满足社会需求的各种社会活动。
- 社会服务的主体是政府和社会；社会服务的方式既有直接或间接提供的具体服务，也包括通过政策实施提供的管理型服务；社会服务的内容既包括救助性服务也涉及发展性服务。
- 残疾人社会服务主要有法定机构、公共部门提供的服务，社区或社会群体提供的服务，市场组织、企业提供的服务，社会组织提供的服务四种形式。
- 中国残疾人社会服务在生存性服务和发展性服务方面取得了显著成效，但目前残疾人社会服务依旧面临诸多问题。

**关键概念**

社会服务；残疾人社会服务；社会工作服务；社会组织

## 第一节　社会服务概述

### 一、社会服务的概念与内涵

第一次提出“社会服务”这个词语的是英国伦敦经济学院的理查德·蒂特姆斯（Richard Morris Titmuss）教授，他认为“社会服务就是救济贫困”，社会服务的功能就是救济社会上有困难的人。“社会服务”是指“通过将创造国民收入的一部分人的收入分配给值得同情和救济的另一部分人，而进行的对普遍的福利有贡献的一系列集体的干预行动”①。社会服务是一种国民收入再分配的调控手段，旨在为弱

① TITMUSS R M. Essays on the welfare state. Boston：Beach Press，1993：34－35.

势群体提供基本的公共服务，提升其生活质量以适应社会进步，减少社会分歧及社会风险以保持社会和谐，使人民共享经济改革与社会发展成果。实际上，社会服务也是现代国家推进经济增长与社会发展融合的一种“社会投资”[①]，是实现国家稳定、可持续发展的一种经济发展政策。但随着经济社会发展和公民意识增强，社会服务已经由早期的简单单一的生活救助型转向全面多元的普惠型。在优先确保困难群体的照顾服务的基础上，现代社会服务功能得到实现，社会服务体系也逐渐成熟，养老服务、救助服务、灾害救援服务、优抚安置服务、教育服务、医疗服务、住房服务、文体服务和就业服务等都可统称为“社会服务”。[②]

值得注意的是，社会服务中的“社会”有两重含义。其一，它是有别于“经济”的。一般来说，经济性的服务是营利性服务，是服务主体为了自己的利益而提供的服务。社会性的服务是基于“社会”这个共同体，是一种非营利性服务。其二，“社会的”应该是指非个人的、非私人的，社会服务不是指基于个人关系而获得的服务，如来自家人、亲朋的帮助，而是指来自社会的服务。[③]

社会服务可分为五个层次：第一层次的社会服务基本相当于“服务社会”，比如大学三大职能定位（人才培养、科学研究、社会服务或服务社会）中的社会服务；第二层次的社会服务与公共服务相关，是以政府为主要责任主体的社会性、公共性服务，对应的是个体性服务行为、经济性（营利性）服务活动；第三层次的社会服务相当于社会福利，指国家依法为提高广大社会成员生活水平而提供资金和服务的社会保障体系；第四层次的社会服务是由社会政策支撑的针对特定群体（老年人、身心残障者、流浪儿童等）生存与发展需要进行的干预和援助行为；第五层次的社会服务特指适应现代社会（包括社会服务）专业化发展趋势与不同服务对象的需求特点、与专业化的社会工作关系密切的、依托助人自助理念与社会工作专门理论与技术开展的专业化服务行为。其中，第一层次泛泛理解的社会服务并非学术概念，第二、三层次的社会服务属于广义社会服务，第四、第五层次的社会服务可视为狭义社会服务。[④]

基于以上观点，本书认为狭义的社会服务是指为社会弱势成员解决生活困难、提升生活质量而提供的服务；广义的社会服务是指社会上不同的主体以多种方式来满足社会需求的各种社会活动。本书所讨论的社会服务是狭义的社会服务。

## 二、社会服务的结构

从我国的情况来看，政府承担着重要的社会服务功能。在计划经济时期是政府管理社会，政府直接或间接地（通过单位体制和兴办社会福利机构）实施着多种社

① 范斌．试论社会投资思想及对我国社会福利政策的启示．学海，2006（6）：31-35.

② 王刚，姜维．比较视角下的中国社会服务模式重构．学术界，2014（7）：74-83.

③ 王思斌．社会服务的结构与社会工作的责任．东岳论丛，2014，35（1）：5-11.

④ 赵立波．公益服务：政策演进与概念辨析．中国行政管理，2016（1）：35-40.

会服务。现如今，政府仍承担着许多领域的社会服务，但参与社会服务的众多社会力量也是不容忽视的。这些社会力量的出现主要是为了补充政府无力承担的服务或政府责任外的服务。社会服务，从基本性质来看，包括由政府购买或资助的社会服务，以及由民间团体自主开展的社会服务；从服务对象来看，包括针对困难群体的救济性服务和针对公众的普惠性服务；从服务主体来看，既有由政府或其他公共部门提供的服务，也有由民间团体、公益组织等提供的服务；从服务形式来看，一种是具体的服务，既包括直接为服务对象提供劳务性服务的直接服务，也包括通过兴办社会福利设施提供的间接服务，另一种是管理型服务，指通过政策实施提供的社会服务；从服务内容来看，包括社会安全服务、住房服务、健康服务、教育服务、就业服务、个人服务等；从服务的专业性来看，社会服务既有一般的非专业的社会服务，也有专业的社会工作服务。

根据服务主体、服务方式和服务内容的简单划分，王思斌（2014）建构出如下社会服务三维空间，即不同的社会主体通过不同的方式提供不同的社会服务（见图 3－1）。[①]

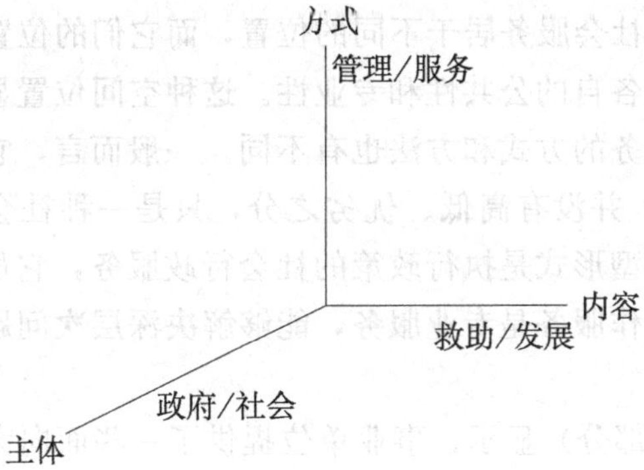


**图 3－1　社会服务三维空间**

社会服务的主体是政府和社会；社会服务的方式既包括直接或间接提供的具体服务，也包括通过政策实施提供的管理型服务；社会服务的内容既包括救助性服务，也包括发展性服务。

## 三、社会服务的实践框架

前文提到，目前我国的社会服务多种多样，专业性程度也参差不齐，这里主要运用物理学空间点阵的思想，在社会服务实践体系坐标系中表示不同服务的特征（见图 3－2）。在“公共服务-社会服务”向度上，越靠近公共服务就越大众化，越靠近特别服务就越具有特殊性。在“非专业-专业”向度上，越靠近左端越不专业，越靠近右端越专业。于是，关于我国的社会服务在实践上可以大致形成如下模型体系：

① 王思斌．社会服务的结构与社会工作的责任．东岳论丛，2014，35（1）：5－11.

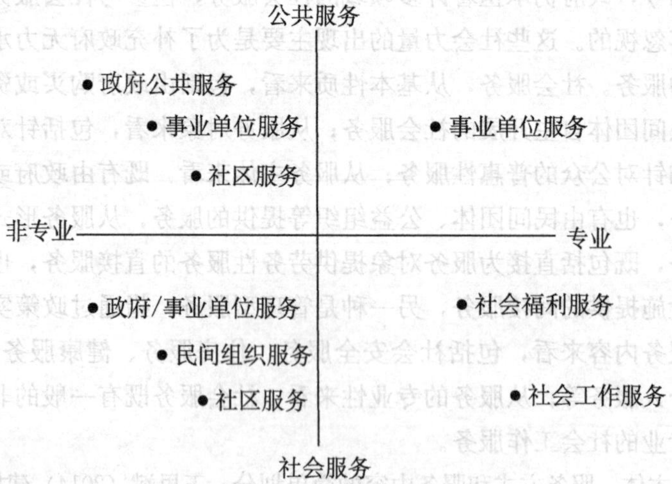


**图 3-2　社会服务实践体系**

资料来源：王思斌．社会服务的结构与社会工作的责任．东岳论丛，2014，35（1）：9.

上图表示了不同社会服务居于不同的位置，而它们的位置（在上述空间中的点）大致反映着它们各自的公共性和专业性。这种空间位置显示出它们在面对不同的服务对象时，服务的方式和方法也有不同。一般而言，它们所处的空间位置（公共性、专业程度）并没有高低、优劣之分，只是一种社会分工。比如，政府提供非专业服务的典型形式是执行政策的社会行政服务，它虽然粗略一些，但是影响面很广。社会工作服务是专业服务，能够解决深层次问题，但它的影响范围较小。

第一象限（右上部分）显示，事业单位提供了一些面向大众的专业化公共服务，如医院所进行的专业医疗服务、学校提供的教育服务。

第二象限（左上部分）显示，政府、事业单位提供的公共服务及一些组织提供的社区服务组成了面向大众的非专业性公共服务。比如政府和事业单位的公共卫生服务，一般的安老、为老服务等。

第三象限（左下部分）显示，非专业的社会服务是政府、事业单位、民间组织所实施的面对某些困难群体的服务，它比较近似于民政部门所说的、国家统计体系中的“社会服务”。比如政府实施的社会救助服务、针对社区困难群体的社区服务。

第四象限（右下部分）显示，专业的社会服务主要是社会福利机构、社会工作机构在专业理念指导下，运用专业方法，向困难群体、脆弱群体提供的专业性的服务。如社会工作机构面对困难老人、困境儿童、残疾人等提供的较专业的福利服务。一般来说，这是一些针对困难群体、脆弱群体的特殊需要而开展的深入服务，也是面对较复杂问题开展的服务。

需要特别指出的是，社会工作服务与社会福利服务是有区别的。社会工作服务是社会福利服务，是秉承社会工作理念、运用专业化方法向困难群体、脆弱群体提供的服务，是解决其基本需要的服务。社会福利服务虽与社会工作服务有交集，但社会福利服务并不只是社会工作服务，比如某些医务服务虽是社会福利服务，但福利院中对于老人的某些服务也不一定非要社会工作者承担。社会工作服务比社会福利服务更加专业，其服务范围相对要小一些。同样应该说明的是，二者之间也没有高低、优劣之分，它们的差别表现的是一种社会分工。对需要更专业服务的人士来说，只提供不太专业的福利服务效果会差一些，这时，一般福利服务与专业服务就有优劣之别。还需要说明的是，社会工作者提供的服务并不等于社会工作服务。社会工作者也可以提供非专业的服务，即当服务对象需要的是一般服务时，社会工作者也会施以援手，但这种服务并不是专业服务。只有在专业价值观指导下运用社会工作专业方法开展的服务，才是专业的社会工作服务。

# 第二节　残疾人社会服务概述

## 一、残疾人社会服务

残疾人社会服务是针对残疾人的特殊需求，以残疾人生活、生存与发展的直接需求为目的的服务，包括基本生活照料服务、社会福利服务、医疗康复服务、心理精神卫生服务、特殊教育服务、就业服务、文化体育服务、无障碍环境服务与辅助器具服务、法律服务等。[①]

## 二、残疾人社会服务的形式与内容

随着社会的进一步发展与进步，残疾人能够享受到多种多样的服务，政府、市场、家庭及社会主体提供不同内容的服务，残疾人社会服务的形式与内容可归纳为以下四种。

### （一）法定、公共部门提供的服务

这方面的服务主要包括民政部指导残疾人权益保障的服务、官办非政府组织提供的各种慈善性服务以及代表残疾人群体共同利益的残疾人事业团体提供的服务。其中官办非政府组织包括社会团体（工会、共青团、妇联、工商联、社科联、残联等以及部分小规模的行业协会）和基金会（红十字会、慈善会等），但是有些城市街道举办的慈善会、农村自发成立的慈善会或是企业自发成立的慈善会不在此列。残疾人事业团体是指依法成立的、代表残疾人共同利益、维护残疾人合法权益、开展各种适宜活动、团结教育残疾人、为残疾人服务的各类由残疾人及其亲友和残疾

① 李春林．政府主导的残疾人社会服务模式构建策略问题研究．黑龙江工程学院学报，2014，28（6）：58－60.

人工作者组成的组织，包括中国残疾人联合会和中国残联各级地方组织及其专门协会、社区（村、企业）残疾人协会等等。

知识窗

中国盲人协会的前身是中国盲人福利会，成立于1953年7月27日。1960年，中国盲人福利会和中国聋哑人福利会合并成立中国盲人聋哑人协会。1988年，中国盲人聋哑人协会与中国残疾人福利基金会合并，成立中国残疾人联合会。

由于残疾人特殊的困难需求，政府一些职能部门及许多社会团体从各个方面为残疾人群体提供社会服务，残疾人的社会服务呈现出多元化的现状，主要包括以下四个方面的服务内容。

**1. 民政部门的扶助、救济和其他福利措施**

目前政府对残疾人的特别扶助、救济和其他福利措施，主要是由民政部门承担的。因为残疾人的诸多困难中，经济贫困是第一位的，而解决残疾人经济困难的手段和途径主要依靠民政部门，其中包括：兴办各种类型的企业以安置残疾人就业；对包括残疾人在内的贫困者予以救济；以社区服务的方式为残疾人改善生活状况；对包括残疾儿童在内的遗孤、弃婴进行收养；对意外事故产生的不幸残疾人家庭进行特殊照顾；等等。

**2. 卫生部门的医疗救治与康复工作**

除了因遗传因素或妊娠、分娩意外造成的先天性残疾外，大量残疾人是因为交通事故、高空跌落、矿井事故或其他工伤及意外伤害造成的。因此，对这些残疾人来说首当其冲的就是医疗救治和全面康复问题。卫生部门涉及的社会福利包括公费医疗、工伤处理和后期康复优惠待遇等问题，要由卫生部门与残疾人所在单位或社区协调解决。

**3. 教育部门对残疾儿童少年的特殊教育工作**

我国的法律特别是1994年8月发布的《残疾人教育条例》，强调要保障残疾儿童少年的受教育权利。中国各级教育部门多年来倡导并积极实践特殊教育工作，取得了令人瞩目的成绩，其中主要包括师资培养、教材编写、课程设置、教学组织、设备的基础建设以及工作经验交流和理论研讨等。

**4. 残联系统的全方位工作**

随着改革的深入发展，我国于1988年成立了“半官半民”的机构——中国残疾人联合会，从中央政府到各省、市、自治区的区县级政府都相继设立了分支机构，其宗旨是全面协调解决残疾人所面临的一切问题。该机构的功能包括以下几点：一是宣传普及预防残疾的知识；二是采取各种康复措施，对残疾人进行治疗、训练、辅导和器具辅助，帮助残疾人恢复或者补偿功能，改善自身条件，增强其参与社会生活的能力；三是保障残疾人受教育的权利；四是保障残疾人劳动的权利，为残疾人劳动就业创造条件、提供机会；五是鼓励、帮助残疾人参加各种文化、体育、娱乐活动，努力满足残疾人精神文化生活的需要；六是采取扶助、救济、供养和其他福利措施，保障和改善残疾人的生活；七是创造良好的环境，改善残疾人参与社会生活的条件。

### （二）社区、社会群体提供的服务

这方面的服务主要指残疾人在社区中或某群体网络中获得的支持与照顾。残疾人的生活与社区有千丝万缕的联系：残疾人在康复、教育、就业、基本生活保障、文化生活等方面得到社区的扶持与帮助，如部分社区中为残疾人设置活动区域，提供无障碍设施；同时社区在促进残疾人参与民主生活、行使民主权利、展现才能与实现人生价值等方面发挥了重要作用。[①]

残疾人自助群体网络是指社会中一些有着共同特征、利益或目标的社会群体——他们或是残疾人或是健全人——出于改变残疾人现有不利状况的目的而自发组织的一些自助团体，如福建省同人助残志愿者服务中心，其主要服务形式是提供人力、实物和金钱帮助残疾人解决困难。

### （三）市场组织、企业提供的服务

这方面的服务主要是来自商业组织提供的一些慈善行为或公益服务，包括企业在国家政策倡导下提供的常规性残疾人服务，如企业专门招聘残疾人从事普通及特定工种，定期开展相关残疾人技能培训；企业或市场主导、合作、赞助的有关残疾人服务的慈善活动，如企业捐赠残疾人辅具、企业捐赠资金用于支持残疾人康复。一般来说，常规服务较多聚焦在残疾人就业服务领域，企业参与的慈善活动具有特定性与针对性，通常以物质资助形式服务某类残疾人，或为残疾人提供某方面服务。

### （四）社会组织提供的服务

不同服务对象、服务内容的残疾人社会组织为各种不同类型的残疾人提供多样而全面的服务，这些社会组织包括基金会、社会团体和社会服务机构。为了适应残疾人群体多层次、个性化需要，社会上已出现多种类型不同的社会组织。从服务类型来看，有政府支持的以金钱资助为主的助残基金会，如中国残疾人福利基金会、中国听力医学发展基金会，也有自主运营的纯民间组织，如慧灵智障人士服务机构、瓷娃娃关怀协会。从服务对象来看，有服务于自闭症儿童的北京星星雨教育研究所，广州市扬爱特殊孩子家长俱乐部，服务于听力残疾人的上海小笼包聋人协力事务所、莎莉文康复中心，服务于视力残疾的爱百福济慈之家、北京红丹丹教育文化交流中心，服务于智力残疾的北京利智康复中心、西安市碑林区拉拉手特殊教育中心，从事于综合残疾人服务的一加一（北京）残障人文化发展中心、河南省生命之魂残疾人艺术团。从服务内容来看，社会组织涵盖的服务类型非常广泛，包括康

---

① 郭建模．残疾人工作基本知识读本．4版．北京：华夏出版社，2003：185.

复、培训、扶贫、维权等，如：深圳自闭症研究会既提供自闭症研究与政策指导，又为自闭症患者提供康复与培训；张成盲人按摩中等专业学校提供残疾人中医技能培训与促进就业服务。

社会工作作为一门成熟的专业，在残疾人社会工作中渐渐凸显出其优势。近年来社会工作机构提供的残疾人服务类型繁杂、介入方式专业、介入问题聚焦，如家庭健康护理、个人照料、成人日间照料、喘息照料等各种专业具体的服务，涵盖了生理、心理、康复、文化、教育、就业等多方面的服务。社会工作机构以政府购买服务的主要形式运营，以专业的社会工作方法介入残疾人服务中，根据残疾人服务的特殊性设计组织专业的社会工作服务内容，开展社会工作残疾人服务实践，提升残疾人社会工作服务质量。

## 案 例

深圳市龙岗区龙祥社工服务中心（简称“龙祥”）成立于2007年12月，是深圳首批、龙岗区首家非营利性专业社工服务机构。2013年成为首批全国社会工作服务标准化建设示范单位，并被评为深圳市5A级社会组织，2009—2015年连续七年被评为深圳市优秀社工服务机构。龙祥通过积极整合社会资源，提供专业社工服务，协助有需要的个人、家庭、组织预防和解决所遇问题，提升其能力，努力增进社会福祉。龙祥社会工作服务领域多样，在残障领域开发多项服务项目，如根据智力障碍群体的需求，龙祥分别制定了服务目标及服务形式（见表3-1）。

表3-1 “龙祥”智力障碍服务对象的需求及服务表

| 服务对象的需求分析 | 服务目标 | 服务形式 |
| --- | --- | --- |
| 居家生活技能需要：<br>智障人士大多缺乏基本的生活技能，如叠被、穿衣、做饭等基本生活能力较差。 | 1. 服务对象能够认识基本厨房用具；<br>2. 知道如何使用厨房用具。 | 简易烹饪能力发展小组。 |
| 社会交往的需要：<br>智障学生社会交往能力不足，主要有家庭教育环境、父母意识不足、自身能力不够、自信心等原因，也与特殊儿童本身特性、社交能力欠缺有关。而家长和教师不具备足够信心去回应此项需求。 | 1. 创设模拟环境，培养其基本的交往能力（购物、点餐）；<br>2. 使服务对象可以在真实情境中运用习得的基本对话。 | “我能行，社会交往能力提升”小组。 |
| 购物技能提升的需要：<br>1. 大部分智障人士没有超市购物的经验，甚至拿完物品没有付款的概念；<br>2. 智障人士缺乏对钱的认识，不懂得找钱，家属因此不敢给智障人士较多的零花钱。 | 1. 认识钱币的六种面值；<br>2. 使20%的组员能进行简单的人民币面值换算；<br>3. 认识两种以上购物场所及购物工具；<br>4. 了解购物流程。 | 1. 钱币认识小组；<br>2. 模拟购物工作坊。 |

续表

| 服务对象的需求分析 | 服务目标 | 服务形式 |
| --- | --- | --- |
| 认识社区，了解社区资源的需要：<br>智障人士由于自身的特点较少与外界的人接触，也很难有机会走出去，活动范围仅限于家里及其所在附近。长期的隔离及缺少参与社会的机会，使其原有知识技能迅速退化，而未接受过教育的智障人士本身在认知、技能掌握和社会适应等方面表现出严重不足。 | 1. 认识两种以上的社区公共设施；<br>2. 了解一种以上社区公共设施的功能；<br>3. 学会使用文明用语与居民进行互动，如问路礼仪等。 | "社区寻宝"——智障人士认识社区公共设施计划，开展"我对社区知多点""发现社区之美"等系列工作坊。 |
| 基本交通安全意识及出行的需要：<br>1. 智障人士有走进社区、融入社区的需要，但是又缺乏基本交通安全意识和出行的相关知识，包括不认识人行道斑马线、红绿灯，不知道如何避开车辆等；<br>2. 由于很少外出体验社区生活，智障人士对于公共交通工具及如何乘坐交通工具也缺乏认知了解。 | 提升智障人士对交通标识、交通安全知识及交通工具的认知，促进智障人士安全出行、便利出行。 | 1. 安全知识学习计划：交通安全知识学习小组、安全行动实地体验活动；<br>2. 交通工具学习计划：交通工具认识学习小组、模拟搭乘公车活动。 |
| 认识自己的体征变化，学习和规范男女社会交往行为的需要（青春期）：<br>智力残疾人生理体征仍然随着年龄在变化，包括生理上、社交上的需要也在发展。受限于认知、情感的发展，智障青少年往往不知如何满足性与情感的需要和表达亲密行为，而出现一些与异性的不恰当的社交行为，如抚摸、跟踪，也易导致羞耻感和自卑感。 | 1. 服务对象能了解自己身体上的变化；<br>2. 服务对象能说出面对性骚扰该如何去做；<br>3. 服务对象习得至少 5 条与异性交往的礼貌行为。 | 特殊青少年青春期性教育小组。 |

除上述四种主流的社会服务方式以外，随着互联网的发展，残疾人社会服务出现了新的形势——公益平台服务。例如腾讯公益、阿里公益、新浪公益等，它们借助网络的广泛性与便捷性，开展大范围的线上活动、宣传残疾人公益项目、募集资金、招募人员等，为残疾人事业的发展注入了新的力量。

总体来说，社会组织提供的服务专业性较高，虽然没有法定、公共部门的服务范围广，更不具备法定、公共部门严格规范的服务特性，但社会组织注重成效，把目光聚焦于具体服务，提供的服务更为精细，更能够把服务落实做好。社区、社会群体能够提供具体领域的服务，但由于其专业性的限制，无法提供专业性的服务。市场组织、企业虽然也具有专业性不高的缺点，但其覆盖的服务对象范围广，所能提供的资源与支持系统较为完善。其他多类型服务方式的涌现不仅为残疾人服务提供了创新思路，还拓展了残疾人服务的领域，为其注入源源不断的动力与保障。新形势下社会组织已经成为残疾人服务不可或缺的重要力量。但凡事都有两面性，在社会组织提供残疾人社会工作服务过程中既有积极影响又有不足之处。社会组织提供残疾人服务的积极影响包括：配合政府、社区和家庭为残疾人谋福利，形成了一个完整的网络；弥补了政府宏观管理的不足，提供专业化、个性化的服务；运用市场运作模式，拓展资金来源，增强竞争活力，提高服务质量；在政府忽略的领域提供服务，引导社区家庭更好地理解和照顾残疾人；比政府更少的成本、更高的效率；比个人规模集约化。社会组织介入残疾人服务仍存在一些不足之处：独立性不足，对政府的依赖性过大；发展比较壮大的组织一般都是官方主导的，所从事的活动也是在政府的指导下，抑制了创新性；多以基金会形式存在，比较单调，不利于整个市场的充分发展；涉及的领域也不够全面，由于政府政策限制，很多行动会受到限制；除了慈善集资以外，可以筹资的方式还应该探寻。

**批判性思考问题：**

助残社会组织如何拓展资金来源？

# 第三节　中国残疾人社会服务现状

## 一、中国残疾人社会服务的成就

### （一）生存性服务

生存性服务为社会保障，包括社会救助和社会保险。在社会救助方面，根据《2013年度残疾人状况及小康进程监测报告》数据显示，残疾人领取最低生活保障金和救济的比例有所波动。2013年度，城镇残疾人领取最低生活保障金的比例为21.7%，比2012年度略有下降；农村残疾人领取比例为30.6%，比2012年度有所上升。在获得救济（包括现金或实物）方面，城镇和农村残疾人都有不同程度的下降，其中城镇为26.8%，农村为28.9%，与2012年度相比分别下降0.2个百分点和3.9个百分点。[①] 根据2016年中国残疾人事业统计年度数据，2015年残疾人中“已纳入最低生活保障”的人数共计1 088.46万人，其中城镇262.13万人，农村826.33万人；“集中供养”残疾人数为77.94万人，其中城镇11.36万人，农村66.58万人；“其他救助救济”人数265.52万人，其中城镇70.92万人，农村194.60万人。

2015年，中国残联、民政部等部门联合印发《关于加强残疾人社会救助工作的意见》（残联发〔2015〕34号），其中规定，生活困难、靠家庭供养且无法单独立户的成年无业重度残疾人，经个人申请，可按照单人户纳入最低生活保障范围；对低保边缘残疾人家庭以及获得最低生活保障后生活仍有困难的残疾人，特别是重

① 中国残疾人联合会．2013年度残疾人状况及小康进程监测报告．（2014-07-01）［2019-08-15］．http：//www.cdpf.org.cn/sjzx/jcbg/201408/t20140812_411000.shtml.

度残疾、一户多残、老残同户等特殊困难家庭，县级以上人民政府应当采取必要措施给予生活保障。①

2015 年 9 月，国务院出台《关于全面建立困难残疾人生活补贴和重度残疾人护理补贴制度的意见》（国发〔2015〕52 号），规定自 2016 年起全面建立困难残疾人生活补贴和重度残疾人护理补贴制度，这既是保障残疾人生存发展权益的重要举措，也对全面建成小康社会具有重要意义。② 这一年，全国共有 18 个省（区、市）建立了困难残疾人生活补贴专项制度，14 个省（区、市）建立了重度残疾人护理补贴专项制度，覆盖率达到 77.42%，其中 8 个地区实现两项制度全覆盖，600 多万残疾人直接从这两项补贴制度中受益。③

两项补贴制度实施至 2018 年，总体进展情况良好，制度县域全覆盖已经实现，受益人数超过 2 100 万人次，部分地方实现了提标扩面。2019 年 7 月，民政部、财政部、中国残联联合印发《关于建立困难残疾人生活补贴和重度残疾人护理补贴标准动态调整机制的指导意见》（民发〔2019〕67 号），要求各地结合当地实际情况对补贴标准进行科学测算和全面论证，研究确定合理的残疾人两项补贴标准，充分考虑残疾群众需求满足的层次性和有效性，适当调整补贴标准，建立补贴标准动态调整机制，做好残疾人两项补贴标准的测算和调整工作。④ 截至 2020 年，享受困难残疾人生活补贴人数有 1 212.6 万人，享受重度残疾人护理补贴人数有 1 473.8 万人。⑤

在社会保险方面，城镇残疾人参加社会保险比例提高。2013 年度城镇残疾人参加基本养老保险的比例为 74.4%，比上年度增加了 2.1 个百分点，参加基本医疗保险的比例增加了 0.4 个百分点。但 2013 年度仍有 5.4%的城镇残疾人没有参加任何社会保险。农村残疾人参加新型农村养老保险的比例有所提高。2013 年度，农村残疾人参加新型农村养老保险的比例为 84.7%，比上年度提高了 2.4 个百分点。这说明新型农村养老保险自 2009 年 8 月试点以来所覆盖的残疾人群在不断扩大。农村残疾人参加新型农村合作医疗“新农合”的上升比例较为稳定。2007—2013 年度，农村残疾人中参加了新型农村合作医疗的比例不断上升，由 2007 年度的 84.4%上升到 2013 年度的 97.1%。这说明，由于政府补贴政策的落实和残联的积极推动，绝大多数农村残疾人参加了“新农合”。2013 年度，参加“新农合”的残

---

①② 中国残疾人联合会．全国政协十三届二次会议第 0433 号提案及办理复文（2019 - 11 - 05）[2020 - 03 - 15]. http://www.cdpf.org.cn/ywzz/wq_188/wqzt/2019lhtags/201911/t20191105_666390.shtml.

③ 中国残疾人联合会．关于建立困难残疾人生活补贴和重度残疾人护理补贴制度进展情况的通报 [残联厅函〔2014〕311 号]（2015 - 01 - 20）[2019 - 08 - 15]. http://www.cdpf.org.cn/zcwj/zxwj/201501/t20150114_437263.shtml.

④ 中国残疾人联合会．十三届全国人大二次会议第 7381 号建议及办理复文（2019 - 11 - 05）[2020 - 03 - 15]. http://www.cdpf.org.cn/ywzz/wq_188/wqzt/2019lhtags/201911/t20191105_666394.shtml.

⑤ 国务院新闻办公室．全面建成小康社会：中国人权事业发展的光辉篇章．(2021 - 08 - 12) [2021 - 08 - 18]. http://www.scio.gov.cn/zfbps/32832/Document/1710544/1710544.htm.

疾人中，有93.2%在一年内看过病。[①] 截至2019年年底，残疾居民参加城乡社会养老保险人数为2 630.7万；636.2万60岁以下参保的重度残疾人中，618.2万人得到政府的参保扶助，享受代缴比例达到97.2%。299.1万非重度残疾人享受了个人缴费资助政策。1 070.8万人领取了养老金。[②] 截至2020年，共有2 699.2万残疾人参加城乡居民社会养老保险，其中1 140.5万残疾人领取养老金；1 076.8万残疾人获得城乡最低生活保障，其中重度残疾人641.4万人；680.1万重度残疾人中政府代缴养老保险费比例达到96.7%；另有303.7万非重度残疾人享受全额或部分代缴养老保险费的优惠政策。[③]

## （二）发展性服务

发展性服务包括康复服务、文化教育服务、就业服务和社会支持服务。[④]

### 1. 康复服务

在视力残疾康复服务方面，我国开展视力残疾康复服务的机构总数达到1 430个。完成白内障复明手术74.8万例，为30万名贫困白内障患者免费施行了复明手术，为14.2万名低视力患者配用了助视器，为3.6万名低视力儿童家长开展了家庭康复训练，对12.3万名盲人进行了定向行走训练。

在听力言语残疾康复服务方面，推进听力语言康复机构规范化管理，完善基层服务网络。已建设省级听力语言康复机构31个，基层听力语言康复机构1 025个。年度新收训聋儿1.9万名，在训聋儿3.2万名；规范聋儿家长学校，开展家庭训练，共培训聋儿家长3.9万名；开展各级各类听力语言康复专业技术人员培训，共培训人员5 772人；实施贫困聋儿人工耳蜗、助听器抢救性康复项目，资助11 200名聋儿免费植入人工耳蜗，资助19 600名聋儿免费配戴助听器；开展彩票公益金成年听力残疾人（助听器）康复项目，为38 352名贫困成年听力残疾人免费验配助听器，各级康复机构共为4万名成年听力残疾人提供技术服务。

在肢体残疾康复服务方面，全国一共为224名麻风病畸形者实施矫治手术。开展宣传普及教育，为麻风病患者回归社会营造了良好社会氛围。全国开展肢体残疾康复训练服务的机构已达2 181个，其中省级康复机构42个，地市级、县级康复机构2 139个；培训各级各类肢体残疾康复人员3.5万人次；全国共对36.7万肢体残疾者实施康复训练；实施救助项目资助4万名脑瘫儿童进行机构康复训练，资助8 860名贫困肢体残疾儿童实施矫治手术。

---

① 中国残疾人联合会．2013年度残疾人状况及小康进程监测报告．（2014-07-01）[2019-08-15]. http://www.cdpf.org.cn/sjzx/jcbg/201408/t20140812_411000.shtml.

② 中国残疾人联合会．2019年残疾人事业发展统计公报．（2020-04-02）[2020-08-15]. http://www.cdpf.org.cn/sjzx/tjgb/202004/t20200402_674393.shtml.

③ 国务院新闻办公室．全面建成小康社会：中国人权事业发展的光辉篇章．（2021-08-12）[2021-08-18]. http://www.scio.gov.cn/zfbps/32832/Document/1710544/1710544.htm.

④ 中国残疾人联合会．2019年残疾人事业发展统计公报．（2020-04-02）[2020-08-15]. http://www.cdpf.org.cn/sjzx/tjgb/202004/t20200402_674393.shtml. 以下相关数据均来源于此统计公报。

在智力残疾康复服务方面，我国智力残疾康复训练服务的机构已达到1 730个，省级康复机构45个，地市级、县级康复机构1 685个；培训各级各类智力残疾康复人员1.5万人次；全国共对13.9万名智力残疾人进行康复训练；实施救助项目资助3.1万名智力残疾儿童进行机构康复训练，同时也培训儿童家长。

在精神残疾康复服务方面，大力推广“社会化、综合性、开放式”精神病防治康复工作。在2 664个市县开展精神病防治康复工作，对583.7万重度精神病患者进行综合防治康复，监护率达到79.4%，显好率达到66.2%，社会参与率达到51.7%，肇事率0.12%；解除关锁精神病患者4 123人；对49.2万贫困精神病患者进行医疗救助。同时，建立了41个省级孤独症儿童康复训练机构，2万名孤独症儿童在各级机构进行了康复训练。

在残疾人辅助器具服务方面，全国已培育建设6个国家辅助器具区域中心，建设省级辅助器具服务机构29个、地市级服务机构220个、县级服务机构945个。开展了多层次、多形式的专业技术人员培训，共组织培训专业人员6 261人次。深入开展了辅助器具服务，组织实施了系列辅助器具项目，全年共为残疾人减免费用供应辅助器具152.4万件，其中装配假肢2.9万件、矫形器6.4万件，验配助视器17.8万件。

在医疗康复服务方面，2019年，1 043万残疾儿童及持证残疾人得到基本康复服务，其中包括0～6岁残疾儿童18.1万人。得到康复服务的持证残疾人中，有视力残疾人112.2万、听力残疾人73.1万、言语残疾人4.4万、肢体残疾人553.6万、智力残疾人82.3万、精神残疾人161.5万、多重残疾人46.8万，未持证残疾儿童9.1万。全年共为314.5万残疾人提供各类辅助器具适配服务。截至2019年年底，全国已有残疾人康复机构9 775个，其中1 430个机构提供视力残疾康复服务，1 669个提供听力言语残疾康复服务，4 312个提供肢体残疾康复服务，3 529个提供智力残疾康复服务，2 022个提供精神残疾康复服务，2 238个提供孤独症儿童康复服务，1 970个提供辅助器具服务。康复机构在岗人员达26.4万人，其中管理人员2.9万人，专业技术人员19万人，其他人员4.5万人。

**2. 文化教育服务**

在特殊教育服务方面，2019年，中国残疾人联合会与教育部共同印发《关于做好2019年残疾儿童少年义务教育招生入学工作的通知》，进一步摸清适龄未入学残疾儿童少年底数，“一人一案、分类安置”。同时，启动修订《残疾人中等职业学校设置标准（试行）》《普通高校招生体检工作指导意见》。2017—2019年，中国残联与教育部在全国选择6所普通高校，开展残疾人高等融合教育试点工作，研讨完善残疾人高等教育单考单招政策等，6所高校为期两年的残疾人高等融合教育试点工作圆满完成。《汉语手指字母方案》作为语言文字规范发布实施。《国家通用手语词典》正式出版。组织研制国家通用手语和国家通用盲文水平等级标准、手语翻译资格（水平）等级标准，细化国家通用手语水平等级考核标准。组织制定国家通用手语语料库技术规范，研制国家通用盲文测试大纲和题库。开展国家通用手语和国家通用盲文的国家级培训，受训骨干人员 954 人。国家通用手语和国家通用盲文相关学习应用程序正式上线，部分义务教育阶段教材进入聋校、盲校。使用国家通用盲文的新书发稿 824 种，发稿字数 6 477 万，完成图书 713 种。30 个省（区、市）制定了国家通用手语和国家通用盲文推广方案。残疾人事业专项彩票公益金助学项目的实施，为全国 1.5 万名家庭经济困难的残疾儿童享受普惠性学前教育提供了资助。各地多渠道争取资金支持，对 7 489 名残疾儿童给予了学前教育资助。2019 年，全国共有特殊教育普通高中班（部）103 个，在校生 8 676 人，其中聋生 6 083 人、盲生 1 629 人、其他 964 人。全国有残疾人中等职业学校（班）145 个，在校生17 319人，毕业生 4 337 人，毕业生中 1 705 人获得职业资格证书。全国有12 362 名残疾人被普通高等院校录取，2 053 名残疾人进入高等特殊教育学院学习。3.6 万名残疾青壮年文盲接受了扫盲教育。2015 年，教育部、中国残疾人联合会制定了《残疾人参加普通高等学校招生全国统一考试管理规定（暂行）》，与国家语委、国家新闻出版广电总局联合印发了《国家手语和盲文规范化行动计划（2015—2020 年）》。全国为盲、聋、智残儿童少年兴办的特殊教育学校已发展到 1 672 所，义务教育普通学校附设特教班 2 844 个，在校的盲、聋、智障等"三类残疾"学生约 58 万人。残疾儿童少年义务教育入学率平均水平达到 69.5%，其中，农村为 68.5%，城镇为 73.7%。

**知识窗**

《国家手语和盲文规范化行动计划（2015—2020 年）》共分为指导思想、任务目标、主要措施和保障条件四个部分。第一部分明确了行动计划的指导思想，即"全面推广使用国家通用手语和国家通用盲文，为听力残疾人和视力残疾人提供更加公平、平等和便利的参与社会生活的条件，保障他们的语言文字权利和融合发展"。第二部分有针对性地提出了未来两年和五年，手语和盲文规范化工作的分阶段任务目标。第三部分明确了切实加快推进手语和盲文规范化工作的主要措施：一是加快推进手语和盲文规范化信息化建设；二是大力推广国家通用手语和国家通用盲文；三是积极开展手语和盲文的科学研究，加强学科建设和人才培养，包括在国家级研究规划项目和重大研究项目中，增加手语和盲文的基础研究和应用研究项目；四是着力加强手语和盲文的法制建设。第四部分为手语和盲文规范化工作的保障条件：一是建立健全工作机制；二是建立手语和盲文的规范化工作经费保障机制，加大经费扶持力度；三是加强手语和盲文的研究和推广基地建设，加强人才培养和相关研究推广工作。

在文化体育服务方面，开设省级盲文及盲人有声读物图书馆（室）41 个、各类文化活动场所 56 处、体育活动场所 139 处；市（地）级盲文及盲人有声读物图书馆（室）308 个，各类文化活动场所 3 474 处、体育活动场所 1 053 处；已挂牌的省、市（地）残疾人体育训练基地分别达到 174 个和 533 个，残疾人文化、艺术和体育生活更加活跃。2019 年，中国残疾人联合会与国家体育总局共同制定并印发了《关于进一步加强残疾人康复健身体育工作的指导意见》，开展全国残疾人体育先进评选工作，共有436家单位、495名个人获得表彰。继续开展“健身周”“冰雪季”“特奥日”等全国品牌活动，带动各类残疾人康复健身。2019年，残疾人社区文体活动参与率已达14.6%。

**3. 就业服务**

在就业服务方面，全国省（自治区、直辖市）、市（地、州）、县（区、市）三级残疾人职业教育培训机构（系、专业）达1 757个，接受残疾人职业培训的普通机构有1 974个，一年中有近80万人次残疾人可以接受职业教育与培训。盲人按摩事业稳定发展，按摩机构数量迅速增长。2019年，城乡持证残疾人新增就业39.1万人，其中城镇新增就业12.2万人，农村新增就业26.9万人。全国城乡持证残疾人就业人数为855.2万人（核减已注销和超年龄段残疾人），其中按比例就业74.9万人、集中就业29.1万人、个体就业64.2万人、公益性岗位就业14.4万人、辅助性就业14.3万人、灵活就业（含社区、居家就业）228.2万人、从事农业种养加430.1万人。全国共培训盲人保健按摩人员14 678名、盲人医疗按摩人员7 318名。全国有保健按摩机构13 181个，医疗按摩机构894个，623人获得盲人医疗按摩人员初级职务任职资格，66人获得中级职务任职资格。

**4. 社会支持服务**

在法律服务方面，全国成立残疾人法律救助工作协调机构1 828个，建立残疾人法律救助工作站1 542个，办理案件4 615件，建立残疾人法律援助中心（工作站）2 997个，办理案件1.6万件，有力地推动了法律救助和法律援助工作。2019年，制定或修改省级关于残疾人的专门法规、规章12个，地市级9个；制定或修改关于保障残疾人权益的省级规范性文件15个，地市级60个，县级180个。全国县级以上人大开展《中华人民共和国残疾人保障法》执法检查和专题调研293次；政协开展视察和专题调研229次。全国开展省级普法宣传教育活动329次，33 093人参加；举办省级法律培训班34个，3 598人参加。截至2019年年底，全国成立残疾人法律救助工作协调机构2 201个，建立残疾人法律救助工作站2 021个。残疾人参政议政工作稳步开展，各地残联协助人大代表、政协委员提出议案、建议、提案733件，办理议案、建议、提案1 113件。无障碍环境建设法规、标准进一步完善。全国共出台了537个省、地市、县级无障碍环境建设与管理法规、政府令和规范性文件；1 737个地市、县系统开展无障碍环境建设；全国开展无障碍环境建设检查3 261次，培训4.9万人次；为136万残疾人家庭实施了无障碍环境改造，其中包括15.3万贫困重度残疾人；为47.4万残疾人发放了残疾人机动轮椅车燃油补贴。

在组织建设方面，2019年，全国省市县乡（除兵团外）共成立残联4.2万个，各省（区、市）、市（地、州）全部建立残联，97.6%的县（市、区）、97.3%的乡镇（街道）已建立残联，94.4%的社区（村）建立残协共54万个。省市县乡残联工作人员达11.1万人，乡镇（街道）、村（社区）选聘残疾人专职委员总计58.1

万人。全部省级残联、70.5%的地市级残联配备了残疾人领导干部，48.5%的县级残联配备了残疾人干部。全国共建立省级及以下各类残疾人专门协会1.5万个，其中省级各类专门协会已建比例为98.8%，市级为94.5%，县级为91.0%。全国助残社会组织2 693个。残疾人托养服务工作稳步推进，残疾人托养服务机构9 941个，其中寄宿制托养服务机构3 080个，日间照料机构5 311个，综合性托养服务机构1 550个，为22.4万残疾人提供了托养服务。93.9万残疾人接受居家服务。2.7万名托养服务管理和服务人员接受了各级各类专业培训。

在社会环境建设方面，随着残疾人社会组织的不断涌现与发展，为残疾人提供服务的主体也逐渐增加，残疾人的社会生活环境得到明显改善。在中国残疾人联合会以及各种政府支持的社会组织和纯自愿的民间组织的努力下，通过广泛的宣传教育，社会上对于残疾人的错误认识也逐渐减少，歧视残疾人的现象减少，越来越多的社会大众逐渐认识、理解尊重、关心帮助并接纳残疾人。通过推广社区服务模式，提高了残疾人的生活品质，他们得以在平等的社区里快乐的生活，发现自身的价值，平等参与社区建设，共享社会文明成果。

另外，多媒体、广播电视台都开设了残疾人专题节目和手语节目，残疾人出版物也不断推出，丰富了残疾人的文化生活。组建中国残疾人艺术团并进行全国巡演与国际交流；举办全国残疾人文艺汇演；举办全国残疾人运动会，积极参与残疾人奥运会，展现中国残疾人的风采。

## 二、中国残疾人社会服务存在的问题

残疾人工作的发展涉及方方面面，包括国家各部门的配合、社会观念的规范以及残疾人的自我认识。由于我国现在处于社会主义初级阶段，经济社会发展水平有限，城乡、地区发展差异大，决定了我国残疾人事业不可避免地存在着很多问题：残疾人事业仍滞后于经济社会发展，残疾人事业城乡区域发展不平衡，残疾人在社会保障、康复、教育、就业、社会参与等方面还面临很多困难和障碍。[①] 这些问题具体表现为：参与主体单一化，未能实现多元治理；残疾人工作发展经费来源渠道单一；残疾人总体生活水平与社会平均水平差距较大，社会保障有待进一步完善；残疾人就业有关法律规定未能有效落实；残疾人整体受教育水平较低；无障碍环境建设任重道远；残疾人事业城乡、区域发展不平衡。

### （一）残疾人社会服务的保障机制有待完善

#### 1. 参与主体单一化，未能实现多元治理

目前，我国残疾人事业发展主要还是依靠政府的行政力量在推动，其他主体参与程度较低。除国家救助外，其他主体对残疾人的社会救助和扶持力度不够，民间

① 张奇林，张东旺．残疾人权益保障：现状、问题与对策．社会保障研究，2014（2）：66－72.

组织、慈善机构、社会大众等对残疾人的社会保障事业参与度低，慈善意识、扶残助残气氛不浓。[①]

**2. 残疾人工作发展经费来源渠道单一**

政府的财力是有限的，而社会成员对社会福利的需求增长却是无限的。目前我国残疾人事业仍着重强调家庭与残疾人自我保障，在资金来源渠道方面，过于依赖政府和家庭的支持，未能突出加强对非营利组织等民间力量参与残疾人事业发展的正确引导与鼓励支持。[②]

## （二）生存性服务为主难以满足残疾人的多元需求

我国已经制定并实施了一系列关于残疾人医疗康复、劳动就业、教育培训、精神文化、福利保障等方面的法律法规和相关的政策措施，以保障残疾人参与到社会各个领域当中，但现实的情况是，残疾人总体生活水平依旧处在社会平均生活水平之下且差距较大，现有的社会保障只能保障残疾人的基本生活，并不能提高残疾人的总体生活水平。就残疾人医疗康复而言，庞大的伤残群体和日益增长的康复需求使残疾人康复医疗事业的发展任重而道远，现行的残疾人医疗康复法规、政策仍然无法有效保障残疾人的康复需求。其原因在于：一方面，制度本身纲领性太强而操作性不强，存在制度政策不符合社情、制度政策的制定缺乏合理性等情况；另一方面，制度的实施缺乏有效的监督，导致实然和应然之间的脱节。

## （三）发展性服务需要优化

**1. 残疾人受教育程度较低、特殊教育体系不完善**

残疾人受教育状况与普通人相比差异显著。初中以上各层次的受教育水平的人数比例都远低于非残疾人。且残疾人群体中受教育程度也存在较大差异：女性残疾人的受教育权利受到更多的剥夺；农村残疾人的受教育状况远低于城市残疾人；文盲率随年龄的分布出现U形曲线，40～50岁年龄组的残疾人文盲率最低，15～19岁年龄组的残疾人的文盲率高达48.4%，比60～69岁年龄组的文盲率还高；学龄残疾儿童的就学率仅为45.3%。特殊教育和普通教育一样，已经纳入九年义务教育的轨道。尽管残疾儿童的入学率有了明显提高，但2007年国家统计局、第二次全国残疾人抽样调查领导小组《第二次全国残疾人抽样调查主要数据公报（第二号）》公布：6～14岁学龄残疾儿童为246万人，占全部残疾人口的2.96%。学龄残疾儿童中，63.19%正在普通教育或特殊教育学校接受义务教育。如果按此说法，应该有约155万残疾儿童在校接受义务教育。而根据《中国教育年鉴》的统计数据，2007年残疾儿童在校生人数为41.93万。很显然特殊教育严重拖了九年义务教育的后腿。从农村残疾人口在全国所占比例来看，未加入九年义务教育的残疾学龄儿童

---

① 李迎生，厉才茂．残疾人社会保障力量与实践研究．北京：华夏出版社，2008：26.

② 周沛，曲绍旭，张春娟，等．残疾人社会工作．北京：社会科学文献出版社，2012：88.

大多数在农村。[①] 虽然随着教育体制的不断完善，残疾人的受教育程度在不断提高、受教育环境在不断改善，但残疾人的总体受教育水平依然较低，残疾人教育体系依然有待完善。

**2. 残疾人的就业难度大、可就业领域狭窄**

就业是残疾人平等参与经济活动的核心内容，残疾人就业是其正常生活的重要保障。残疾人能否稳定就业很大程度上决定了残疾人社会融入的程度。《2020 年残疾人事业发展统计公报》显示，全国城乡持证残疾人就业人数为 861.7 万人，其中按比例就业 78.4 万人，集中就业 27.8 万人，个体就业 63.4 万人，公益性岗位就业 14.7 万人，辅助性就业 14.3 万人，灵活就业（含社区、居家就业）238.8 万人，从事农业种养加 424.3 万人。全国共培训盲人保健按摩人员 12 761 名、盲人医疗按摩人员 7 820 名。从残疾人的就业形式来看，灵活就业人数最多，其次是按比例就业、个体就业和集中就业。从就业领域来看，残疾人所从事的职业以劳动业和服务业为主。就业难、就业领域狭窄、收入低、压力大、工作不稳定等是残疾人就业过程中存在的主要问题。

残疾人就业与发展存在问题主要受到内部因素和外部因素的影响。[②] 内部因素方面，由于身体缺陷导致社会功能的不健全、残疾人自身的自卑意识以及社会歧视等原因导致残疾人很难就业，残疾人群体普遍存在就业率低的问题。外部因素方面，尽管政府已经出台了关于促进残疾人就业的法律法规，但是现实中并未得到有效落实。如由于对用人单位缺乏有效的约束和惩罚机制，部分企业违反规定，既不安排残疾人就业，也不缴纳残疾人就业保障金，使按比例就业政策的执行大打折扣，残疾人就业工作未能落到实处。也有学者提到互联网经济对于残疾人就业具有创新机制和损害机制。[③] 一方面，中国的“互联网＋残疾人”就业模式、残疾人“社区就业”模式等灵活就业形式已经帮助大量的残疾人成功就业、创业，互联网“赋权”残疾人、构建无障碍世界、增加了残疾人进入就业市场的机会；但另一方面，残疾人“数字鸿沟”可能导致新的就业不平等。上述这些问题在短时间内是无法得到解决的，需要政府、企业、社会大众的共同努力为残疾人创造一个平等的就业环境。

**3. 残疾人的社会参与程度低**

社会功能上的弱势导致残疾人在心理上较为胆怯，缺乏积极向上、自主独立的意识，他们往往对身边熟悉的人尤其是长期照顾自己的亲人有较强的依赖性。因此残疾人活动区域范围固定且狭小，大多为家庭及周边，交往的人群也主要以亲人、邻居为主，朋友较少。另外，社会上现有的基础设施基本上是为健全人建设的，已

---

① 尹海洁．残疾人受教育状况及对其生存的影响．山东社会科学，2012（11）：65－70.

② 杨艳琳，李丽，刘亮，等．中国残疾人口就业存在的问题、影响因素与解决的基本思路．社会保障研究，2008（1）：52－62.

③ 焦若水，李国权．残疾人就业：互联网时代的机遇与挑战．残疾人研究，2019（4）：45－53.

有的无障碍设施远不能满足残疾人群体的出行和使用需求，无障碍环境建设任重道远。究其原因，一方面源于社会对残疾人的关心不足，没能为残疾人营造一个良好的社会环境，另一方面是由于残疾人意识不到自身的价值和潜能，没有充分利用社会所创造的一些外部环境和条件参与到社会生活中。

残疾人在物质生活水平、就业需求、受教育条件、受教育水平、福利保障、公共服务设施和水平、文娱活动、无障碍环境等方面存在明显的城乡和区域差距。目前，农村残疾人在需求的满足上仍然更多地停留在医疗康复、就业等最基础的生存保障层面，他们的政治需求、精神文化需求等更高层次的需求很少有人关注，因此农村残疾人社会边缘化程度较高。相较而言，有的城市残疾人享受着更好的生活环境、医疗水平、无障碍环境等，生活保障基本得到满足，同时在精神文化、政治参与等方面的权益也得到了较好的保障。就残疾人接受的各方面待遇而言，经济发达的城市要明显好于经济欠发达城市。

## 复习思考题

1. 如何理解社会服务其内涵的社会性？
2. 试举例谈谈对社会服务实践体系的理解。
3. 残疾人社会服务的形式与内容有哪些？

## 推荐阅读书目

1. 邹文井．社会服务研究（第一辑）．北京：社会科学文献出版社，2014.
2. 葛忠明．中国残疾人福利与服务：积极福利的启示．济南：山东人民出版社，2015.
3. 郑功成．中国残疾人事业发展报告．北京：人民出版社，2011.

第四章

# 残疾人社会工作概述

**本章要点**

- 国外残疾人社会工作的发展大致经历了文艺复兴时期、工业革命时期、第二次世界大战后至20世纪80年代，以及20世纪80年代以后四个阶段。
- 我国残疾人社会工作不断进步和发展，但还有许多关卡等待突破，其中最重要的问题是社会工作的本土化问题。
- 残疾人社会工作是指以残疾人为服务对象，为其提供专业性的社会工作服务。残疾人社会工作的内容包括康复、教育、就业、生活四个方面。
- 残疾人社会工作的发展有着十分重要的意义，不仅有利于残疾人个体找到自我，改变其自身的状况，使其在生活、康复、生存、发展各个方面得到满足，实现自身发展，而且关系到社会环境的稳定和社会关系的改善，有利于社会的进步。
- 政府购买社会工作服务是政府与非政府组织、非政府团体、其他组织或者个人签订契约，由政府和相关机构界定社会工作服务的种类或品质，并向特定人群提供社会工作服务的行为。

**关键概念**

残疾人社会工作；社会功能；政府购买服务；项目运作机制

## 第一节　残疾人社会工作发展历史

### 一、西方残疾人社会工作的发展历程

社会工作起源于西方，后来不断发展，分为了早期社会工作实践和专业社会工作两个阶段，到目前已经进入发展的鼎盛时期。社会工作已贯穿各个领域，社会工

作者的地位也有了明显的提高。残疾人社会工作是伴随社会工作的产生而逐渐成长起来的，其发展阶段与社会工作的发展阶段既相似，又具有自身的独特性。下面我们就残疾人社会工作发展的四个阶段进行逐一介绍。

### （一）第一阶段：文艺复兴时期

文艺复兴时期，宗教宣传广泛，尊重人权的宗教教义使社会工作有了发展的土壤。这一时期，认为残疾人应该得到社会的特殊关怀被视为尊重人权的表现。人道主义认为，每个人的权利、价值以及尊严都得到尊重和保护，这使得残疾人的地位发生转变，由被漠视甚至被歧视转变为和其他人一样享受被尊重的权利。同时，在古希腊、古罗马时期的助人思想以及基督教的博爱思想的作用下，残疾人得到了更多的帮助，这些思想对残疾人社会工作的兴起产生了重大影响。

### （二）第二阶段：工业革命时期

工业革命时期，人们开始关注残疾人的保障，残疾人社会工作逐渐兴起。伴随工业革命涌现出大量的社会问题，其中包括亟待解决的困难群体的生存问题。虽然在这一时期西方国家普遍存在社会福利政策，但是这些社会福利只是在家庭无能为力的情况下给予一定的补助，困难群体的生存问题并不能得到解决。在市场经济不断发展的大背景下，困难群体的生存问题一直没有得到有效解决，这让政府开始重新考虑其扮演的角色。

18 世纪 80 年代，瑞士人奥比（Orbe）在瑞士创立了世界上第一家专门为残疾人服务的机构。19 世纪 20 年代，第一个“残疾人之家”在德国成立了。之后，西方国家注意到残疾儿童的教育问题，纷纷建立学校招收残疾儿童。一些国家也颁布了保障残疾人权益的法令，如德国的《残疾保险法令》、美国的《紧急救济法》等。1922 年，国际康复会（Rehabilitation International ）成立，成为第一个服务于残疾人的国际组织。此外，1942 年，英国发布了《贝弗里奇报告——社会保险和相关服务》，提出以社会保险来缓和社会矛盾，达到稳定社会的目的，对每个公民提出了儿童补助、养老金制度、残疾津贴、失业救济、丧葬补助、妇女福利和贫困救济七个方面的保障。因此，在报告发表后，各国便强制建立了残疾人社会保险，由政府、雇主、残疾人个人共同承担并缴纳保险费用，形成了有效的责任分摊机制，也使受保人享受抚恤金的权利与义务统一起来。之后，许多国家也开始效仿，颁布了一系列社会福利法令，对残疾人权益的保障不断提升。特别是在欧美国家，人们对残疾人的关注度有了明显的提高，为之后的残疾人社会工作发展奠定了基础。①

### （三）第三阶段：第二次世界大战后至 20 世纪 80 年代

第二次世界大战之后，残疾人社会工作进入发展期。主要的资本主义国家开始

① 章程，宋宝安．西方发达国家残疾人社会保障的成功经验对我国的启示．东北亚论坛，2012，21(2)：89 - 95.

致力于经济发展和维护社会稳定，战争带来的灾难与创伤使人们开始反思自身的存在意义和生命价值。特别是战争导致了大批伤残军人的问题引起了各国政府和社会的重视。伤残军人面临的除了生存问题还有回归社会的问题，由于他们身份的特殊性，其发起的残疾人权利运动也得到了公众的支持。人们逐渐改变对残疾人的看法，残疾人逐步被社会大众所接纳，残疾人的权利保障也开始提上日程。1948 年 12 月 10 日，联合国大会颁布《世界人权宣言》，其中明确规定："残疾人有接受社会保障的权利。"在联合国的号召下，各国纷纷立法，保障残疾人的权益。之后，联合国以及有关国际会议通过了一系列保障残疾人权益的纲领性文件。

**批判性思考问题：**

残疾人社会工作的发展与第二次世界大战之间的必然联系是什么？

### （四）第四阶段：20 世纪 80 年代以后

20 世纪七八十年代，残疾人社会工作在快速发展之后步入了一个新的时期。联合国大会相继通过了《禁止一切无视残疾人的社会条件的决议》《弱智人权利宣言》和《残疾人权利宣言》。1981 年 12 月，在新加坡成立了国际性残疾人组织——残疾人国际（DPI），得到联合国的支持并在联合国享有咨询地位，旨在呼吁世界各国政府重视残疾人权益的保障，帮助残疾人平等地参与社会生活，享受社会发展的成果。[①]

## 二、中国残疾人社会工作的发展历程

社会工作虽然是舶来品，但在我国的发展也是源远流长的。而残疾人社会工作作为社会工作的一个领域，从产生、发展到专业化、职业化同社会工作在中国的发展阶段有很多相似之处。因此，本书中对我国残疾人社会工作发展阶段的划分也是以本土社会工作的发展历程为基础的。我国的残疾人社会工作的发展带有较为明显的政府色彩，其发展繁荣离不开政府的大力推动，残疾人社会工作在经历了"舶来化"和"行政化"的过渡阶段后，也在逐步迈入"专业化"阶段。在此过程中政府管理者的角色在削弱，服务者的角色在增强，残疾人社会组织也在朝着专业化、多样化的方向发展，残疾人社会工作呈现出新的"行业化"面貌。其具体的发展过程可划分为以下四个阶段。

### （一）第一阶段：社会工作思想的引入及残疾人保障政策的发展

最早把社会工作思想引入中国的是美国医务社会工作专家浦爱德（Ida Pruitt）女士，在她的领导下，北平协和医院首先创立社会服务部，开始了社会工作。在中华人民共和国成立前的二三十年间，尽管国内外形势严峻，但国民党和共产党都就

① 张海迪．让残疾人沐浴爱的阳光．残疾人研究，2012（3）：6.

残疾人保障出台了一些政策。国民政府主要是针对伤残军人颁布实施抚恤条例，如1938年颁布的《战时雇员公役伤亡给恤标准》，1940年2月颁布的《战时军事雇民夫伤亡抚恤暨埋葬暂行办法》，1942年4月颁布的《海军抚恤暂行条例》等。共产党则在解放区颁布实施了一系列照顾伤残人员的法规，如山东省抗日民主政府颁布的《抚恤抗日阵亡将士荣誉军人暂行条例》，晋察冀边区制定的《修正抗日战争伤亡军人暂行抚恤办法》等。在上述工作中，虽然没有专业人员的参与，但各级党团组织和群众组织起来的“帮工队”“代耕队”，对伤残者的辅助性服务都起到了一定的社会工作的作用。[①] 1949年之后，残疾人在政治上获得了基本的权利。为开展残疾人工作，我国在1953年成立了中国盲人福利会，1960年成立了中国盲人聋哑人协会。大部分地区建立起地方协会和基层组织，残疾人社会工作取得初步发展。但在“文化大革命”时期，残疾人社会工作再次中断。相比内地一度被中断的社会工作，台湾、香港地区的社会工作发展得更为专业和丰富。

### （二）第二阶段：本土化发展

改革开放以来，中国社会各项事业蓬勃发展。政府为民众所提供的一系列公共服务是响应“大政府、小社会”向“小政府、大社会”政策转变的一个重要表现。其中政府购买社会工作服务更成为一种新的公共服务的实现方式，更是社会工作进入中国后与本国实际国情紧密结合、实现本土化的有效助力。而残疾人社会工作作为社会工作中的一项重点，更是在依托政府购买社会工作服务项目中焕发新的生机，带动了一批优秀的契约型社会工作服务机构获得发展。1979年，第一个智力障碍儿童学习班在上海开办，此后，全国各省市纷纷仿效，以官办、民办等多种形式接纳弱智儿童。1984年3月15日，中国残疾人福利基金会成立。1988年3月11日，以中国盲人聋哑人协会和中国残疾人福利基金会为基础，中国残疾人联合会在北京成立。之后，全国各地省、市、县也相继成立地方分会，至1989年，全国90%的省市已完成此工程。1990年12月28日，七届全国人大常委会第十七次会议通过的《中华人民共和国残疾人保障法》，贯彻中国残疾人福利基金会和中国残联的宗旨，促进了残疾人事业的发展。继《中国残疾人事业“八五”纲要（1990年—1995年）》实施五年，为残疾人事业的发展奠定了良好的基础之后，1996年4月26日，国务院批准通过《中国残疾人事业“九五”计划纲要（1996年—2000年）》，继续为残疾人事业发展提供支持。2000年，残疾人事业发展稳定并呈上升趋势，开始迈入了新的世纪。不足的是，在改革开放初期，受到政治、经济、文化及社会发展水平的制约，我国社会工作专业教育体系迟迟未能建立，这严重制约了残疾人社会工作向专业化、职业化方向发展。[②]

① 马洪路．残障社会工作．北京：高等教育出版社，2007：57.

② 周沛，曲绍旭，张春娟，等．残疾人社会工作．北京：社会科学文献出版社，2012：67.

### （三）第三阶段：教育与实践快速发展

随着20世纪八九十年代社会工作教育的恢复，我国从事社会工作的单位和培养社会工作专业人员的权威组织逐渐建立，进一步推动了残疾人社会工作的发展。进入新世纪以后，我国社会工作专业教育进入快速发展时期，随着社会工作专业师资队伍的建立和完善，专业课程体系的日趋成熟，专业人才培养体系不断健全，为我国残疾人社会工作专业化的发展提供了巨大的制度支持。在中国康复研究中心等相关机构的带动下，北京、上海、广州、沈阳、济南、长沙等地的康复医疗机构和社会福利机构中，残疾人社会工作都获得了不同程度的发展。[①] 其中上海的孤残儿童家庭寄养，广州的残疾人职业康复，北京、济南、长沙的社区康复都取得了很大的成绩，积累了宝贵的经验。[②]

### （四）第四阶段：专业化与规范化发展

近十几年，国家陆续出台了相关法律法规，保障残疾人康复、教育、就业以及生活等方方面面的权益，规范残疾人社会工作。在残疾人社会工作机构和设置方面，国家更加注重建立健全运行机制，使残疾人社会工作的开展制度化、规范化。在社会工作专业领域，更加注重专业性社会工作人才的培育和引进，运用专业的介入方法和技巧，针对残疾人的心理、生理以及行为等方面进行治疗，并开展相应服务。如2012年民政部正式出台的《财政部关于政府购买社会工作服务的指导意见》更是将购买社会工作服务正式规范化，极大地鼓励了一系列社会工作服务机构从事专业化服务。之后颁布的《国务院关于加快推进残疾人小康进程的意见》（国发〔2015〕7号），进一步保障和改善残疾人民生，帮助残疾人和全国人民共建共享全面小康社会。依据《中华人民共和国残疾人保障法》和《中华人民共和国国民经济和社会发展第十三个五年规划纲要》，中共中央还制定并印发了《“十三五”加快残疾人小康进程规划纲要》。

总之，虽然民政、残联等政府职能部门、基层社区组织以及民间组织与社会团体能够以某种方式介入到残疾人群体中提供帮助，但由于专业技能存在一定程度的缺失和匮乏，可能对残疾人生活质量的改善和帮助没有达到预想的效果。因此，专业社会工作，特别是基于我国具体国情的本土化的专业社会工作显得尤为重要，作为以助人为宗旨的学科专业，有科学的知识和独特的方法，能够成为对残疾人等困难群体进行帮助的重要力量，可以成为残联、民政、民间助残组织以及社区等之外的残疾人服务资源的重要补充。[③]

① 周沛，曲绍旭，张春娟，等．残疾人社会工作．北京：社会科学文献出版社，2012：68.

② 马洪路．残障社会工作．北京：高等教育出版社，2007：67.

③ 汤夺先，臧继杰．专业社会工作介入老年残疾人服务研究：基于安徽省合肥市的调查．残疾人研究，2013（1）：26－30.

# 第二节　残疾人社会工作的内涵及功能

## 一、残疾人社会工作的内涵

残疾人社会工作是社会工作的一个分类，是指以残疾人作为服务群体的一种特殊的社会工作。首先，与老人、儿童或其他困难群体相比，残疾人并不是由于自然环境或社会条件的影响使其面临困境，而是由于自身身体的缺陷使他们难以更好地在社会环境中生存。其次，残疾人是多种弱势的叠加体，而且残疾等级和种类跨度较大，增加了服务的难度。再次，社会工作者在为残疾人提供服务时，会出现难以理解残疾人的思想和行为的情况。面对如此特殊的状况，残疾人社会工作的存在更加重要，面临的任务也更加艰巨。①

一般来说，残疾人社会工作是以社会工作者为服务主体，社区和组织为服务平台，残疾人为服务对象，运用专业的社会工作知识与方法，帮助残疾人解决身体、心理以及行为上的问题，弥补其自身缺陷，使其能够正确认识自我，在社会生活中享受平等参与的权利，共同分享社会发展成果。②

## 二、残疾人社会工作的基本内容

残疾人社会工作的内容十分广泛，主要包括康复、教育、就业、生活四个方面。

### （一）康复

面对残疾人的生存问题，残疾人社会工作首先应该关注的是残疾人的康复问题，即从残疾人的生理方面入手，尽可能恢复其生理机能，在社会生活方面实现增能。残疾人的康复工作，一方面需要医学上的治疗，另一方面需要残疾人社会工作的介入。在康复过程中，残疾人社会工作作为医学治疗的补充，发挥着十分重要的作用。

### （二）教育

受教育是每个人的权利和义务，残疾人也不例外。残疾人教育在保证残疾人享有权利的同时有利于残疾人获得发展机会，实现自我价值。社会工作者可以为残疾人提供教育建议，动员社区提供教育资源，帮助残疾人平等地享受教育。

### （三）就业

就业是个人谋求生存和发展的最重要的途径，没有就业就难以体现个人的社会

① 王思斌．社会工作概论（第三版）．北京：高等教育出版社，2014：236.

② 王思斌．社会工作概论（第一版）．北京：高等教育出版社，1999：249.

价值。在我国，面对较为庞大的残疾人群体，就业问题一直亟待解决。在帮助残疾人就业方面，社会工作者的存在十分必要。社会工作者可以为残疾人寻求更适宜的就业岗位，帮助残疾人更好更快地适应工作环境、掌握职业技能，在必要时为他们提供援助，维护其合法权利。

### （四）生活

残疾人与普通人平等，应该享有正常的生活，包括婚姻生活和家庭生活。社会工作者可以通过提供咨询平台、帮助残疾人介绍、指导残疾人做出正确选择等方式帮助残疾人享有获得婚姻生活的权利，构建良好的家庭生活。同时，改善残疾人的生活环境以及其所处的社会环境，促进残疾人生活的正常化发展。

## 三、残疾人社会工作的功能

残疾人社会工作的社会功能包含在社会工作之中，和社会工作的社会功能基本一致，都遵循结构功能主义的思维路径。社会工作的社会功能，一般来说是一种递进关系，由子系统出发，到整个社会系统。基于社会工作的社会功能，残疾人社会工作的社会功能可以从三个层面来理解——个体、群体和社会。[①]

**知识窗**

结构功能主义在孔德和斯宾塞的著作中都有所论述，后来迪尔凯姆和马林诺夫斯基对其进行了更为系统的阐述。20世纪40年代，美国社会学家帕森斯明确提出“结构社会功能”一词，发展了结构功能主义理论，并提出了四个功能性条件，即适应、目标达成、整合、潜在模式维系。

### （一）个体层面

残疾人社会工作主要从人格、情绪、行为出发，对残疾人个人的社会功能进行调节、塑造，甚至转化。

在对残疾人展开社会工作服务时，应尽可能地恢复其正常生活，促进其人格的塑造和发展。让服务对象置身于社会化环境之中，使其尽可能地面对家庭和社会的责任，社工（社会工作者，以下简称社工）在心理和行为方面引导其承担责任，帮助其塑造健全的人格。在服务过程中要充分尊重服务对象，同时鼓励其进行自我实现。通过人格塑造这一过程，对服务对象进行再社会化，使其最终能以普通人的角色回归社会。

在社会化过程中，服务对象可能会出现情绪上的不稳定或是产生排斥的情况，社工应及时帮助服务对象调整并稳定情绪，减少不良情绪对个体发展的消极影响，

① 陈成文，孙嘉悦．论社会工作的功能：一个结构功能主义的分析视角．湖南师范大学社会科学学报，2011，40（2）：75-79.

适当鼓励其形成积极的心理活动。在服务对象回归社会的过程中，情绪对其心理活动的影响很大，积极健康的情绪更有利于服务对象适应社会，有利于提高其协调发展的能力。

人在环境中，个体的发展离不开环境，尤其是社会环境。但是由于社会结构制度、社会文化价值等社会环境的变化，人们尤其是残疾人群体在行为上会出现许多问题。在这种情况下，社工应该从服务对象的行为方面入手，帮助其将问题行为转换为适应社会环境的合理行为，促进其不断自我发展，顺利回归社会。

**案 例**

深圳市龙岗区龙祥社工服务中心根据精神障碍服务对象个体的需求，制定服务目标及开展的专业服务（见表4－1）。

表4－1 “龙祥”精神障碍服务对象的需求及服务表

| 服务对象的需求分析 | 服务目标 | 计划服务形式 |
| --- | --- | --- |
| 提升情绪管理能力的需要：<br>强烈的情绪是引发精神障碍康复者病发的导火索。认识情绪和情绪的影响、学习且能使用排解焦虑与压力的方法，这对于精神障碍康复者来说尤其重要。同时，培养健康的价值观和正面的思想也很重要。 | 1. 服务对象了解情绪对自身康复的影响；<br>2. 服务对象学习和使用理性情绪疗法排除情绪困扰；<br>3. 服务对象学习和使用“同理心”理解他人的行为；<br>4. 服务对象学习和使用表达与转移情绪的技巧；<br>5. 服务对象学习建设健康心态的策略。 | 精神障碍人士情绪管理小组 |
| 提升自我效能感的需要：<br>精神障碍康复者在康复的过程中，会面临社会歧视、社会功能受损的情况，从而引起自卑、自闭的心理。提升他们的自我效能感可以提升他们的自信心和成就动机，促进他们更全面地了解自我，培养积极的心态，更有利于康复。 | 提升精神障碍康复者的自我效能感。 | “蒲公英卫视”活动 |
| 社会交往的需要：<br>精神障碍康复者平时朋友圈子狭窄，相对缺乏与他人沟通和交流的机会。社工可以通过生日会的平台促进精神康复者之间的沟通交流。 | 促进精神障碍康复者在活动中与他人多沟通、多表达。 | 精神障碍康复者生日会 |

## （二）群体层面

残疾人社会工作主要着眼于群体的目标、行为规范和价值理念，对残疾人群体的社会功能进行引导、约束和整合。

每一个群体都有群体目标，残疾人群体也不例外。首先需要寻找和选择目标，然后去实现目标。在这一过程中，残疾人群体需要社工引导方向，帮助寻找、选择和确定群体目标，使群体中的大多数个体达成共识，直面群体问题，集体行动以解决问题、改善环境、实现目标。

群体的运行和发展需要确定的规范来指导和约束，既要从外在施加约束规范，又要从群体内部入手，形成群体内部的道德约束。残疾人社会工作通常是基于社区和组织运行的，为了残疾人群体的平衡发展，在社区和组织内通常要有规范来约束个体，同时需要社工作为社区和群体之外的一种力量来维护和保证规范的正常运行。不仅要在群体外部进行规范的宣传，而且要在群体内部规范并且纠正个体的行为，及时解决问题，尽可能地避免失范行为在群体中的出现和蔓延。

每个人都拥有自己的价值观，由个体组成的群体也有相应的整体价值体系。当个体对群体的价值体系了解不深或个体的价值观与整体的价值体系难以相融时，社工应该作为一个引导者，用正确和适当的方式引导个体与整体的价值体系保持一致，帮助个体尽快融入群体之中，与群体共同发展，解决问题，实现目标。

### （三）社会层面

残疾人社会工作发展有利于推动残疾人社会政策的变迁。残疾人社会工作在开展扶残助残的过程中，尊重残疾人权益，反映残疾人的意见和要求，积极为残疾人奔走、呼吁和协调；对需要诉诸法律政策解决的，要从残疾人的切身利益出发，积极为残疾人提供法律服务和政策支持。通过残疾人社会政策理论与社会工作实务的研究、对话与交流，促进残疾人社会政策的优化，为全面建成小康社会提供政策保障。

残疾人社会工作有利于增加社会资本。社会资本是在一定范围内存在的，人们基于信任、情感共同体意识而形成的相互信赖和支持的关系。残疾人社会工作以残疾人为本，以解决残疾人就业和社会融合为题，通过举办公益活动、长期培训以及开展个案、小组和社区等专业性服务，可以促进残疾人社会资本的建立，或使残疾人的社会资本更加丰厚。

残疾人社会工作的发展有利于构建有“亲和力”的残疾人文化。残疾人社会工作从优势和增能视角出发，帮助残疾人积极参与社会生活，投身经济建设和社会发展，展示自身能力，创造社会财富，在社会上树立崭新的残疾人形象。这有助于减少和消除社会上对残疾人的偏见和歧视，使人们认识到残疾人的能力和价值，建立一个相互关怀的社会。

## 第三节　残疾人社会工作的服务形式

### 一、政府购买残疾人社会工作服务

随着经济社会的不断发展和人民生活水平的提高，国家和社会对于社会服务需求不断增加和愈加重视，但在面对广大的服务对象的需求时，传统的政府直接提供服务的方式逐渐显现“成本高、效益低下、手段单一”等体制性弊端。政府逐步将服务职能交给社会，在政府购买服务的改革趋势下，社会工作服务机构应运而生，通过政府购买服务方式支撑机构运作，通过招标获得政府项目服务资质，政府提供服务场地和社会工作者工资，社会工作机构派驻社会工作者到岗位（如残疾人联合会）或社区开展社会工作服务（如残疾人服务），其服务的内容包括政府资助要求的“公共服务”以及根据服务对象需求提供的自主性“专业服务”。① 同时，各服务机构在面临竞争时需要不断提高自身的服务品质，不仅在传统的服务质量、服务内容上坚持“助人自助”的理念，更要充分发挥专业所长，广泛调动服务机构内在积极性和灵活性，在舒缓和解决残疾人群体服务需求方面展现出互补性的优势。

在中国，政府购买社会工作服务模式，是“政府将社会工作服务项目委托给有资质的民办社会工作机构去实施，并为此而支付费用的一种特殊的制度体系。在购买过程中，政府是资金支付者，有资质的民办社会工作组织是承办者”②。我国的社会工作发展起步晚，社会上对社会工作的认识普遍不足，社会工作服务市场发展水平较低。因此，通过政府购买社会工作服务既为社会工作组织提供了经济支持，也为社会工作组织成长提供了发展空间。此外，采用该模式也适应了政府职能转变的需要。政府购买社会工作服务是政府与非政府组织、非政府团体、其他组织或者个人签订契约，由政府和相关机构界定社会工作服务的种类或品质，并向特定人群提供社会工作服务的行为。③

从理论上讲，社会工作服务的购买者和提供者是两个相对独立的主体，二者之间是契约关系而不是上下级关系。从采购方式来看，社会工作服务的政府购买也应按照政府采购的标准程序进行，即主要采取竞争性招投标方式进行。但受市场发育和管理水平等条件的约束，我国目前社会工作服务买卖双方之间的关系复杂，因而在采购模式上与一般市场经济国家有很大的不同。④

### （一）购买主体

各级政府是购买残疾人社会工作服务的主体。各级民政部门具体负责本级政府购买残疾人社会工作服务的统筹规划、组织实施和绩效评估；各级财政部门具体负责本级政府购买残疾人社会工作服务的规划计划审核、经费安排与监督管理；各有关部门和群团组织负责本系统、本行业残疾人社会工作服务的需求评估，向同级民政部门申报残疾人社会工作服务计划并具体实施。

### （二）购买对象

政府购买残疾人社会工作服务的对象主要为具有独立法人资格，拥有一支能够熟练掌握和灵活运用社会工作知识、方法和技能的专业团队，具备完善的内部治理结构、健全的规章制度、良好的社会公信力以及较强的公益项目运营管理水平和社

---

① 李旸，赵波．社会工作综合能力：中级．北京：中国社会出版社，2015.

② 赵一红．政府购买社会工作服务模式分析．社会工作，2012（4）：44-48.

③④ 陈小强．我国政府购买社会工作服务初探．中国政府采购，2008（6）：64-67.

会工作专业服务能力的社会团体、民办非企业单位和基金会。此外，具备相应能力和条件的企事业单位也可承接政府购买社会工作服务。

### (三) 购买范围

按照“受益广泛、群众急需、服务专业”原则，重点围绕城市流动人口、农村留守人员、困难群体、特殊人群和受灾群众的个性化、多样化社会服务需求，组织开展政府购买社会工作服务。如实施老年人、残疾人社会照顾计划，为老年人和残疾人提供生活照料、精神慰藉、社会参与、代际沟通等服务，构建系统化、人性化、专业化的养老助残服务机制。

### (四) 购买程序

购买程序包括四个环节。一是编制预算。民政部门根据本地经济社会发展水平和财力状况，协调有关部门和群团组织切实做好人民群众尤其是困难群体、特殊人群社会服务需求的摸底调查与分析评估，核算服务成本，提出政府购买社会工作服务的数量、规模、质量与效果目标要求，科学编制年度社会工作服务项目预算并报同级财政部门审批。二是组织购买。购买社会工作服务，原则上应通过公开招标方式进行。对只能从有限范围服务机构购买，或因技术复杂、性质特殊而不能确定具体服务要求、不能事先计算出价格总额的社会工作服务项目，经同级财政部门批准，可以采用邀请招标、竞争性谈判方式购买。对只能从唯一服务提供机构购买的，向社会公示并经同级财政部门批准后，可以采取单一来源采购方式组织采购。政府购买社会工作服务的组织实施，必须符合《中华人民共和国政府采购法》以及相关法律法规和部门规章要求。三是签订合同。民政部门要按照合同管理要求，与服务提供机构订立购买服务合同，明确购买服务的范围、数量、质量要求以及服务期限、资金支付方式、违约责任等内容。四是指导实施。财政和民政部门要及时下拨购买经费，指导、督促服务承接机构严格履行合同义务，按时完成服务项目任务，保证服务数量、质量和效果。

我国残疾人社会工作服务的购买主要体现在社会福利、社会救助、社会慈善、残疾康复、抚恤优待、社区建设、司法矫正、教育、卫生等领域。目前，北京、上海、广州、杭州、南京、无锡等地区对民政、医疗卫生、社区矫正、就业培训等领域公共服务的购买进行了有益探索。

**案 例**

#### 武汉市政府购买特殊儿童社工服务[①]

武汉市儿童福利院是政府举办的武汉市唯一的儿童福利事业单位，院内孤儿670名左右，90%是残疾儿童，正式职工有120人，合同工百余人。它也是武汉市

① 方舒，唐瑜．简论政府购买残疾孤儿社会工作服务的实践逻辑与政策建构：以武汉、广州模式为例．残疾人研究，2014 (3)：37-41.

中山特殊教育学校和武汉市伤残儿童康复中心，属于三块牌子一套班子。该院相对开放，将院内特殊教育、学前教育以及医疗康复设施向社区居民开放，每年约有300名社会儿童到武汉儿童福利院接受幼儿教育、特殊教育和医疗康复服务。武汉儿童福利院从2010年开始推行政府购买专业社工服务试点。市民政局直接出资，统一购买武汉楚馨社会工作服务中心的多项儿童福利项目，主要是在儿童福利院开展“少儿工作坊”服务项目。武汉市儿童福利院目前拥有两支社会工作者队伍，一支是由老员工通过社工师资格考试转化而来的，另一支来自政府购买服务。截至2014年1月，武汉市儿童福利院共有11名兼职社工。

1. 购买主体

武汉市民政局是购买主体，根据《武汉市民政局机关自行采购项目询价暂行办法》和《武汉市政府购买社会工作服务项目评估实施办法》来购买社会组织服务。

2. 购买对象

作为政府购买残疾人社会工作服务的购买对象，残疾人社会组织的重要性毋庸置疑。武汉楚馨社会工作服务中心是本案例中的购买对象，是在武汉市民政局登记注册的社会工作服务机构。该中心为湖北省首家专业社工机构、全国社工实务创新基地、武汉地区首个承接央财支持项目的社工机构。中心依托江汉大学智力资源，秉持“持守平等，助人自助，分享阳光，共创和谐”的服务理念，以武汉为核心，服务辐射湖北省内鄂州、钟祥、天门等多地，为有需要的个人、家庭和社会各类群体提供专业服务，涵盖社区、老年、失独、残障、妇女、青少年、流浪人群、孤残儿童、社会组织孵化培育等多个领域。服务内容包括社会工作专业项目服务，社会工作培训、督导与咨询服务，社会工作研究等。

3. 购买内容

市民政局直接出资，统一购买武汉楚馨社会工作服务中心的多项儿童福利项目，主要是在儿童福利院开展“少儿工作坊”服务项目。这些项目的主旨是将社会工作与特殊教育相结合，对特殊儿童（主要是残疾孤儿）进行心理辅导、行为矫正和能力建设，同时还进行团体辅导和人际关系技巧训练。

4. 购买方式

武汉市民政局购买特殊儿童服务的方式主要是定向购买服务。所谓的定向购买服务，是由武汉市民政局根据武汉市儿童福利院当前的实际需求，每年设计采购项目，建立服务项目库，在每年年初公布求购项目列表，然后按照政府采购程序进行公开招标，是一种自上而下的购买社会工作服务的方式。政府购买社会工作服务的“武汉模式”，是由政府出资向社会工作机构购买社工岗位，根据购买项目，以社会工作者为单位，每年支付社会工作者一定数额的资金作为全部社会工作的开展费用，福利院并不直接参与。社工机构对政府负责，福利院是受益主体。目前共有4名武汉楚馨社会工作服务中心的社工在武汉儿童福利院服务，政府每年为每位社工支付48 000元作为购买服务的经费。通过调研了解到，对专业社工服务的购买和引入收到了良好的效果。

## 二、残疾人社会工作项目运作机制

残疾人社会工作项目是连接政府与社会大众的桥梁，由非营利组织承担，因此政府部门需要选择有资格和能力的非营利组织实施项目，这个过程通常称为外包。

项目运作机制总结起来有如下三种：社会工作服务项目投标和竞标、委托项目承包和公益创投。①

### （一）社会工作服务项目投标和竞标

目前，政府对于社会工作服务项目的外包是在各部门的制度创新及有关政府购买社会工作服务项目的政策指引之下进行的。上海和深圳两地在实践中根据自己的实际情况做了很多探索。社会工作服务项目投标和竞标，即对应于政府的项目招标，非营利组织要进行投标和竞标，实际上是不同机构针对各个标的进行公开竞争，从而提高机构和项目的运行效率和服务质量，这一点不同于委托项目承包。此外，投标和竞标一般由第三方组织，针对项目成效进行考核和评估，考核和评估的结果作为政府购买社会工作服务项目的依据，决定着项目是否继续下去。一般来说，由政府先发布招标公告，各组织按要求完成项目书并进行投标，第三方组织专家委员会进行评审并公布结果，发布中标公告。随后政府与中标机构签订服务合同，展开项目运作。项目进行中及结束后，第三方组织将对项目进行评估。

### （二）委托项目承包

委托项目承包是政府、基金会、企业等资助者委托非营利组织向某些指定的服务对象提供服务，资助者提供经费支持，相应地，非营利组织则把这些任务和工作承包过来，按双方签订的合同或协议提供服务。这种方式一般适合于政府职能转移以及其他资助者有意向特定人群提供服务的项目。

根据委托项目承包中是否有合同这一规范形式，可以将社会工作服务委托项目承包分为授权合作式和合同承包式两种方式。授权合作式委托项目承包是政府将某些社会管理和服务职能授予并委托非营利组织执行，非营利组织可以在其权力范围内行使职权并提供服务，同时在这个范围内承担责任。合同承包式委托项目承包是指政府通过与非营利组织签订合同的方式实现职能的委托，非营利组织根据合同内容提供服务。当前我国政府社会工作服务项目委托项目承包主要是合同承包式。

**案 例**

政府大力发展和推进政府购买社会工作服务时，福利机构开始购买社会工作服

① 陈为雷．政府和非营利组织项目运作机制、策略和逻辑：对政府购买社会工作服务项目的社会学分析．公共管理学报，2014，11（3）：93－105.

务项目，引进专业机构社工与内生社工合作开展残疾人服务。重庆市第二社会福利院“与心同行”残疾人社会工作服务项目，是由重庆市第二社会福利院购买，重庆巴南企航社会工作服务中心承接，以提升残疾人自己参与或作为观众参与娱乐、休闲、体育的积极性，提升残疾人生活质量为目标。与此同时，项目团队以残疾人为核心，建立了福利机构残疾人服务支持体系和残疾人服务资源库，目前链接社会企业5家（重庆鱼洞CGV影城、重庆巴南万达影城、重庆永川节之道有限公司、重庆市渝中区阳光职业康复园、重庆航发三江港埠有限责任公司）、高校两家［重庆理工大学（花溪校区）、重庆工程学院］、社会爱心人士、社区居民及院内自有资源、媒体资源（华龙网、国际在线）等，开展残疾人相关服务。该项目受益者200人，服务时间为2018年1月—2019年1月，服务周期为1年，服务实施地点主要在第二社会福利院内。

## （三）公益创投

公益创投，也称为慈善创投，学术界目前对其还没有清晰的定义。在实践中被应用得最为广泛的是欧洲公益创投协会（EVPN）的定义：公益创投是将风险投资的工具用于公益慈善事业，为社会目的的组织提供资金和非资金支持，以提高其社会效应的方法。这一定义包括三个维度：投资理念（长期支持、定制资助方案、关注可持续发展）、参与和积极的伙伴关系（能力和基础设施建设、非仅财务支持）、绩效导向（里程碑、透明和社会影响）。①

### 1. 公益创投的模式

目前，我国公益创投主要有以下几种基本模式。②

（1）公益孵化器模式。公益孵化器模式是指将发展潜力大、创新性强、社会效益高的公益社会组织引入孵化基地，通过资金支持、场地设施支持、人才培训、政策咨询、技术与管理支持等支持性服务，提高社会公益组织的发展能力和核心竞争力，促使接受培育和支持的社会公益组织成长为内部治理结构完善、运行机制完备、项目服务优质、社会适应力强的社会组织。

（2）评估介入模式。政府、企业或社会组织通过举办公益创投大赛的方式，面向公益社会组织征求有创意且可实施的公益服务项目，从而使公益组织获得创业投资。这样，资助方通过评估方式介入获得资助的公益组织的能力建设与发展方向，以此来推动社会组织的培育和发展。

（3）合作伙伴模式。企业和民间公益组织合作共同实施公益创投计划。通过合作伙伴的公益创投形式，社会组织不仅得到企业的资金支持，而且得到了人力资源和管理经验支持，在志愿者管理、财务公开透明、吸引社会资源、使命目标清晰化、组织信息化等方面都有长足发展，同时使企业的社会责任也得以体现，实现企业与公益组织的合作双赢。

---

① 李健，唐娟．政府参与公益创投：模式、机制与政策．公共管理与政策评论，2014，3（1）：60-68.
② 岳金柱．“公益创投”：社会组织培育发展的创新模式．社团管理研究，2010（4）：12-15.

（4）重点投入模式。重视对大学生创业的投入，包括货币资本的组织与转投入、人力资本的投入、社会资本的扩展，其核心目的是为我国公益事业培养更多更好的后备人才，同时也为参与公益创业的大学生提供接触社会的途径与锻炼提升的机会。如零点研究咨询集团在大学生中开展的公益创投、南都公益基金会的“新公民计划”等。

**2. 我国政府参与公益创投的情况**[①]

（1）发起设立（见表4－2）。

**表4－2 发起设立举例**

| 发起形式 | 政府层级 | 发起部门 |
| --- | --- | --- |
| 单独发起 | 东莞市 | 慈善会 |
| | 上海市 | 民政局 |
| | 河南市 | 慈善总会 |
| | 北京市东城区 | 东城区社会组织指导服务中心 |
| 多部门发起 | 舟山市 | 市委组织部、市委新经济与新社会组织工作委员会、市民政局 |
| | 常州市 | 共青团常州市委、常州市文明办、常州市民政局 |
| | 江西省 | 江西省民政厅、团省委、省妇联、省慈善总会 |
| | 南京市玄武区 | 玄武区和谐社区建设指导委员会办公室、玄武区民政局 |
| 联合发起 | 广东省 | 广东省政府、李嘉诚基金会 |
| | 上海市 | 上海市民政局、上海公益发展事业基金会 |

（2）运行模式（见表4－3）。

**表4－3 政府参与公益创投运行模式**

| 运行模式 | 操作方式 | 举例 |
| --- | --- | --- |
| 独立运作：由政府或政府组织专家进行项目评审，然后根据评审结果对优秀的公益项目进行资助，最后再组织专人进行评估。 | 完全由政府部门独立运作 | 九江市 |
| | 交给已有的GO/NGO承接 | 河南省、靖江市 |
| | 政府专门成立一家社会组织承接 | 顺德市[②]、杭州市海曙区 |
| 委托运作：一般是政府提供公益创投资金，第三方（通常是社会组织）提供专业的人员和服务进行评审、监督和评估，即政府委托运作模式。 | 单一委托 | 苏州市、昆山市 |
| | 多重委托 | 东莞市 |

（3）活动方式。各地政府参与的公益创投主要有两种：一种是各个社区或单位提出需求申请，由有关公益组织和机构“揭榜认领”，也被称为公益招投标。公益招投标包括“服务项目的立项、服务项目的招标、服务项目的投标、服务项目的评审、服务项目的审批、项目实施（其中包括签订合同）”六个环节。另一种是基层公益组织或机构提出选题，报请公益创投主管部门审核批准，一般以公益创投大赛

① 李健，唐娟．政府参与公益创投：模式、机制与政策．公共管理与政策评论，2014，3（1）：60－68.
② 现为佛山市顺德区。

的形式开展。此类公益创投包括“项目征集、项目评审、报请审批、签订合同、项目实施”五个环节。

**案　例**

### 第三届广州市社会组织公益创投活动

| 第三届广州市社会组织公益创投活动 | | | | |
|---|---|---|---|---|
| 序号 | 名称 | 获得资助单位 | 资助金额（万元） | 提供资助单位 |
| 1 | “志坚花园”——残障人士康复促进计划 | 广州市白云区天星社会工作服务中心 | 6.0 | 广州市民政局 |
| 2 | 咖啡店实战培训计划——残障人士就业培训及无障碍环境倡导项目 | 广州市人人社会服务中心 | 9.0 | 广州市民政局 |
| 3 | “爱·同行”伤健人士社区融入服务 | 广州市北斗星社会工作服务中心 | 1.3 | 广州市民政局 |
| 4 | 家家安——残障人士家庭居家安全行动计划 | 广州市白云区瑞德社会工作服务中心 | 7.0 | 广州市民政局 |
| 5 | 新黄埔大康园——关爱康园志愿行 | 广州市黄埔惠民社会服务中心 | 9.0 | 广州市民政局 |
| 6 | “为爱启聪，听爱行动”听力残障儿童家庭亲自活动项目 | 广州市天韵社会工作服务中心 | 7.4 | 广州市民政局 |
| 7 | 以爱助残——增城残疾人救助服务 | 广州市增城区心之光社会工作服务中心 | 12.0 | 广州市民政局 |
| 8 | 家家乐宜居——山区农村残康人士居家环境安全改善计划 | 广州怀德社会工作服务中心 | 13.0 | 广州市民政局 |

## 复习思考题

1. 残疾人社会工作的功能有哪些？
2. 残疾人社会工作的主要内容是什么？
3. 简述政府购买残疾人社会工作服务的特点。
4. 残疾人社会工作项目是如何运作的？
5. 政府与残疾人社会组织的关系是什么？

## 推荐阅读书目

1. 卓彩琴．残疾人社会工作．广州：华南理工大学出版社，2008.
2. 中国残疾人联合会．中国残疾人事业年鉴2018. 北京：华夏出版社，2018.
3. 王达梅．政府购买社会组织服务模式与机制创新研究．北京：中国社会出版社，2020.

# 第五章
# 残疾人社会工作价值观与伦理

**本章要点**

- 残疾人社会工作的价值观主要包括“对残疾人的看法”与“对社会环境的看法”两方面的内容。
- 残疾人社会工作的价值观在实践中要遵循接纳、个别化、非批判、有控制的情感投入的基本原则。
- 残疾人社会工作伦理是残疾人社会工作专业化发展的保障，残疾人社会工作伦理守则有利于明确行业规范，界定社会工作者的言行。

**关键概念**

价值观；伦理；伦理困境；个体型残疾观；社会型残疾观

## 第一节　残疾人社会工作价值观

社会工作价值观是社会工作实践的灵魂，是广大社会工作者的精神动力。作为一种专业价值观，它的基础是社会主流价值观和社会工作专业的独特追求。一般而言，社会工作价值观是指一整套用以支撑社会工作者进行专业实践的哲学信念，以人道主义为基础，充分体现了热爱人类、服务人类、促进公平、维护正义和改善人与社会环境关系的理想追求。

### 一、社会工作价值观

根据国际社工界的规定，社会工作者应该遵守的专业价值观包括以下六个方面①：

① 郭鹏华．社会工作价值观的探讨．绵阳师范学院学报，2012，31（12）：141－143.

第一，服务大众。社会工作者应当超越个人利益为他人提供专业服务。

第二，践行社会公正。社会工作者应当追求社会变革，特别是与困难群体一起努力，并代表他们寻求社会变革。

第三，强调服务对象个人的尊严和价值。社会工作者应当对每个人都给予关心和尊重，意识到个体的差异和文化及种族方面的多元性。

第四，注重服务中人与人之间关系的重要性。社会工作者应当认识到人类关系和群体内部关系是重要的变革工具。

第五，待人真诚和守信。社会工作者应当始终意识到专业的使命、价值观、伦理原则和伦理标准，并用与之相适应的方式开展实际工作。

第六，注重能力培养和再学习。社会工作者应当不断致力于增进专业知识和技能，并将他们运用到实际工作中。

在专业实践活动中，社会工作者可从以下几个主要方面来实践专业价值观，即社会工作价值观的操作原则[①]：对服务对象的接纳、对服务对象的尊重与包容、注重个别化原则、自我决定与知情同意、强调为服务对象保密。

## 二、残疾人社会工作的价值观

社会工作的价值观主要包括“对人的看法”“对人与社会关系的看法”“对社会工作职业的看法”三方面的内容。而残疾人社会工作的价值观是社会工作专业对残疾人、社会及二者之间关系的总的观点和看法，主要涉及社会工作价值观前两方面的内容，体现了残疾人社会工作的价值取向。虽然只是一种价值观念，但它充满了感情，体现了现实或潜在的情感动力，是社会工作者进行专业实践时秉承的一种专业信念。具体内容如下。

### （一）对残疾人的看法

每一个残疾人，无论身患何种残疾，都有与生俱来的价值和尊严。有尊严的生活是残疾人生命意义的核心。

追求自我实现是每一个残疾人的愿望。残疾人渴望最大限度地、平等地参与社会生活，以实现自身价值。残疾人不应因生理上的缺陷而丧失尊严和平等地位。残疾人身有残疾，但不影响他们是完整意义上的社会的人。

每一个残疾人都有权利追求和创造更美好的生活。

每一个残疾人都有人类共同的需求，也有其独特的需求和偏好，同时还具有与其身体状况相应的特殊需求。[②]

### （二）对社会环境的看法

第一，社会应该提供资源和服务来满足残疾人的需求。人在自身繁衍以及征服

---

①② 马洪路．残疾人社会工作．北京：中国社会出版社，2010：19.

和改造自然的漫长历史过程中，由于自然灾害、意外事故、疾病传播、基因遗传以及战争、贫困、犯罪等种种自然和社会因素，残疾的发生总是不可避免。在历史的各个阶段、世界的每个角落、社会的各个阶层，残疾人无处不在。残疾人虽有某些生理上的缺陷，但他们并不是异类，与其他生理健康的人一样是人类社会的重要成员。因此，社会工作者应努力为残疾人链接更多的资源和服务，来满足残疾人的需求。

第二，社会应该为残疾人提供成长与发展的机会，使每个人都能发挥最大的潜在能力。这种成长与发展的机会应该出现在残疾人生活的每一个方面，包括生理、心理、经济、文化、外在和精神各个方面。我们每个人都有自身的价值，也有立身于社会的人格和尊严，残疾人也不例外，他们同样具有自身的价值和尊严，也有发展和提升自我的内在的动力。社会工作者应当尊重每一个残疾人。

第三，残疾人应当有平等参与社会生活的权利。残疾人和健全人一样享有与生俱来的公民权利，包括生存的权利、发展的权利、康复的权利、受教育的权利、劳动的权利、娱乐的权利、爱与被爱的权利以及各种享有社会福利的权利。但权利与义务相辅相成，在享受权利的过程中，也要尽自己应尽的义务。社会工作者承认残疾人是权利享有者，应当像其他社会成员一样决定自己的生活，残疾人在充分参与个人发展或社会发展的过程中所遇到的障碍是对其人权的侵犯。在现代社会中，残疾人是人权的主体而非客体，所以他们应该与健全人一样享有平等的机会，有效地享有人权、生存权和发展权。①

从社会工作所奉行的价值观中，可以看出对于人的尊重、理解、热爱，及对社会责任的强调。

**案　例**

小李今年8岁，5岁那年因为贪玩被电击失去了双手，现在到了正常上学年龄还一直没去上学。小李的父母为此很是着急。一方面小李本人因为失去双手，就像变了一个人，不爱说话了，与外界的接触也很少，对于上学他有期待也有胆怯；另一方面，小李家附近没有愿意接收他的普通学校，同时附近也没有特殊教育学校。于是小李的父母找到了社工机构，希望能得到社工的帮助。

这个案例，以及其他许多案例中都有价值冲突与价值选择的问题，怎样做是最好的选择？我们用什么来作为判断的依据？下面我们就来看一下，作为一名合格的社工，应该有什么样的专业价值观。

第一，社会应该提供资源和服务来满足残疾人的需求。小李失去了双手，社会有为其提供资源和服务的义务，社工应该为其链接资源，帮助寻找可以上学的学校。

第二，社会应该为残疾人提供成长与发展的机会，使每个人都能发挥其最大的

① 周沛，曲绍旭，张春娟，等．残疾人社会工作．北京：社会科学文献出版社，2012：46-47.

潜在能力。小李正处于上学的年龄，接受教育是小李成长与发展过程中必不可少的，当小李需要上学却遭遇障碍时，社会有义务为其提供相应的机会。

第三，残疾人有平等参与社会生活的权利。小李作为适龄入学儿童，接受教育是他应当享有的权利，社会有义务保障其权利。

## 三、残疾人社会工作价值观的实践原则

在社会工作实践中，残疾人社会工作者必须清楚地意识到自己的工作受到价值观的影响和支配，只有将专业的价值观内化，才能够成为一名合格的社会工作者。①

### （一）接纳

坚持接纳的原则，意味着社会工作者要相信每个残疾人都有与生俱来的尊严和价值。② 所以当面对残疾人的时候，无论对方曾经有什么经历、背景，无论他们的问题因何而产生，无论他对自己的问题必须承担多少责任，或者服务对象有多严重的违规行为，社会工作者都应认为对方是有尊严和价值的、有能力去改善自己。在残疾人社会工作的服务领域里，社会工作者需要把他们视作平等的人，予以毫无保留的接纳和大力帮助。

要贯彻接纳这项原则，社会工作者必须以残疾人为中心，尊重残疾人的思想、意愿和感受，相信残疾人有能力、有动力来解决自己的问题，而不是要残疾人迎合自己的好恶和要求。只有在这种状态之下，残疾人才不会在社会工作者面前掩饰或隐瞒自己，才敢于袒露自己的思想、行为和感受，社会工作者才能对残疾人有充分的了解，从而将助人的工作或活动真正做到有效。

### （二）个别化

个别化的原则意味着社会工作者坚信每个残疾人都是一个独特的个体，有着与其他人不同的遗传、个性、经历、环境、知识等特点。这些差异导致每个残疾人即使在相同的境况下，也会有不同的思想、感受和行为。③ 因此，在个案工作、小组工作、社区工作中，服务对象不仅会由不同的思想、感受、行为和个人组合而成，而且更有其不同的背景、历史、结构和动力，从而使得每个个案、小组和社区都有其独特性。也正是因为如此，社会工作者才不可以用同一种方法、同一种视角来为千差万别的残疾人服务对象开展服务。也就是说，社会工作者必须理解残疾人、残疾人小组以及小组和社区内的各个成员的个别特性和个别需要，灵活地运用社会工作的原则、方法和技巧，为残疾人服务对象提供相应的有效的服务。

---

① 周沛，曲绍旭，张春娟，等．残疾人社会工作．北京：社会科学文献出版社，2012：47.

② 徐莉娅．个案工作．北京：高等教育出版社，2010：47.

③ 同②48.

### （三）非批判

所谓非批判的态度就是指社会工作者不应该对残疾人个体做出主观上的判断和结论意见，例如对与错、是与非等。社会工作强调社会工作者与残疾人双方的平等地位，问题解决也是依靠双方的共同协作，而不是仅仅某一方的作用。所以从这个角度说，社会工作者无从批判残疾人。

不过，社会工作者坚持非批判的态度并不等于不需要判断力。社会工作者在不批判残疾人之余，依旧会对其行为、价值观、态度、道德标准进行分析进而做出评价建议。这样做的目的在于协助残疾人去除一些社会不接纳的行为；协助残疾人把一些不合乎社会规范的价值观矫正过来；协助残疾人建立积极的、有建设性的和有助于解决问题的态度。

### （四）有控制的情感投入

有控制的情感投入原则是指社会工作者同时把自己代入及抽离残疾人的经历、处境、思维、感知、价值观和情绪之中。这里，只有"代入"需要、困扰、期望和反应，社会工作者才能与残疾人产生共鸣，才能让残疾人感到社会工作者确实是在真心实意地帮助自己。而"抽离"则是指社会工作者在助人过程中，十分清楚自己的角色，并能准确地执行社会工作者的任务，合适地运用自己的知识、技巧，冷静、客观地辅助残疾人解决问题。简言之，"有控制的情感投入"中的"控制"，是要求社会工作者在"投入"与"抽离"两者之间把握好尺度。过分投入会令社会工作者处于与残疾人相同的处境，从而丧失清醒的头脑、客观的判断和解决问题的能力。但是过分抽离则会使社会工作者失去帮助残疾人所必须具有的感同身受，同样无助于残疾人问题的解决。

# 第二节　残疾人社会工作伦理

## 一、社会工作伦理

社会工作行业要保持行业的水准并向前发展，仅仅依靠社会工作者的自律是远远不够的，还应有更严格、更具体的行业准则，即有明确的行业规范。这样一方面使社会工作者工作时能够遵守相应的专业原则，规范服务时的言行举止；另一方面使服务对象和社会大众有监督行业工作的标准，从而可以有效地评判社会工作专业实施的状况。[①]

很多发达国家和地区，尤其是社会工作发展较好的国家和地区，都制定了相应

① 周沛，曲绍旭，张春娟，等．残疾人社会工作．北京：社会科学文献出版社，2012：48.

的社会工作专业守则，将社会工作的价值观、任务、使命、努力方向及行为标准融入其中，要求每个从业人员遵照执行。一般来说，守则内容包括社会工作者对服务对象的伦理责任、对同事的伦理责任、对工作机构的伦理责任，以及社会工作者作为社会工作专业人员的伦理责任、社会工作者对社会工作专业的伦理责任、对社会的责任六个方面。

### （一）社会工作者对服务对象的伦理责任

社会工作者对服务对象的伦理责任主要包括：对服务对象的承诺，帮助服务对象解决问题；尊重服务对象的自决权；尊重服务对象知情同意的权利；在自己的能力范围内提供服务；妥善处理工作过程中可能发生的利益冲突；尊重服务对象的隐私权并加以保密；尊重服务对象取得记录的权利；谨慎对待与服务对象的肢体接触，不得对服务对象进行性骚扰；不能使用诽谤性语言；确保服务收费的公平合理；采取合理步骤协助缺乏行为能力的服务对象；努力确保服务结束后的持续服务；遵守服务终止的原则；等等。

### （二）社会工作者对同事的伦理责任

社会工作者对同事的伦理责任主要包括：社会工作者应尊重同事；遵守共有资料的保密责任；妥善处理跨学科的合作及可能引发的伦理议题；妥善处理发生在同事与服务对象间或同事间的争议；寻求同事的建议与咨询；当有必要时将服务对象转介给其他同事；不得对同事进行性骚扰；帮助同事妥善处理个人问题；协助同事提高工作能力；妥善处理同事有悖伦理的行为；等等。

### （三）社会工作者对工作机构的伦理责任

社会工作者对工作机构的伦理责任主要包括：社会工作者应对被督导者提供符合自己能力的咨询与督导；对学生提供自己能力范围内的指导并做出公正的评价，对其他人的表现给予公平审慎的绩效评估；工作记录须正确、讲时效、重保密和妥善储存；遵守合理的服务收费与管理制度；落实服务对象转介制度；担负行政工作责任以确保资源的充足和公平分配；强化继续教育与员工发展；等等。

### （四）社会工作者作为社会工作专业人员的伦理责任

社会工作者作为社会工作专业人员的伦理责任主要包括：社会工作者应注重自身能力的强化，提高服务技能；个人行为不干扰专业任务；诚实、不欺诈和不诱骗，不诱导或操纵服务对象；不让个人问题影响专业判断和表现；不使言行超越自身能力与机构授权范围；不邀功；等等。

### （五）社会工作者对社会工作专业的伦理责任

社会工作者对社会工作专业的伦理责任主要包括：社会工作者应致力于对知

识、技巧和价值的追求，促进专业与廉正的发展；坚守评估和研究的相关伦理原则，促进和提高评估与研究的能力；等等。

### （六）社会工作者对社会的责任

社会工作者对社会的责任主要包括：社会工作者应积极参与公共事务；积极参与社会和政治行动；促进社会公平和正义；协助处理公共紧急事件；等等。[①]

## 二、残疾人社会工作伦理及伦理困境

我国残疾人社会工作的飞速发展使残疾人的基本生存条件得到了保障，拓宽了其获得服务的途径。但是，随着我国残疾人社会工作的本土化发展，社工在与残疾人相处的过程中会面临种种伦理困境，包括与残疾人的关系中的困境以及残疾人所处的社会关系中的困境，这些伦理困境往往来源于多种价值观之间的冲突，或者个人价值观与伦理原则之间的冲突。

**批判性思考问题：**

*社工在面对与服务对象价值观不一致的情况时，应该如何处理与服务对象的关系？*

残疾人社会工作不可避免地会处理与残疾人的关系、残疾人周围的社会关系。这些关系网络中普遍地存在着个人价值观，价值观和伦理是密切联系的，不同价值观要求不同的指导行为，这些不同的价值观和伦理原则的冲突会导致社会工作者面临伦理困境。

残疾人社会工作的伦理困境是指在残疾人社会工作中，由于社会工作伦理价值观存在多元性和矛盾性，以及其服务群体的特殊性和群体关系的复杂性，使作为非残疾人的社会工作者在实际工作中出现的观念冲突，以及由此带来的干预方式选择的难题。

我国残疾人社会工作伦理困境的主要表现为以下几个方面。[②]

### （一）个体型残疾观和社会型残疾观的价值观念困境

个体型残疾观认为，残疾人社会工作一方面要通过康复计划使残疾人的身体尽可能地康复到接近正常状况，另一方面要对残疾人进行心理调适，让残疾人认可身体障碍的事实。

社会型残疾观所认同的工作方式是社会工作者不再是站在服务者的角度来为身体损伤者提供服务，而是成为身体损伤者的同伴，一同与强势社会的压迫进行抗争，力图取消社会强加于他们身上的残疾标签。同时，要改善社会环境中存在的

① 周沛，曲绍旭，张春娟．残疾人社会工作．北京：社会科学文献出版社，2012：47－48.

② 毛新志，李思雯．我国残疾人社会工作的伦理困境及其出路．武汉理工大学学报（社会科学版），2014，27（5）：741－746.

"残疾"，要适当地适应身体损伤者的需求。

社会工作者究竟是以个体型残疾观还是以社会型残疾观来处理个案并用以指导自己的工作，是至关重要的，这在残疾人社会工作中也常常引发伦理的困境。

### （二）保密和知情同意的原则困境

当保密的内容涉及可能对其他公众利益造成损害的情况时，如果继续遵循自主性原则，就无法做到无伤害和善行，社会工作者对应该遵循的原则的选择便存在两难的选择困境。残疾人社会工作中的保密原则的困境还体现在是否坚持为精神残疾或精神失常的服务对象保密。此外，社会工作者还要关注如何把握保密的程度，过高或者过低的保密程度都将会影响到服务对象对社会工作者的信任。另外，为残疾人提供一些福利和资源是需要残疾人透露自身的残疾情况和家庭情况的。社会工作者如果想要为残疾人争取社会资源，就需要违背保密原则，因此会陷入信任危机；如果坚持保密原则，又会让服务对象错失很多社会资源，造成损失。

知情同意的伦理原则的基础是对自主性的尊重，即基于伦理准则尊重残疾人服务对象自主性的原则，其干预的效果依赖于残疾人服务对象。因此他们应该知道所有信息以便自由选择是否继续进行干预，这一规定也基于无伤害原则和公正原则。当残疾人服务对象了解了咨询的程序、风险和潜在收益时，他们或多或少会避免咨询中未被预期的不良后果，因而会影响到干预效果，无法做到无伤害；如果要做到公正和无伤害，往往需要社会工作者为服务对象做出一定的决定，但这样无疑违反了自主性原则，即知情同意原则的根本。在残疾人社会工作中，知情同意原则困境还体现在残疾人被认为是能力缺损的人，包括大量的智力残障人士和残疾儿童，由于他们特殊的身体状况，知情同意难以进行。

### （三）社会工作者的角色困境

对于机构来说，专业社工是雇员，要按机构的目标来工作，但作为为服务对象服务的工作者，专业社工又要为实现服务对象的目标而努力。一旦机构目标与服务对象目标不符，专业社工需要满足的角色期待便存在两难的情况。

对于机构内其他社会工作者或其他领域的工作者而言，社会工作者的角色是和他们共同分享经验的合作者；而对于残疾人服务对象来说，社会工作者对其有保密的责任，究竟是满足作为同僚的沟通交流的角色期待还是履行好作为为残疾人服务对象工作的社会工作者的角色，社会工作者需要进行抉择。

为了尽可能地摆脱伦理困境，针对残疾人社会工作可以提出以下伦理要求[①]：

第一，以我国传统的人本思想为基础，吸收借鉴西方的个人主义观点，将每个人看成一个独立的个体，尊重、帮助他，以实现助人自助的目标。

---

① 毛新志，李思雯．我国残疾人社会工作的伦理困境及其出路．武汉理工大学学报（社会科学版），2014，27（5）：741-746.

第二，转变社会对残疾人的传统观念。逐渐从个体型残疾观过渡到社会型残疾观，赋予残疾人权利，运用优势视角，发现其独特的优点，使其在一个平等的社会环境中享受权利，履行义务。

第三，建立明确的伦理守则。在社会工作本土化的过程中，伦理守则的界定难免模糊不清，所以，根据我国社会工作的特殊性建立明确的伦理守则至关重要。

第四，要在社会上达成道德共识。一个普遍为人们所认同的真正为善的道德观的存在是十分必要的，这种道德共识有利于树立正确的个人价值观。

**案 例**

小张精神残疾（精神分裂）二级，于 2012 年 10 月入住武汉市残疾人托养中心，是被家人送来进行托养的。小张本人并不愿意入住托养中心，并表示很不理解家人将其送来的做法。在托养中心时，小张情绪很不稳定，比较低落沮丧，不愿与人说话交往，一再要求家人把她接回家。

这个案例，以及其他许多案例中都有伦理困境与伦理选择的问题，面对这些困境和选择，作为一名合格的社工应该怎样做？

首先，案例反映了我国残疾人社会工作伦理价值观念困境，主要体现为社会型残疾观和个体型残疾观的选择困境。个体型残疾观主要认为残疾人所面临的困境是由自身的身体障碍导致的。残疾人社会工作在个体型残疾观中的作用主要有两方面：一是从残疾人身体方面入手，社工帮助残疾人进行康复调整，尽可能使其身体机能得到恢复；二是从残疾人心理方面入手，社工帮助残疾人进行心理调整，尽可能使其直面残疾现实。社会型残疾观主要认为残疾人被看作残疾人，是由社会的普遍认识导致的。所以在社会型残疾观看来，社工不再是仅仅着眼于残疾人个体、为残疾人提供帮助的帮扶者，而是变成了着眼于社会观念的调整、与残疾人共同面对社会压力并争取改变社会观念的陪伴者。社会型残疾观以理性且全面的视角看待残疾人，了解其真正所想所需，使其摆脱观念束缚，实现真正的自我。

对于社会工作者而言，究竟是按照社会价值观中的传统观点来对待残疾人，还是选择更多残疾人所倾向的社会型残疾观，致力于为身体损伤者改善身边“残疾”的社会环境，这是专业工作者在从事残疾人社会工作之前要着重甚至首先考虑的问题。同时，社会工作者会受到外界社会的价值理念及社会关系和社会环境等多种因素的影响，常处于自我价值观和社会价值观的两难选择困境之中。

其次，专业社工一方面要满足机构的期待，另一方面又要为实现服务对象的目标而努力。当机构目标与服务对象目标不符时，专业社工需要满足的角色期待便存在两难的情况。如果尊重小张的意愿送其回家，就违背了机构目标；如果考虑到机构的目标不送小张回家，则违背了尊重服务对象的伦理原则。这样社工便难免处于机构目标与服务对象目标的两难选择困境之中。

## 复习思考题

1. 社会工作价值观与残疾人社会工作价值观有什么内在的联系？

2. 残疾人社会工作实务开展过程中遇到伦理困境与价值选择的困难时，社会工作者应该通过什么途径解决？

3. 当个人利益、机构利益与服务对象的利益发生冲突时，社会工作者应该怎么处理？

## 推荐阅读书目

1. 张会平．社会工作伦理案例分析．北京：中国人民大学出版社，2019.

2. 杨福义，张福娟，章淼榕，等．缺失与重塑：残疾人社会工作案例研究．上海：华东理工大学出版社，2017.

3. 张福娟，吴铎．残疾人社会工作案例评析．上海：华东理工大学出版社，2010.

# 第六章
# 残疾人社会工作理论

**本章要点**

- 残疾人社会工作理论是指理论工作者和实际工作者围绕关于残疾人现象的看法和如何解决残疾人所遇的问题，阐释残疾人社会工作的本质及其具体规律的知识体系。
- 残疾的发生理论：社会代价理论认为残疾是人类发展进程中不可避免地要付出的一种社会代价；标签理论是解释某些偏差行为何以产生的理论，也是反对那些不正确地制造偏差行为的理论；社会排斥理论认为社会排斥是某些人（如残疾人）遇到诸如失业、技能缺乏、收入低下、住房困难、罪案高发环境、丧失健康以及家庭破裂等交织在一起的综合性问题时所发生的现象。
- 残疾人的社会扶助理论：供养理论认为在各种社会中，对于残疾人，特别是失去劳动能力的残疾人的最初的、甚至是最好的办法就是把他们养起来，这样，他们的家人或社会通过对残疾人的供养来表示对残疾人的责任和爱；正常化理论主张受助者（如残疾人）应该生活在与平常人相似的生活环境中，认为那些被视为不正常的残疾人的行为实质上在残疾人群体自身看来是完全正常的，因此社会应让他们回到自己熟悉的平常社会，过平常人的生活；可行能力理论认为由于人所生存的条件以及所接触到的生活环境不同，不同的人把基本品转化为资源的能力也是不同的，所以资源平等与福利平等并非实质的平等，提倡有差异的平等。
- 残疾人的社会参与理论：回归社会理论认为使人（如残疾人）处于积极的社会关系之中，其基本方法就是走出封闭环境；社会网络理论认为一群人之间存在特定联系，而这些联系的整体特点可以用来解释这群人的社会行为，或者也可以把社会网络视为一群人之间的关系结构及他们之间所存在的交换关系及特定角色；增能理论认为应通过各种方式协助人（例如残疾人）重新打破内在负面定型，加强内在的权利感，提高控制自己生活及未来命运的能力，进而改变其弱势的地位。

**关键概念**

残疾人社会工作理论；社会代价理论；标签理论；社会排斥理论；供养理论；正常化理论；回归社会理论；社会网络理论；增能理论

残疾人社会工作理论是指理论工作者和实际工作者围绕关于残疾人现象的看法和如何解决残疾人所遇到的问题，阐释残疾人社会工作的本质及其具体规律的知识体系。残疾人社会工作的基础理论，包括倡导“平等、参与、共享”理念，树立现代文明社会残疾人观，人道主义思想等，这些理论都是在总结我国残疾人事业的基础上，借鉴国际残疾人运动的经验而提出的。①

当前，国内普遍借鉴国外的残疾人社会工作理论，但与此同时，中国残疾人社会工作理论的研究也在不断探索和进步。无论是国内还是国外的残疾人社会工作理论，都为把握残疾人社会工作的规律，提高为残疾人服务的水平和能力提供了指导。目前，残疾人社会工作的基本理论大体上有发生理论、社会扶助理论、社会参与理论。

# 第一节　残疾的发生理论

## 一、社会代价理论

所谓社会代价，是指主体活动为实现社会进步所消耗的物质和精力、所做出的牺牲以及所受到的惩罚诸方面的总和。残疾人问题是人类社会固有的问题，“自有人类，就有残疾人。残疾是人类发展进程中不可避免要付出的一种社会代价”②。残疾是人类社会不可避免的现象，残疾是人类创造社会物质文明和精神文明必然付出的代价。无论从人的自然属性还是从社会属性来看，疾病和伤残都不可避免地与人类共存着，这种状况从人类诞生之日起直至人类灭亡之时不可改变，即疾病和伤残永远伴随人类始终。

在人类的生产生活活动中，各种难以预料的因素，如自然灾害、遗传因素以及个人失误等，造成人类的残疾，这些都是难以避免的。另外，中国是世界上出生缺陷的高发国家之一，进入 21 世纪以来，每年的出生缺陷儿约占全世界的 20%。③我国政府还将每年的 9 月 12 日定为“中国预防出生缺陷日”。

总之，残疾的发生与社会问题和个人问题直接相关，因疾病和各种意外伤害而造成的残疾和障碍，是人类在推动社会发展和进步过程中必然付出的代价。

---

① 奚从清，林清和．残疾人社会工作．杭州：浙江大学出版社，2013：52.

② 毛园芳．社会文明与社会代价：以残疾人问题为例．长沙民政职业技术学院学报，2009，16（1）：32－34.

③ 每三十秒就出生一名缺陷儿 降低出生缺陷关键是趁“早”.（2016－09－19）［2020－03－20］http：//health. people. com. cn/n1/2016/0919/c398004-28723817. html.

## 二、标签理论

标签理论（labeling theory）是解释某些偏差行为何以产生的理论，也是反对那些不正确地制造偏差行为的理论。这一理论由美国社会学家霍华德·贝克尔（Howard Becker）提出，他认为，在美国社会，某些人的行为被认为是有偏差的，实质上是社会上有权势的人给弱势群体贴上标签的结果。本来，这些弱势群体的行为站在他们自己的立场上看是无可指责的，但是在那些有权势的人来说这些行为则不合规范，从而给这些行为加上“偏差”“不正常”的标签。由于贴标签的人拥有权势，经过宣传或某些社会程序，这些加在弱势群体头上的“偏差”“不正常”的标签逐渐被广大社会所接受。然而，有权势者的妄加标签，可能会使那些并不属于偏差的行为成为“偏差行为”。[①] 在 20 世纪以前，在西方占主导地位的医学模式将残疾看作“功能丧失”，即无法独立和有效地完成他人所能完成的活动，残疾人则是偏离“常模”（标准）的人。这种来自医学模式的残疾标签有消极负面影响，导致残疾人的自尊丧失。[②]

标签理论不仅影响着人们的观念，还影响了政府对残疾人制定的政策。一个典型的例子：当一个人受到意外伤害而导致截瘫后，便被认为“完全丧失劳动能力”了，从而被剥夺了重新工作的权利和机会。许多智力障碍的青少年，经过培训完全可以从事一些简单的劳动，但却被错误地认为是“无能”的人而被各个单位和机构拒之门外。这种政策上的失误和“标签化”，不仅给残疾人带来了更大的伤害，也使国家、社会以及残疾人家庭都承受了更多负担与损失。[③]

## 三、社会排斥理论

社会排斥是指主导群体完全或部分排斥少数群体的各种歧视或偏见，这种歧视意味着“主导群体已经握有社会权利，不愿意别人分享”。随后，社会排斥的概念通过泛化而成为一个专门性的概念，是对已有的社会剥夺、边缘化、歧视等理论概念的丰富和深化。英国“社会排斥办公室”这样定义社会排斥：“社会排斥指的是某些人或地区遇到诸如失业、技能缺乏、收入低下、住房困难、罪案高发环境、丧失健康以及家庭破裂等交织在一起的综合性问题时所发生的现象。”

一般来说，残疾人遭遇的社会排斥包括四个层面。第一层为生活层次的障碍；第二层为残疾人实现诸如就业、教育等基本社会权利的过程中，以及在进行社会交换和与社会互动的过程中遇到的障碍；第三层次为残疾人权利保障机制层次的障碍，即残疾人维护自己的权利、争取本群体利益最大化的过程中遭遇到的障碍，残

① 周晓虹．现代社会心理学史．北京：中国人民大学出版社，1993：391－394.

② 奚从清，林清和．残疾人社会工作．杭州：浙江大学出版社，2013：65.

③ 马洪路．残疾人社会工作．北京：中国社会出版社，2010：12.

疾人的利益在现实中被削弱乃至被忽视；第四层次为残疾人主观方面的思想障碍，即他们的社会疏离感与被剥夺感导致的障碍。[①] 残疾人群体面临的社会排斥体现为：他们被排除在充分的社会参与之外；无法获得能使本群体充分参与经济和社会的服务；他们在劳动力市场以及社会保障体系中受到主流社会的排斥，日益成为孤独、无援的群体；他们的家庭压力和社会疏离感也很强。全社会应共同改善残疾人被排斥的处境，帮助残疾人实现良好的社会参与。

## 第二节　残疾人的社会扶助理论

### 一、供养理论

供养理论认为在各种社会中，对于残疾人，特别是失去劳动能力的残疾人的最初的、甚至是最好的办法就是把他们养起来，这样，他们的家人或社会通过对残疾人的供养来表示对残疾人的责任和爱。[②] 英国学者迈克尔·奥利弗和鲍勃·萨佩在《残疾人社会工作》一书中介绍了这种供养的情况，并做了一定的评述。[③]

#### （一）膳宿关怀

在英国，有一种隔离的慈善中心——膳宿关怀中心，为残疾人提供膳宿与护理条件。残疾人住进膳宿关怀中心，其最常见的原因是家庭破裂，或是家庭料理者不愿再继续负责护理。阿尔弗·莫里斯说："值得高兴的是，越来越多的人认识到，将残疾人（包括严重残疾人）送到膳宿关怀中心去并不是令人愉快的事情。他们需要的是增加在社区里面的机会。"迈克尔·奥利弗和鲍勃·萨佩认为，历经多年的实践，针对包括残疾人在内的各种群体的膳宿关怀受到了激烈批评。从社会性残疾模式的观点来看，膳宿中心模式无疑加剧了损伤的程度。

#### （二）膳宿关怀的替换模式

膳宿关怀中心受到许多批评，于是出现了多种替换模式，即残疾人村、混居住宅、福库斯住宅、英国住宅协会方案、终生住宅和个人扶助计划。对此，迈克尔·奥利弗和鲍勃·萨佩逐一介绍其具体情况，并且认为这种供养制度所产生的多种替代模式也有一些缺陷。

此外，这种供养在经济不发达的社会，几乎只适用于完全丧失劳动能力的残疾人；在发达社会，对残疾人供养的范围相对更大。不同社会对残疾人供养的内容大

---

① 周沛，曲绍旭，张春娟，等．残疾人社会工作．北京：社会科学文献出版社，2012：34.

② 奚从清，林清和．残疾人社会工作．杭州：浙江大学出版社，2013：66.

③ 奥利弗，萨佩．残疾人社会工作（第二版）．高巍，尹明，译．北京：中国人民大学出版社，2009：71-81.

多限于经济方面或者物质方面，社会工作者介入残疾人工作，必须避免受该理论的影响而形成对残疾人的精神需求、能力潜力估计不足的错误执念。

## 二、正常化理论

正常化理论主张残疾人应该生活在与平常人相似的生活环境中，认为那些被视为不正常的残疾人的行为实质上在残疾人群体自身看来是完全正常的，因此社会应让他们回到自己熟悉的平常社会，过平常人的生活。① 在社会工作领域中，正常化理论一般有两种含义。

第一，以服务对象为本的社会工作价值理念认为，由于贴标签的缘故，以往把残疾人等一些工作对象的行为视为异常，并采用主流社会所谓“正常”的方法去治疗他们的做法实际上是有失偏颇的。因为在一些社会工作者、治疗者或助人者眼里不正常的行为，在服务对象群体那里完全是再正常不过的事情。助人者把自己看问题的眼光强加于受助者身上，此时问题就出在助人者对服务对象的任意标定上。

第二，所谓正常化就是为受助者提供与平常人相似的生活环境，包括让他们回到自己熟悉的平常社会，过平常人的生活。英国倡导和推行的社区照顾就含有这种意义。美国“全国智力迟钝公民协会”曾对正常化做过这样的界定：所谓正常化就是帮助残疾人获得一种尽量接近正常人的生活方式，使他们的日常生活模式及条件尽量与社会中大多数人一样而不是有意地将他们区隔开来。在社会工作实务中之所以强调这一点，源于社会工作承认所有人（包括残疾人等）都具有尊严和价值。

正常化理论在社会工作实务中运用时，首先应明确正常化并不是要求残疾人完全遵照社会上的一些标准，也不是要求绝对的统一和融合，而是提倡社会为残疾人提供锻炼的机会和可能，要求尽可能地让残疾人日常熟悉的真实环境中进行训练和活动，从而加强残疾人对生活环境的了解和体验。其次，在残疾人服务中应尽量多地关注残疾人亲属、家庭和社区的支持网络，因为这些支持网络会对残疾人的生活自理和一定程度的就业有重要的支持作用。最后，应运用社区本身的设施、人力资源，多与相关部门合作，从而为残疾人参与和融入社会提供条件。

**批判性思考问题：**

残疾人如何融入社区？

## 三、可行能力理论

阿马蒂亚·森将可行能力界定为此人有可能实现的、各种可能的功能性活动的组合，是一个人所拥有的享受自己有理由珍视的那种生活的实质自由。功能性活动反映了一个人认为值得去做或达到的各种各样的事情或状态，既包括营养良好、身

① 奚从清，林清和．残疾人社会工作．杭州：浙江大学出版社，2013：67.

体健康、避免疾病等最基本的功能，也包括快乐、自尊、受人尊重、可以参加正常的社交活动等复杂功能。他认为由于人所生存的条件以及所接触到的生活环境不同，不同的人把基本品转化为资源的能力也是不同的，所以资源平等与福利平等并非实质的平等，提倡有差异的平等。其核心观点包括：自由、发展、平等正义。①

自由方面，生理功能的不健全，而不是资源的匮乏阻碍了或者直接导致残疾人缺失了实质性的物品交换的权利。政府、组织及社会工作者可以在政治、经济、社会机会、透明性保障以及防护性保障这五个方面保障残疾人实现最基本的生产生活需求，享受正常的生活，实现自由发展。

发展方面，阿马蒂亚·森以“以人为本”为宗旨的发展理念与社会工作的价值理念不谋而合。他所指的自由发展是真实而具体的，不仅仅包括满足受助者基本的物质生活需求，还包括教育、医疗、政治权力与福利保障等需求。发展的目标就是扩展残疾人的可行能力，也就是给予他们足够的自由去做他们认为有意义、有价值的事情。健康、教育、资源是人们生活质量最基本的保证，没有这些人们也就失去了很多权利，所以残疾人社会工作更应该关注的是服务对象所能达到的实质性的能力，而不是一味地关注物质需求。

平等正义方面，阿马蒂亚·森认为一个人生活好坏的标准是生存质量，而生存质量是与人的可行能力息息相关的。资源或者福利的平等并不能够保证一个人生活的质量，人类的多样性与可变性决定了真正意义上的平等状态是达到可行能力的平等。残疾人生活的质量不能通过其占据的资源或者福利来进行评判，要保证他们有追求自由幸福的机会就要保证他们占据更多的资源与福利，以此来补充他们在某种功能上的缺失，这才是一个社会公平正义的表现，也才能最大程度为残疾人实现自由、追求发展提供可行性的途径。

## 第三节 残疾人的社会参与理论

### 一、回归社会理论

回归社会理论是针对将残疾人封闭起来进行供养和照顾所产生的弊病提出来的。该理论认为，使人（如残疾人）处于积极的社会关系之中，其基本方法就是让他们走出封闭环境。② 残疾人之间常有的刺激性的互动，以及管理人员、医护人员对残疾人不可避免的消极、冷漠的态度和严格管制会使残疾人处于消极被动的社会关系之中。将残疾人仅仅收养于各种社会福利机构的方式，并不能为其解决真正的需要。在社会工作者的帮扶之下，社区照顾可以提供合适的支援，让残疾人

① 森．以自由看待发展．任赜，于真，译．北京：中国人民大学出版社，2002：12.
② 姚尚满．我国残疾人社会工作的理论及方法探讨．山西高等学校社会科学学报，2006（9）：29－31.

等社区人士可以在自己的生活上获得最大的独立性和自主控制，是残疾人回归社会的优选。

回归社会理论的基本观点包括以下几点：

第一，老年人、残疾人、精神病患者及康复者等，多是社会上最脆弱及最无依靠的群体，他们往往需要社区内正规或非正规的服务和照顾，协助他们在社区内继续过正常的生活。

第二，社区照顾是让残疾人、精神病患者等福利服务对象回归社会的典型模式。

第三，社区照顾的目标是尽量维持残疾人等有需要人士在社区内或其自然生活环境内的独立生活。

## 二、社会网络理论

“社会网络”这个概念最初由社会人类学家提出，在社会工作领域里得到广泛的重视及采纳，因为它能够提供一个系统的方法去分析人与人之间的联系，加深社会工作者对服务对象之间的相互沟通模式及互动的理解。所谓社会网络，通常是指一群人之间所存在的特定联系，而这些联系的整体特点可以用来解释这群人的社会行为。社会网络也可以视为一群人之间的关系结构及他们之间所存在的交换关系及特定角色。

社会网络和社会支持常常联系在一起，社会网络大多数情况下都扮演支持性的角色。社会支持网络是一种非正式的社会支持，通常被视为解决个人及社区问题的“第一线”。因为当个人遇到问题时的第一个反应通常是寻求相熟或亲密的人协助，所以社会支持网络无疑是补充正规社会服务的一种有效渠道。

一般而言，社会支持网络至少可以表现出两大功能：功能一是能够起到缓冲压力的作用。社会网络中的支持可以在两个关键性时刻介入，一个时刻是危机将会发生或刚发生后、压力产生之前，社会支持可以帮助个人采取较乐观的态度或做较适当的准备工作去降低压力的负面影响。另一个时刻是压力产生后、病态形成前，帮助个人采取较积极的态度去面对困难，或鼓励个人进行适当的治疗。这些社会网络支持系统可以包括亲戚、朋友、互助小组及邻舍关顾团体等，而所提供的支持可能包括心理及情绪上的支持，日常生活细节中的帮助，物质、金钱、技术及意见的提供。功能二是能够起直接及整体的保护作用。社会支持能够帮助个人融入社会的网络之中，强化个人的心理及生理健康，协调个人与社会的关系。当个人确知他生活在一个支持性及关怀性的社会网络中，而他也主观地感受到其他人时时刻刻都愿意提供适切的帮助时，他自然会感到自信、安全及可以控制周围的环境。这种健康的心理状态也自然能够帮助个人增加对危机及疾病的防卫性，预防问题及压力的产生。

## 三、增能理论

增能（empowerment），又叫作充权或赋权，是指通过各种方式协助人（主要是困难群体）重新打破内在负面定型，加强内在的权利感，提高控制自己生活及未来命运的能力，进而改变其弱势的地位。[①] 增能理论认为，个人之所以被边缘化，是因为从个体方面看，个人体验到强烈的无力感，导致无法与环境交流，从环境方面看，周围环境中也存在着直接或间接的障碍和限制，使个人无法参与社会、发展自我。

要帮助个体增能，就要打破受助者内在的负面自我定义，协助他们加强改变权利关系与参加社会决策的力量和权利感，提高控制自己生活及未来命运的能力。增能需要一个内在的转化过程，即由无助、无能感转化为拥有较强的自信及自尊。增能的重要目标是协助自我形象低落及丧失权利感的人重新捡拾自己的能力，让他们重建自我价值，有信心去控制自己的生活，积极地影响和改善与他们有关的社会政策，同时在社区层面或服务机构内部也努力争取平等的机会。此外，要帮助残疾人个体增能，还要通过改善残疾人生活的社会环境、调整制度，为残疾人提供机会；从保障残疾人生存的最基本的层次出发，帮助残疾人实现教育、就业等基本社会权利，通过在实现权利的过程中增强其与社会的联系，获得正面体验，进而建立自信，获得自尊，实现社会参与；帮助残疾人维护本群体的权益，调动残疾人的主观能动性为自己负责。

**案 例**

深圳市龙岗区龙祥社工服务中心以 EPS（E，empowerment，即充权；P，participation，即参与；S，strengths，即强项）社工介入模式[②]开展智障人士服务，通过观察细节、与亲属交谈、留意残障人士的兴趣爱好等方式去发现智障人士的强项，积极促进残障人士参与社会活动，最终达致充权。总的来说可以从以下三个层面实现充权：第一个层面是个人充权，也就是针对服务对象本身所做的服务，增强其个人自信心，提升其个人形象和能力，消除社会大众对他的负面印象；第二个层面是人际充权，即关注到服务对象周围的人，培养服务对象与人相处的能力，建立服务对象人与人之间平等的信念，使其乐于与人相处，并认为自己可以影响别人；第三个层面是制度充权，使服务对象学着关心社会资源分配以及制度，发现不平等制度能够敢于发声、表达诉求、提出改变建议以及参与政策倡议和改变不公平的制度。[③]

## 复习思考题

1. 残疾人社会工作理论在残疾人社会工作实务中起什么作用？

① 张银，唐斌尧．浅析社区康复中的残疾人增能．中国康复理论与实践，2003，9（8）：500－501.
② 甘炳光．EPS社工介入模式．The Hong Kong Journal of Social Work，2016，50（1/2）：91－115.
③ 程玲．用EPS模式发现智障人士的闪光点．中国社会工作，2015（15）：51－51.

2. 残疾人社会工作理论在实践中如何应用？运用到具体事例中的成效如何？

3. 在进行残疾人社会工作实务时一定要有理论的指引吗？脱离理论会怎么样？

## 《 推荐阅读书目 》

1. 奚从清，林清和．残疾人社会工作．杭州：浙江大学出版社，2013.

2. 马洪路．残疾人社会工作．北京：中国社会出版社，2010.

3. 森．以自由看待发展．任赜，于真，译．北京：中国人民大学出版社，2002.

第七章

# 残疾人社会工作通用过程

**本章要点**

- 作为社会工作的一个分支领域，残疾人社会工作实务的通用过程也包括接案、预估、计划、介入、评估、结案六个环节，其中各个环节都有其注意事项、基本原则和基本步骤。
- 在进行计划、介入的过程中，社会工作者要根据服务对象的需求来为其量身定制服务方案，并有计划地进行介入活动。在评估与结案环节，要评估是否达到预期目标及服务对象的满意度等。如果评估达到结案标准，即可进行结案，并做好后续跟进服务。
- 残疾人社会工作通用过程模式有其特殊性，因此在六个环节中需立足于残疾人的实际情况，充分结合残疾人的生理、心理、社会方面的需求，有针对性地为残疾人群体提供各类服务。

**关键概念**

通用过程；接案；预估；计划；介入；评估；结案

社会工作与很多越来越趋向专门化的学科不同，它一直强调总体模式。在社会工作实务模式下，社会工作的实践同全科医学实践相类似。在医学中，训练全科实践者来处理广泛的医疗问题；在社会工作中，训练社会工作者来处理广泛的个人和社会问题，这不同于传统意义上的小组工作者、个案工作者或社区工作者。实际上，每个社会工作者总是被期望在各个层面都能发挥其应有的作用，并因此需要在所有方面都去接受训练，以便能够用一套系统的专业的程序来评估与干预在个人、家庭、小组和社区工作中所面临的问题。这一套程序就是社会工作实务的通用过程模式，具体包括接案、预估、计划、介入、评估与结案这六个基本环节，是对个人、家庭、群体、组织和社区工作的总的概括。

残疾人社会工作是社会工作的一个分支领域，所以，残疾人社会工作实务的通用过程模式和社会工作实务通用过程模式是相似的，其一系列的具体工作也基本相同，即残疾人社会工作的接案、预估、计划、介入、评估与结案。

## 第一节 残疾人社会工作接案

接案是助人活动的一个开端，是社会工作者开始与残疾人接触、了解他们的需要、帮助他们逐步成为自己的服务对象并开始接受服务的过程；是社会工作者与残疾人沟通、初步达成共同解决问题的协议的开始。可以说接案是整个助人活动的基础和起点，是助人活动能够成功的前提。

残疾人社会工作中的接案工作是一个需要运用专业技巧的结构化过程。接案阶段的主要步骤包括准备、会谈、记录和决定工作进程。

批判性思考问题：

众所周知，残疾人是一个非常特殊的群体，那么接案过程中需要格外注意什么问题？

### 一、准备

接案前的准备是保证会谈工作顺利进行的基本前提。“工欲善其事，必先利其器”，说的就是这个道理。残疾人社会工作接案前的准备主要包括了解服务对象、拟定会谈提纲以及心理准备这三个方面。

#### （一）了解服务对象

了解服务对象是指对服务对象基本情况的一个了解，具体包括对服务对象的基本资料、服务对象的来源等情况做一个初步的了解。

**1. 服务对象的基本资料**

接案前事先对服务对象的基本资料（主要包括性别、年龄、残疾类型、残疾程度、就业或就学情况、家庭背景、生活环境等）做一个研读，并在研读过程中记录不清楚的地方，以便在会谈时进一步了解。

**2. 服务对象的来源**

服务对象的来源通常有以下三种。

（1）主动求助。一般是一个人、一个家庭或一个团体带着自身不能解决的问题主动前来求助。一般来说，这种服务对象对社会工作机构的相关服务信息是比较了解的，他们知道机构可以为其提供一些服务。

（2）通过社会工作者开展的外展服务成为服务对象的。即社会工作者主动接触他们，并在接触过程中使他们接受服务。

（3）由他人介绍或机构转介而来的。例如社区内相关机构（如居委会、街道办）或邻居发现了一些存在严重问题的群体、家庭或个人，鉴于这些问题影响了相关群体、家庭或个人社会功能的正常发挥，大家希望由社会工作者来帮助解决问题。

**3. 了解服务对象的求助过程**

准备接案前，社会工作者需要了解服务对象的求助过程。来机构求助的服务对象除了有不同的问题外，往往也有着不同层次的需求。一般而言，求助都是在绝大多数服务对象尝试解决问题时，发现自己不能解决问题而做出的最后选择。所以，社会工作者需要了解服务对象这些不同的尝试方式、体验和过程，以便能更好地理清服务对象的问题和问题产生的背景。

**4. 了解服务对象之前是否接受过服务**

若服务对象是由其他机构转介而来的，则需要阅读服务对象以前的服务机构做出的记录，这样在会谈时才能畅通无阻地同服务对象进行沟通交流。

**5. 了解服务对象是否有特殊事项需要谨慎处理**

服务对象是残疾人时，会有许多忌讳的地方，这些忌讳有来自心理方面的，有来自精神方面的。鉴于这种情况，社会工作者需要提前做好预防工作。例如，可以事先向服务对象的家人及朋友了解一些需要注意的地方，必要时可邀请相关专家一起与服务对象会面，以便同服务对象进行更好的交流，顺利接案。如果服务对象是聋哑人，而社工自身却不精通手语，则需邀请手语专家协同交流。[①]

**6. 走访社区**

服务对象的社会支持网络是社工了解其社会处境和社会功能方面具体情况的途径之一。社工可以通过走访的方式，对服务对象的家人、亲戚、朋友、邻居以及居委会、街道办，甚至派出所、司法所等做一个初步的调查。社会支持网络提供的一些有关服务对象的信息可以帮助社工更好更深入地了解服务对象。

### （二）拟定会谈提纲

对服务对象的相关资料有了基本了解后，社工还需要事先拟定好初次见面的会谈提纲，包括会谈内容和顺序。这样做是为了避免服务对象因求助和不了解社工而在初次面谈时紧张不安，或者是避免社会工作者对初次会谈中突然出现的问题措手不及。

因此，详细的面谈提纲也可以帮助社工理清工作思路，从而在面谈时做到有备无患，还能够有序并有效地与服务对象进行沟通，探讨他们的问题，澄清有疑问的地方，并提供契合服务对象需要的服务。

会谈提纲的内容包括[②]：

（1）进行自我介绍，向服务对象说明自己的专长等。

（2）向服务对象简要说明本次会谈的目的和内容，以及双方的角色和义务。

---

① 丁晶．浅析完善聋哑人犯罪案件诉讼程序设置．天津法学，2006（3）：24－27.

② 史柏年．社会工作实务．北京：中国社会出版社，2010：27.

(3) 介绍机构的功能、服务内容、相关政策（如保密原则）和工作过程等。

(4) 征求服务对象对会谈安排的意见，了解服务对象对机构和社会工作者的期望。

(5) 询问服务对象是否有需要紧急处理的事情，以便提供协助。

会谈中，社工需要灵活处理上述谈话内容，其基本原则是以服务对象为中心。社工要尽量协助服务对象表达对自身问题的看法，通过专注的聆听鼓励服务对象发挥自主能动性，进行自我探索，以便把握他们的想法。同时，社工的专注和聆听也是在向服务对象传达一个信息：他们是会谈的中心，社工只是协助者。

## （三）心理准备

心理准备主要包括三个方面：一是理解残疾人的一般心理特征；二是社会工作者自身的心理准备；三是接案前的同理心准备。

**1. 理解残疾人的一般心理特征**①

残疾人因生理缺陷，与正常人的成长环境有较大的区别，因而形成了特殊的心理特征。他们的行为方式和思维模式与众不同，自身情绪的波动也很大，大多数人产生了很多心理问题，主要表现为以下几点。

(1) 自卑感浓，孤独无助。因生理、心理缺陷，残疾人在生活中往往遭受歧视和排斥，在就业方面也面临诸多困难且很少得到援助。同时残疾人的社交面窄，活动范围小，因为自卑而不敢主动交友，慢慢就会产生强烈的孤独感，从而容易沉迷于网络，而且随年龄的增长会显得越孤僻。

(2) 敏感多疑，自尊心强。残疾人往往很在意别人对自己的评价，往往会因在有些场合别人无意的不恰当的称呼而产生反感和排斥。他们在自尊心受到伤害时会表现出愤怒，甚至会做出过激行为。

(3) 怨天尤人，有挫败感。很多残疾人会觉得自己是多余的，一点用都没有，对社会、对他人也不能带来任何价值，从而抱怨社会环境、抱怨亲友。此外，他们的心态也不稳定，经常会有忧郁和焦虑的情绪，不愿意接受外界的变化，过度担心这些变化对他们生活带来的冲击，无法面对现实，挫败感强。

(4) 渴望关注，期盼关爱。很多残疾人因为自身的生理问题而不愿意面对现实，更加不愿意面对自身的弱点。他们害怕被忽视，期盼社会的关爱，渴望和健全人一样得到人们的关注。

**2. 社会工作者自身的心理准备**

社会工作者自身的心理准备主要包括对服务对象的心理准备和对自身的觉察反省。社会工作者的工作是与服务对象互动的过程。由于生活背景、个人经历、社会地位等方面的不同，社会工作者与服务对象在对问题的看法、需要和期望等方面也存在着差异。因此，社会工作者首先应该自我反省一下对残疾人有没有误解，同时应该理解残疾人可能表现出非正常行为，针对残疾人某些奇怪的行为做些了解，并

---

① 石开铭．残疾人心理特征及心理疏导对策．经济研究导刊，2014（2）：88－89.

做好心理准备和预防工作。例如残疾人会大喊大叫、摔打东西甚至用暴力举动来表现自己的情绪和感受。

**3. 接案前的同理心准备**

同理心，即换位思考，就是站在他人立场设身处地思考的一种方式，是通过自我来认识他人。通俗地说，就是进入他人的内心世界，了解他人的内心世界，并做出有效的处理。

**批判性思考问题：**

如何才能做到有同理心？

在接案前的准备阶段，社工应该在有限的信息中进行尝试性的设想，比如服务对象在会谈时会想些什么、会有哪些感受等，以便在会谈时能比较轻松自然地进入服务对象的世界，这样有助于提高对服务对象可能存在的问题、思考、感觉或其表达出的感受和描述的情形等的敏感度。这个过程旨在理解服务对象的所思所想，并以开放的心态去面对和接受在会谈时可能发生的种种情况。同时，还要注意区分同理与同感，以保持客观理性的态度。

**案 例**

社会工作者在和服务对象进行交谈时，可以多采用以下表达：

“假如我是你的话，我也会和你有同样的反应。”

“我想你是对的。”

而同理共情的反应，不一定是表达出同样的情绪，而是指理解他人的感受和处境。这时应该多采用以下句式进行表达：

“我感到你觉得……”

“我听到你刚才说……”

“你的意思是……”

“不知道我理解的对不对……”

## 二、会谈

会谈是接案工作的第二个阶段，在这个阶段，社工同服务对象面对面讨论，一方面了解问题，另一方面相互了解，并确定是否建立关系。同时，在会谈中，社工要围绕服务对象来引导会谈的方向。

### （一）会谈前的安排

会谈前的安排是指在与服务对象进行会谈前，对会谈时间、会谈地点、会谈环境、会谈器材、会谈穿着等进行合理的安排和准备。

**1. 会谈时间安排**

会谈时间安排一般应该先征求服务对象的意见，在充分考虑服务对象需求的前提下来确定会谈时间。如果工作时间内不允许，可以安排在中午、晚上、周末或者其他非工作时间。同时，社工应该严格守时。

**2. 会谈地点安排**

与会谈时间安排一样，会谈地点也应该以服务对象的需求为前提。一般可以选在社工机构的办公室、会谈室、社区活动中心、服务对象家里、咖啡厅、茶馆等地点，总之以服务对象方便为主。除此之外，还需要针对残疾人的特殊性来做一些相应的调整。比如面对肢体残疾的服务对象，会谈地点应考虑在有无障碍设施的地方，最好是服务对象日常生活的场所（服务对象家里、疗养院、康复机构等）；面对盲人或者有智力残疾的服务对象，会谈地点应安排在服务对象熟悉的、凭自身能力能到达的地点。

**3. 会谈环境安排**

会谈场所要充分体现出自由、舒畅的氛围。只有让服务对象感受到轻松惬意，才会方便社工同服务对象之间的沟通和交流。家庭会谈有儿童参与时，需提前准备玩具。

**4. 会谈器材准备**

社会工作在进行会谈时，需要准备一些必要的器材，包括纸、笔、相机、录音笔、摄像机、问卷、量表等必要的记录工具，以及辅助记录器材等。针对残疾人还需要准备助听器、盲人打字机等特殊的辅助器材。

**5. 会谈穿着准备**

会谈时穿着的总体原则是得体大方，既可体现专业形象，也不会显得太过讲究与正式，以免产生距离感。同时社工应根据服务对象的文化背景、价值观念以及自己需要在服务对象心中呈现什么形象来决定穿着。一般而言，如果机构有统一的服装要求，社工要穿统一服装；如果没有，可选择中性色彩、偏保守的服饰。总之，要给服务对象一种成熟、大方、得体、可信任的直观感受。

## （二）会谈的主要任务

**1. 界定服务对象的需要和问题**

服务对象的需要和问题主要是通过会谈来界定的。社工需要注意的是要依据服务对象自身对问题的看法来界定工作的起点。也就是说，社工在会谈时要以服务对象的问题、困惑为切入点。这个阶段的主要工作包括：

（1）了解服务对象的求助原因。

（2）了解服务对象对自我的看法：问题、困难、需要、持续时间、原因、程度等。

（3）了解服务对象的期望和想要达到的目标。社工不仅需要去了解服务对象求助的动机：希望获得什么、解决什么问题、期望产生什么结果，同时还要考虑服务对象的动机强度、面谈情况、有何担心和忧虑等。

**2. 澄清角色期望和责任**

面谈首先是要澄清社工和服务对象双方的责任和期望，具体包括：服务对象对自己对社工的期望、社工对自己对服务对象的期望、服务对象对自己对社工应尽的责任、社工对自己对服务对象应尽的责任。然后，通过相互沟通协商，找出双方想法的距离和差异并减少分歧和约束，使双方能相互信任，坦诚相见。

如果在接案面谈中不澄清相互的责任和角色期望，在工作进行中会出现意见分歧、沟通困难，使工作陷入僵局无法继续，甚至会危及双方之间的专业关系。

## 三、记录

从接案开始，社工就要把与服务对象接触的一系列过程做一个详细的记录，并进行归纳与整理，以便为日后的服务提供依据。同时在会谈过程中，社工也要对会谈目的、内容、过程、结果、总体评估、建议等做详细的记录。

## 四、决定工作进程

在结束会谈后，双方需要决定下一阶段的工作，一般有以下几种可能。

### （一）终结服务

当存在如下情况时，即可终结服务：

(1) 机构缺乏合适的工作人员，缺乏具有必要技能的工作人员。例如机构中没有会手语的社工，因此无法为聋哑人提供服务。

(2) 服务对象的问题超出机构的服务范围或不在机构职责、功能、使命之内。

(3) 社工认为其他机构有更加优秀的资源、有处理该事务的特权。

(4) 服务对象不愿意接受服务或者服务对象的问题已得到解决。

(5) 服务对象对问题的看法和期望与社会工作者所能提供的服务不相符；或社会工作者所能提供的服务不能解决问题；或服务对象没有充分的动机来投入必要的时间、力量和资源。[①]

社工需注意的是，即使终结服务，也有义务去帮助服务对象寻求其他服务。

### （二）转介

在服务对象立即需要帮助而本机构或社工却无法给予其必要帮助的情况下（如服务对象需要解决的问题不属于本机构或单位的服务范围、服务对象生活在机构或单位服务区域之外等），该机构会为其提供转介服务，即通过一些必要的手续把服务对象

① 史柏年．社会工作实务．北京：中国社会出版社，2010：32.

介绍给其他能够给予其必要帮助的服务机构或社工。为服务对象提供转介服务，能够帮助他们减轻寻求新的服务机构的压力。当然，社工在办理转介的过程中首先需要征得服务对象的同意，并且说明转介的理由，尽可能地减少对服务对象的伤害。

### （三）进入下一步工作阶段

在会谈结束后，如果服务对象和社工达成共识，服务对象同意与社工建立专业关系，继续接受服务，则进入下一阶段。社工还需要对服务对象的问题做一个有关先后顺序安排的讨论，并以此决定阶段性的工作内容。社工可以与服务对象签订一个初步的服务协议，以表明正式确定服务关系。协议内容具体包括：对服务对象的需求和问题进行初步界定，服务对象和社工相互的角色期望，社工和机构可以提供的服务，工作时间上的一些安排等。协议的主要目的是相互建立一种约束，以便提高工作效率。

## 五、残疾人社会工作接案的注意事项

残疾人具有其特殊的生理、心理特点，因此社会工作者在接案时理应考虑其生理、心理方面的特殊性。具体来说，社会工作者在开展实务工作的过程中，除了遵循上述残疾人社会工作接案的步骤与技巧外，还应积极关注有关残疾人以下方面的问题。[①]

### （一）甄别残疾类别与程度

残疾类别包括视力残疾、听力残疾、言语残疾、肢体残疾、智力残疾、精神残疾、多重残疾等多种。不同的残疾类别，根据相应的划分标准，从程度上又划分为轻度、中度及重度残疾。不同残疾类别、不同残疾程度的残疾人，他们的生理体验与心理感受是不同的。另外，对于不同类别的残疾人，社会工作者与其进行有效沟通的方法与技巧也有不同。所以，对残疾人服务对象的残疾类别与残疾程度的了解与认知是接案的一个基本前提。

### （二）识别服务对象的需求

残疾人社会工作中，服务对象的需求是多样的。他们可能是希望相关组织为他们提供康复服务；可能是希望社会工作者帮他们维权，争取相关的工伤赔偿；可能是希望社会工作者及机构提供就业服务，进行职业培训或职业介绍；可能是希望获得平等的教育权利；也可能是服务对象的残疾导致了一些家庭问题，希望能获得相应的婚姻家庭辅导服务；还有可能是残疾这一特殊的状况导致残疾人本身或其家庭成员有了负面的心理体验，服务对象希望获取相关的心理咨询服务。社会工作服务其实就是以服务对象的需求为中心，服务对象的需求决定了社会工作者接

① 易艳阳．残疾人社会工作实务的过程与特点：基于社会工作通用过程模式的研究．残疾人研究，2013（1）：36－40．

下来一系列工作环节的开展。

### （三）方便服务对象

残疾人社会工作与其他领域社会工作相比的特殊性在于其服务对象是生理或心理功能缺失的残疾人。大部分残疾人在相应的能力（行动、认知、表达等）上与普通人有着一定差距，所以以服务对象为中心的社会工作尤其要考虑残疾人服务对象特殊的生理状态，相应的接案工作的安排也要以一切方便服务对象为原则。比如对于一些行动不便的残疾人（肢体残疾人、视力残疾人等），应考虑会谈地点的无障碍设施情况，以及服务对象能否凭借自身能力到达会谈地点等。对于重度残疾人，会谈地点则最好安排在服务对象家中、疗养院等服务对象进行日常活动的场所。另外，社会工作者还需要考虑接案会谈时是否需要一些特殊辅助器材，比如盲人打字机、盲人读物、助听器等，以方便沟通。

### （四）处理好个人接案与家庭接案

在残疾人社会工作中，求助者不一定是发生问题的服务对象（残疾人本人），即不一定是进行个人接案。求助者也有可能是残疾人的家属。尤其一些无完全民事能力的特殊类型的残疾人，比如智力残疾人、精神残疾人、残疾儿童等，这些群体缺乏顺畅的自主表达能力，他们的家人可能成为主动的求助者。在此种情况下，社会工作者与残疾人家属的会谈、沟通就会成为了解服务对象情况的最主要渠道，即进行家庭接案，与其家人一起帮助解决残疾人本人或者家庭的问题。

## 第二节　残疾人社会工作预估

社会工作者通过接案与服务对象（或家属）建立关系并达成了初步的服务协议后，需要收集服务对象的资料，并对服务对象的问题、服务对象的社会系统状况、服务对象和环境的互动等方面进行综合分析，暂时性地形成对服务对象的问题的性质、成因、程度等的初步评估结论，为下一阶段的工作提供依据，这一过程被称为社会工作预估。预估就是收集资料和认定问题的过程，是把所有有关服务对象的资料组织起来并使其具有意义的专业实践活动。预估是社会工作的关键环节，残疾人社会工作的预估主要包括资料收集、资料分析、问题认定以及预估报告撰写几个基本环节。

### 一、资料收集

预估阶段的资料收集是进行预估的基础，对服务对象的问题认定起着决定性的作用。不同于接案前的资料准备，此阶段的资料更详细、涉及面更广，以便能多层次、多角度地评定服务对象的问题，以及分析这些问题产生的主客观原因是什么。

## （一）服务对象的个人资料

### 1. 服务对象的基本资料

包括服务对象的年龄、就业或求学经历、残疾类型、残疾程度、残疾时年龄、致残原因、社会网络情况等。

### 2. 服务对象的发展资料

（1）服务对象的主观感受。服务对象怎样面对自身的残疾、服务对象自己觉得自己的问题出在哪些方面、原因是什么、会导致什么后果、有没有为解决问题努力过、用过什么样的方法、效果如何等。

（2）服务对象的生活能力。具体包括身体机能、感知能力、自理能力、沟通能力、社交能力、学习能力、职业技能等。

（3）服务对象的生活质量。具体包括以下七个方面①：

第一，健康状态。指残疾人自我健康评价、医疗器材的运用、医疗需求、医疗经验。

第二，情感状况。指残疾人的家庭关系、自我形象、情绪处理与控制能力。

第三，物质状况。包括个人物品、金钱、空间拥有、就业情况和收入来源。

第四，自决程度。包括日常起居安排、闲暇时间运用和社交关系三个方面的自决程度。

第五，个人发展。指残疾人学习实用技术的机会、个人兴趣与潜能发展和对将来的期望。

第六，人际关系。包括人际关系的建立、发展多元的社交生活、发展异性亲密关系以及对恋爱婚姻的看法。

第七，社会融入。指残疾人是否能像正常人一样在社区内生活，无障碍地使用社区设施、交通工具，机会均等并有机会参与各项社区活动和社会服务。

## （二）服务对象的环境资料

社会工作的社会生态系统视角认为，人类是生物、心理、精神、社会、文化的产物，是有思想的、有情感的，其行为是可以被观察的，而且人与人之间、人与环境之间是相互影响的，人与环境之间的相互影响是有意识与无意识的互动相辅相成的。人类遇到的许多问题不完全是由个人原因引起，环境是导致问题的重要因素，所以社会工作实务不能仅放在个人的身上，要从与之相关的不同系统的角度来分析问题。收集服务对象环境方面的资料是预估中一个不可或缺的部分。

### 1. 服务对象的家庭状况

家庭在个人生活中扮演着生活照顾和支持来源的角色，并能给个人带来亲密的

① 马洪路．残障社会工作．北京：高等教育出版社，2007：243.

情感联结和归属感。家庭和个人也是相互影响的，个人离不开家庭的支持，反过来家庭也塑造着个人。

对家庭的了解可以从以下几个方面入手：

(1) 家庭成员的基本情况；家庭的基本情况，具体包括家庭收入情况、家庭成员的健康状况、居住环境等；

(2) 家庭成员的角色和互动情况，包括夫妻、父母、父母-子女、兄弟姐妹的角色；

(3) 家庭规则，具体包括分歧、冲突解决系统、家庭权威关系系统；

(4) 家庭成员的沟通方式，具体表现为表达期望、需要、情感的方式等；

(5) 家庭决策和分工方式。

**2. 服务对象所处的社会环境**

社会环境的基本表现是社会支持系统，它对人们社会功能的有效发挥起着不可替代的作用。服务对象所处的社会环境除了家庭外，还包括学校、工作单位、同辈群体、社会机构和社区等。

预估社会环境需考察以下方面：

(1) 社会支持系统及其发挥；

(2) 服务对象、物理环境需要得到满足的程度；

(3) 服务对象对于环境资源的主观认知；

(4) 服务对象的社会网络环境；

(5) 社会的体制和组织环境等。

## 二、资料分析

收集到的资料大多都是零散的，甚至是支离破碎的，这就需要社工对资料做系统的整理，找到资料与资料之间的逻辑联系，从而进行一定的解释分析，让不能说话的资料说话。解释即详细地阐述事物之间的联系、事物发展的原因及规律，使得它们能够被理解；分析是把整体部分化，通过分析各个部分来发现整体的作用、目的和性质。

资料分析的具体方法包括以下几个方面。

### (一) 信度与效度审查

原始资料在记录过程中，可能会出现虚假、遗漏、偏离、自相矛盾等一些问题，而资料分析是以这些资料可信任为前提的，所以首先要消除原始资料中的这些问题，保证资料的信度和效度。具体操作方法如下。

**1. 信度审查**

(1) 根据已有的经验和常识进行判断，如相违背，就要对资料进行核实。

(2) 资料间比较审查，如资料收集是用多种方法进行的，可将同一事件的记录进行比较，判断其可靠性。

（3）在不同时间点上对同一资料先后进行两次或两次以上的收集，比较资料前后的一致程度。

（4）审查资料描述的准确性，特别是有关时间、地点、事件、任务、数字等的资料应该准确无误。

**2. 效度审查**

（1）审查资料与服务对象的相关程度，那些与服务对象偏离太远的资料应剔除。

（2）在进行逻辑审查后，对于前后矛盾的资料应该找出问题所在，重新进行调查。

### （二）排列次序

这里的排列次序即按顺序和重要性对资料进行排序，将其排列成在事件上有先后次序、在逻辑上有因果联系或者有其脉络的事件图。

### （三）发现

这里的发现指识别资料间的逻辑关系，并将支离破碎的各部分资料进行系统的组合，使之成为完整的整体，以此对服务对象的问题和需要有完整的了解。

### （四）识别

这里的识别即找出问题的构成因素，分析因素间的关系，确定导致问题的原因。这就要求社工要由浅入深地去分析问题，探查问题的深层原因，并找出问题产生的本质原因。

### （五）对服务对象的问题和需要做出解释

对服务对象的问题和需要做出解释即将已经获得的有关服务对象的资料进行组织和整理，将资料概念化，从而去解释问题，并在解释问题的基础上寻求解决问题的办法，改变问题的情境。这些资料不仅包括服务对象的基本资料，还应包含服务对象和社工对问题和需要的认识。

## 三、问题认定

在有丰富资料的前提下，社工就可以去探究服务对象的问题和需要，形成问题阐述。这要从以下几个方面来做。

### （一）描述服务对象的问题和需要

问题是什么？问题的范围？问题的严重程度及持续时间？

### （二）描述问题发生的过程和问题发生的原因

描述问题的发展轨迹，包括问题产生的缘由，产生的时间与先后次序，服务对象和其他重要系统的反应以及应对措施。

### （三）描述服务对象的处境及其社会系统的情况

确定目标系统、服务对象系统和行动系统，描述三个系统间的关系：服务对象系统与目标系统、服务对象系统与行动系统、目标系统与行动系统。

### （四）探究服务对象的问题得不到解决的原因

具体原因包括以下几个方面。

**1. 服务对象的家人对问题的看法**

服务对象的家人是否尝试过解决问题和克服困难。例如，很多脑瘫儿童或弱智儿童的家人，把问题归因于自己命苦，根本没有想过要去解决问题，而是选择认命及默默地忍受。

**2. 对问题的处理方法也会影响问题的解决**

例如残障儿童的教育问题，有人认为应该对这些孩子进行更多的补偿，尽量满足他们的要求；也有人主张采取放弃的态度。这两种方法都太极端，并不能真正解决残障儿童的教育问题。

**3. 资源难以对接**

资源系统与残疾人之间的对接非常困难。作为一个市场化的社会，资源系统首先考虑的也是收益和成本的问题。残疾人群体很少为他们带来相应的收益，所以很多资源很难去对接，残疾人与资源系统的关系形态也很难去维持。

**4. 政府相关政策不完善**

政府对残疾人群体和资源系统间的联结作用发挥有限，各种政策也不够完善。例如，脑瘫儿童上学难的问题，主要原因并不是教育资源的缺乏，而是很多教育机构不愿花费成本去接收脑瘫儿童。这就需要政府以及有关部门制定相应的政策，将脑瘫儿童同学校联结起来，协调他们进行康复工作，进而解决他们的教育问题。

## 四、预估报告撰写

首先，预估报告要清楚地表达对服务对象的问题的认识。其次，进行信息整理，为社工自己、服务对象、社工机构、法庭和与服务对象有联结的相关系统提供有关服务对象的问题和需要的详细而准确的信息，并作为下一步制订介入计划的依据。

<u>**批判性思考问题：**</u>

撰写预估报告需要注意哪些方面的内容？预估报告的内容又该怎么规划？

### （一）预估报告的结构

**1. 资料和事实**

主要是对于问题的呈现：

（1）问题的时间及涉及的人和系统。

（2）服务对象和问题的背景，包括家庭和教育背景、学业和就业历史等。

**2. 专业判断**

（1）对资料的理解。

（2）对服务对象的问题的评估。

（3）对问题形成的分析，对问题产生的原因的解释。

（4）判断改变的可能和益处。

### （二）撰写预估报告应注意的事项

1. 确定报告的读者和目的：报告给谁看？要达到什么目的？

2. 确定报告应使用的材料。

3. 将资料组织起来，使之成为有意义的内容。

4. 将事实与判断分开。

5. 语言简洁精炼。

# 第三节　残疾人社会工作计划

在预估阶段中，社工已经得到了服务对象的详细资料，并通过分析资料，对服务对象的问题进行了专业的判断。当社工完成预估后，残疾人社会工作进入下一阶段：制订计划。在这一阶段中，社工需要注意的是理性思考和做出决定。

## 一、制订计划的基本原则

残疾人社会工作计划的制订应本着可行性、个别化、正向性、发展性、明确性、参与性等基本原则。①

### （一）可行性

在制订计划时，社工要同服务对象进行商榷。在协调服务对象和社工双方的时间、精力的同时，还应考虑资源的可得性。最后对形成的计划进行一个设想，确定计划的方案是否切实可行，以保证计划顺利实施。

① 谈志林．我国残疾人社会福利的发展模式与路径选择．残疾人研究，2011（1）：43－47．

### （二）个别化

残疾人群体存在许多特殊情况，个别化不是说区别对待，而是针对残疾人群体的特殊性，实事求是，根据具体情况制订个别化的计划。

### （三）正向性

在制订计划的过程中应多使用有正能量的语言，一方面使整个计划看起来积极向上，另一方面也是对服务对象的一个心理暗示。这样有助于激发服务对象的潜能，并将其关注的焦点从对自身的自卑转移到努力完成计划上来。

### （四）发展性

计划不是一成不变的，而是与时俱进的，它随着介入中实际情况和服务对象的接受程度等情况的变化而变化。计划具有发展性，当遇到阻碍计划实施的情况时，可据实际情况适当地调整计划，但必须是围绕目标达成进行调整。

### （五）明确性

计划必须明确地提出社会工作的目标、达到的效果、服务时间、将做什么、有什么条件等，应明确、可度量，以便更好地做出评估。

### （六）参与性

简言之，就是强调在制订残疾人社会工作计划时，应充分考虑服务对象的参与性。这不仅是指要同服务对象一起制订计划，还指要考虑计划实施过程中服务对象的参与情况。对于智力残疾人、残障儿童等没有完全民事行为能力的残疾人，则要考虑其家人的意见。①

## 二、明确计划目标

残疾人社会工作计划首先应明确服务的总体目标和具体目标。总体目标是服务在总体上要达到的目标，它规定社会工作服务的大方向，通常是比较宽泛的；而具体目标是可被观察和测量的，它是指对服务对象在其情境和行为方面希望发生的具体变化的清楚表达。

## 三、制定服务方案

确定服务目标后，应该围绕服务的总体目标和具体目标制定相应的服务方案。

---

① 吕明晓．构建流动残疾人口社会保障体系和服务体系探讨．残疾人研究，2013（4）：81－84.

服务方案要为实现总体目标和具体目标服务。通常每一个目标都可以用不同的方法来解决，这时我们需要选择有效且简便的方法和手段。例如可运用头脑风暴的方式，与服务对象及其家人一起探讨可行的方案。

## 第四节 残疾人社会工作介入

社会工作计划制订以后，就需要将计划付诸行动，此时社会工作服务进入介入阶段。介入是社会工作者实际执行服务计划以满足服务对象的需求和实际解决服务对象的问题的行动阶段。①

### 一、介入原则

在社会工作的介入过程中，社会工作者需要熟练掌握工作技巧，熟知社会工作价值准则，在具体的介入过程中遵循以下原则。②

#### （一）服务对象自决原则

在介入行动中要体现以人为本的原则，从服务对象的需求和利益出发，始终把服务对象放在活动的中心位置，需要做出选择和决定的事情一定要由服务对象自己决定，不能由社会工作者越俎代庖。自决原则贯穿于帮扶工作的始终。

#### （二）个别化原则

每一个案例都是独一无二的。虽然社会工作实务流程具有规范性，但是在操作中要具体问题具体分析，不要墨守成规。只有针对服务对象的特殊性采取介入行动，才有助于解决问题。所以，针对不同的服务对象，社会工作者要遵循个别化原则介入行动。

#### （三）生命周期原则

生命周期理论将人的一生划分为一些重要的发展阶段，每个阶段都包含着人生的独特内容。对于个人，介入行动应集中在协助其完成相关阶段的生命任务上；对于家庭或者群体，介入行动则要考虑与家庭和群体发展的特殊阶段相连的特殊任务。

#### （四）互动原则

社会工作者在介入的过程中，不能自顾自地采取行动。在互动中，社会工作者

① 史柏年．社会工作实务．北京：中国社会出版社，2010：35.

② 李莉，李金红．社会工作导论．北京：中国人民大学出版社，2014：155－156.

需要明确自身的角色，要注意充分调动服务对象的积极性和主动性，相互紧密配合，双方共同参与介入行动。

### （五）目标原则

介入行动要始终围绕着目标进行。为了更好地解决问题，社会工作者围绕着总的目标制订介入行动计划，无论是直接介入还是间接介入，都要分清问题的主次，以解决主要问题和困难为首要任务。

### （六）效益原则

介入意味着社会工作者和服务对象都要付出时间和精力。介入行动的原则就是要量力而行，优先考虑投入时间和精力最少的行动，从而以最小的成本投入获得最有效的改变结果。

## 二、介入的分类

### （一）直接介入

直接介入是针对个人、家庭、群体、组织和社区所采取的行动，主要在于改变服务对象在家庭或群体内的人际交往，或改变个人、家庭和群体与其环境中的个人及社会系统的关系和互动方式。

### （二）间接介入

间接介入是指社工代表服务对象来采取行动，关注个人、家庭、小组、社区或以外的更大的社会系统，并通过介入服务对象除自身以外的社会系统来间接地帮助他们更好地行动。

## 三、介入模式

针对残疾人社会工作的特殊性，可采取以下几种介入模式。

### （一）危机介入模式

每个人的生命历程中，难免会产生情绪危机，每个人都需要一段时间去接受和适应这个情况。

危机介入模式是当服务对象处于危急状态时，社会工作者介入进行治疗和调适的一种工作方法。它是一种非常特殊的介入方式，其功能是帮助服务对象消除紧张情绪，走出危机并恢复其社会功能。

在残疾人社会工作中，危机介入模式适用于意外事故或天灾导致残疾或者是刚刚诊断出残疾的个人和家庭。这种模式一般用于危机发生后的6～8周内，属于一种短暂的介入模式。

批判性思考问题:

危机介入模式提供的服务通常有特定的背景，如果服务对象离开此背景，又该怎样为其服务?

**1. 危机介入的原则**

(1) 及时处理。及时接案，在事件的处理上也要及时，并抓住时机促成改变。

(2) 在时限内进行干预，时间要尽量短暂。

(3) 治疗师本身应是积极的，在同服务对象紧密联系的同时，也要避免移情状况的发生。

(4) 危机症状的减轻是最基本的目标。

(5) 提供有经验的信息和有形的支持行为。

(6) 注意运用社会支持。

(7) 鼓励服务对象表达自身的症状和焦虑情绪。

**2. 危机介入的步骤**①

(1) 定义问题。仔细倾听服务对象的谈话，留意言语和非言语性线索，从服务对象角度来界定问题。

(2) 确保服务对象安全。通过内部状态和外部情境两个方面来评估服务对象在生理和心理上遭受伤害的程度，采取所需的一切预防措施以确保服务对象不会再次受伤害。

(3) 提供帮助。以耐心和同理心听取服务对象的话，让服务对象认为你是可信的、真正能给予其支持的人。

(4) 研究应对方案。协助服务对象探究可行的建议和选择，以发展有效的应对机制。

(5) 制订计划。帮助服务对象制订短期计划，包括实施计划的具体步骤。

(6) 获取承诺。帮助服务对象对计划和在计划中规划的行动做出书面的承诺。

### (二)社区康复模式

社区康复(community based rehabilitation)是20世纪后半期以来在世界范围广泛采用的残疾人工作介入模式和方法。它是指在城乡社区水平基础上，积极调动和协调社区内有关部门和人员(包括残疾人及其家属)，充分开发和利用社区的资源，在医疗、教育、职业和社会等方面，为残疾人及其他康复对象提供有效、可行、经济的全面康复服务，从而促进他们在社会生活及家庭生活中的自尊、自信、自强、自立，积极参与社会生活。②

---

① ROTHMAN J C. 残疾人社会工作. 曾守锤，张坤，译. 上海：华东理工大学出版社，2013：245.

② 王思斌. 社会工作概论(第三版). 北京：高等教育出版社，2014：243.

批判性思考问题：

社区康复中有哪些参与主体？如何分工？

**1. 社区康复的内容**

（1）开展残疾的三级预防。一级预防是预防致残前伤害和残疾的发生；二级预防是防止伤害后出现残疾，提供残疾早期筛查，早发现、早诊断、早治疗；三级预防是采取相应措施，预防残疾后产生各种障碍，通过运动治疗、作业治疗、语言治疗、心理治疗等康复功能训练方法来改善功能，预防或减轻残疾。

（2）开展康复评定。社工协助相关机构采用客观、科学、准确的方法评定伤、残、病等功能性障碍的性质、部位、范围、程度以及发展趋势等。

（3）开展全面康复服务。社工要根据实际情况协助社区建立健全不同类型（如视力康复、精神康复、智障儿童康复等）和规模的康复站，并提供具体的有效的专业服务。

**2. 社区康复的类型**

（1）医疗康复。

目前常用的医疗康复方法有作业疗法、物理和运动疗法、语言疗法、文体治疗、心理治疗、中医治疗等。

对于医疗康复，社工往往会联合护士、医生及其他专业人员组成一个小组协同工作，同时也会采取个案工作的方法对残疾人进行康复辅导与训练。

（2）教育康复。

教育康复主要是技能教育和文化教育，通过这两种方式针对残疾人开展一系列的康复工作。从内容上，教育康复可分为两种情形：一是针对肢体残疾人开展的普通教育，与正常的教育基本没有什么区别；二是针对聋、哑、盲、智力障碍或精神残疾的儿童和其他有需要的残疾人开展的特殊教育。

（3）职业康复。

国际劳工组织（ILO）在1985年发布的《残疾人职业康复的基本原则》中明确规定了职业康复的主要内容，具体包括以下六个方面[①]：

第一，掌握残疾人的身体、心理和职业能力状况。

第二，就残疾人职业培训和就业的可能性进行指导。

第三，提供必要的适应性训练、身心机能的调整以及正规的职业训练。

第四，引导从事适当的职业。

第五，提供需要特殊安置的就业机会。

第六，残疾人就业后的跟踪服务。

职业康复的四个步骤如下：

第一步，职业评定。即评定残疾人是否能适应职业和其作业水平。

第二步，职业咨询。综合考察残疾人与就业相关的问题和其特殊情况，帮助残

---

① 马洪路．社会康复学．北京：华夏出版社，2003：89.

疾人解决在职业上的问题。

第三步，职业培训。社工协同职业导师对残疾人进行就业培训和岗前培训。就业培训主要是基础技能知识的培训，目的是让受训者在掌握基本技能的同时，也具备就职所必需的态度和能力；岗前培训主要是作业技能的培训，是围绕岗位进行的有针对性的培训。

第四步，就业指导。视实际情况为残疾人提供劳动市场、就业信息等资源，并针对就业方向进行相应的指导。条件允许时，还应该为残疾人提供针对工作中的问题的跟踪服务。

### （三）社会康复模式

社会康复是指从社会的角度，采取各种有效措施为残疾人创造一种适合其生存、创造、发展、实现自身价值的环境的活动，帮助残疾人享受与健全人同等的权利，达到全面参与社会生活的目的。①

社工开展社会康复服务的具体工作如下：

（1）运用法规、法律帮助残疾人保护自身的合法权益，运用各种政策为残疾人谋取福利。

（2）保障残疾人的生存权利。

（3）帮助残疾人去标签化，消除家庭中、社区中和社会上的物理障碍。为残疾人在生活起居方面创造良好的条件，让他们也能享受便利的社会公共服务。

（4）创造无歧视、无偏见的社会公共大环境，同时鼓励残疾人自立自强，建立自信心。

（5）为残疾人的自身发展提供帮助，使其有接受教育的机会，以提高其生活自理能力、就业能力和参与社会能力。

（6）帮助残疾人得到社会保障，同时帮助他们获得经济自立的能力。

（7）帮助和鼓励残疾人参与政治生活，保障他们的参政权利。

## 四、介入活动

针对残疾人及其家庭的特点和需求，社会工作者在对服务对象的问题进行预估和与服务对象一起制订服务计划的基础上，可以有针对性地选择以下介入活动。

### （一）认知纠偏

社会工作者应帮助服务对象及其家人以理性的思考取代非理性的思考，学习用新的视角去看待事物，创造一些让服务对象更有自尊、更有弹性、以更多角度看待事物的新方法，协助服务对象以更加积极、现实、理性的方式来看待事物，认识到

① 王思斌．社会工作概论（第三版）．北京：高等教育出版社，2014：242．

残疾人并不是“废人”，也有自己的能力与长处。只有这样，残疾人才能放下“残疾”的思想包袱，建立自信，融入社会，实现康复。

### （二）家庭辅导

家庭对于大多数残疾人而言是最重要的支持力量，残疾人社会工作从婚姻家庭角度可进行情绪支持、帮助营造良好的家庭氛围、帮助残疾人平等享有婚姻家庭权等方面的介入。

### （三）技能培训

残疾人社会工作介入的一个重要方面就是增强服务对象个人及其家庭的能力，即对服务对象进行相关技能的辅导，主要包括生活自理技能、人际交往技能以及社会参与技能等。

### （四）资源链接

社会工作者除了为残疾人提供直接服务以外，还应充当资源链接者的角色，协助服务对象个人及其家庭获取资金、设施、服务、教育、就业、法律援助等相关社会资源。

### （五）环境改善

除了充当资源联系者以外，社会工作者还应担当倡导者的角色，倡导社会环境的改良，倡导社会各界营造一种有利于残疾人生存与发展的环境。

## 第五节 残疾人社会工作评估

残疾人社会工作评估是对残疾人社会工作的介入活动做一个系统的科学的整体评价。目的是考察介入行动的效果，并和预期目标相对比，为接下来的工作做一个指导。

**批判性思考问题：**

如果社工与服务对象一同对其问题进行评估，但该服务对象却怎么也不愿意将自己的问题同残疾联系在一起，此时社工应该怎么做？

## 一、评估的目的、类型与作用

### （一）评估的目的

（1）考察研究残疾人社会工作的介入效果、服务对象的进步情况及预期目标的实现程度。

(2) 对介入活动做出经验总结，并在此基础上改善自我的工作技巧，提升服务的水平。

(3) 检验残疾人社会工作方法的有效性。

(4) 进行残疾人社会工作的研究。

### (二) 评估的类型

**1. 过程评估**

过程评估是介入行动中的评估，它起的是一个监测作用，也就是要对介入行动进行的每一步骤、每一阶段分别做出评估。其内容包括：提供介入过程的各种信息、总结介入过程发生的事件和原因，以及评价介入的每一步骤、每一阶段的影响。

在介入初期和中期，过程评估的重点是评估社工的工作内容、工作技巧和服务对象在介入中的表现。社工通过这种方式来了解服务对象改变的进展，并适当地修正介入行动方案、改进工作技巧。

在介入结束阶段，评估的重点是考察研究导致服务对象发生改变的原因。可用来进行评估的资料包括：服务对象和社工的叙述资料、个案记录等。在此期间，社工可通过探索服务过程中的事件（特别是有影响力的事件），来分析服务对象转变的内在动力和来源。

**2. 结果评估**

结果评估是最终评估，它包括两个部分的内容：目标结果以及理想结果。目标结果相对于理想结果的可度量性是比较概括的，是指介入的方向；而理想结果是指介入的最终的效果，是比较具体的。结果评估是对理想结果和结果实现及影响程度的一个检视。

### (三) 评估的作用

**1. 监督残疾人社会工作介入进度**

评估在残疾人社会工作中起着一个监督的作用，在介入前、介入中、介入后都有它的身影。它在整个服务过程中不断地收集资料，包括实务效果、服务对象的改变速率、介入进度等。通过对这些资料的检视，可检验介入的效果和工作程序的绩效，可督促社工和服务对象注意工作进度和方向。

**2. 反思和改进，促进专业的成长**

残疾人社会工作的评估也是一个反思和改进的过程，评估中所得到的资料能方便社工去回忆和类比整个服务介入的过程，总结介入活动的得失。此外，社工还能通过这种方式来改善服务水平，提升能力，促进专业成长和发展。

**3. 巩固改变成果**

通过评估，服务对象可以直观地看到自身的改变，看到在改变中自身所起到的作用，并回顾自身在改变中学习的解决问题的策略和方法。这样不仅可以巩固改变成果，增加服务对象改变的动力和信心，还能增强他们自己解决问题的能力。

**4. 社会问责**

（1）向服务对象做出交代。评估能系统地体现工作的进展，服务对象可以在评估中直观地感受到介入是否有效、自身问题是否正在被解决、自身需求是否得到了满足、介入的策略是否有效、介入目标是否逐渐实现、双方协议是否付诸实施。

（2）进行社会交代。评估就像一份答卷，是对社会的一个交代。专业目标的实现程度、社会功能发挥的程度、社会资源的使用情况和得到的收益都体现在这份答卷上。

（3）进行专业问责。社工有义务对服务对象、服务机构和社会负责，评估就是负责的体现。

## 二、评估的方法

残疾人社会工作评估的方法总体上分为两大类，即定性评估与定量评估，具体可运用基线测量法、目标达成度量表、服务对象满意度评估等方法进行具体操作。

### （一）基线测量法

基线测量法是社会工作者在介入开始时对服务对象的状况进行测量，建立一个基线，作为对介入行动效果进行衡量的标准基线，介入结束后评估介入前后服务对象状况发生的变化，并以此评判介入目标达成的程度。[①] 基线测量法的操作程序由三步组成：第一步，建立基线。具体包括三部分：确定介入的目标，选择测量工具，对目标进行测量并记录。为什么要确定目标？一般情况下，前来求助的服务对象会给社工讲述很多问题，应该从哪里开始介入呢？这需要区分问题的先后顺序，从中选出一个最需要解决的、可测量的具体问题作为目标。第二步，介入期测量。这一过程中要对服务对象实施介入并掌握、记录服务对象变化的数据信息，有了这些数据，就可以与基线期的数据进行对比。介入测量需要注意两点：一是保持介入前后测量工具的一致性；二是保持介入前后测量目标的同一性。第三步，比较和分析。主要有两种方法：一是统计分析和比较；二是进行可视化分析和比较。两种方法可交叉使用，辨别基线期数据和介入期数据的差别，从差别中找出服务对象变化表象背后的规律以及介入前后数据之间的关联性。[②] 如果与基线期的数据不同，而社工、服务对象、服务对象家人及服务对象周边的其他人觉得这种变化是向着好的方面发展的，那么，一般就认为介入行动是有效的。

**案　例**

一位残疾人服务对象在福利企业工作，每周规定工作 40 小时，但他的工作时

① 马凤芝．社会工作实务．北京：社会科学出版社，2010．

② 李华伟．基线评估法在社会工作实务过程中的应用．社会工作，2012（6）：59－61．

间只有20小时，且未经正式的请假程序。社会工作者确定服务对象的目标问题是"工作态度不认真"，"每周工作20小时"便是介入的基线，而介入的目标是"每周正常完成40小时的工作"。经过社会工作者的介入，服务对象的工作态度好转，连续四周每周基本完成40小时的工作，这样便可以评估社会工作者的介入有成效。这便是通过"前测""后测"的对比来进行的基线测量法评估。[①]

### （二）目标达成度量表

目标达成度量表主要是用来评估服务对象是否达到了事先预期的目标以及目标达成度如何。该量表在建立专业关系的阶段就已确定，在结案之前要根据该量表来评估介入效果及目标达成度。其中目标达成度主要分为五个层次：完全没有达成结果、低于预期结果、达成预期结果、高于预期结果、最满意的结果。

### （三）服务对象满意度评估

满意度（satisfaction）通常可以理解为对某次服务体验过程的满足、认可或是喜欢的程度。简单来讲，使用服务对象满意度作为成效评估的核心论点是：如果服务对象对一种服务项目感到满意，他们就会更愿意参与到项目的活动中来，也会更加坚持听取项目的指导建议，进而体验到项目的积极效益。服务对象满意度包含认知和情感维度，是多维因素决定的，不仅受到服务内容方面的影响，还随着时间的推移受服务过程的影响，也受服务体验结果的影响。从这个角度来讲，满意度是兼具认知和情感因素的。认知方面是基于对服务结构、过程以及成效的评估或打分产生的；而情感方面则是基于对服务结构、过程以及成效的回应或情感反应而来的。[②]具体做法一般是服务对象或服务对象家人以口头或书面形式（问卷填写）来表达对社工介入的看法。当然，对于视力残疾、智力残疾等类型的服务对象，需要通过询问的方式或者让其家人来填写问卷的形式进行测量。

## 第六节　残疾人社会工作结案

结案是残疾人社会工作的最后一步。当评估结果显示服务项目达到了计划所定的目标时，社会工作者的任务就是要处理好与服务对象终结服务关系的各种事项。结案是社会工作中的一个重要阶段，也是一个将整个助人过程进行总结提升的过程。

① 易艳阳．残疾人社会工作实务的过程与特点：基于社会工作通用过程模式的研究．残疾人研究，2013（1）：36－40.

② 刘芳，吴世友，FRASER M W. 服务对象满意度评估：一种有效的社会工作实务评估方法．华东理工大学学报（社会科学版），2013（4）：28－35.

## 一、结案的主要任务

### （一）巩固已有改变

残疾人社会工作结案的第一步就是同服务对象一起去回忆服务过程中发生的一些事，特别是重要的片段，并和服务对象分享彼此的感受，巩固已有的改变。在回溯过程中也需要让服务对象认识到自己发挥的作用，增强服务对象的自信心，让其认为自己也拥有很大的力量，这种力量能改变自身，能帮助自己去独立解决问题。社工通过这种方式来肯定服务对象有自己独立应对问题的能力，以保证服务对象在以后的生活中能继续保持积极向上的态度，实现自我的改变。

### （二）妥善处理分离

结案意味着社工与服务对象的专业关系的终止，也意味社工与服务对象将停止接触，服务对象也要自己独立生活，将不会再有社工的陪伴。终止关系可能会使服务对象产生“分离焦虑”的情绪，主要表现为一些负面反应：

（1）否认——不愿承认已到结案期，避免讨论结案的话题。表现为不准时参加与社会工作者的工作会谈、会谈时心不在焉等。

（2）倒退——恢复到以前的状态，以此拖延结案的到来。

（3）依赖——对社会工作者过分依靠，担心社工不在身边自己无法独立生活。

（4）抱怨——对社会工作者不满意。

（5）愤怒——表现为对社会工作者不满，批评、攻击和挑战其他人。

（6）讨价还价——当发现没有可能阻止结案时，有些服务对象会寻找各种理由延长服务期限。

（7）忧郁——当所有延长结案时间的努力都无效时，有些服务对象会表现得无精打采、失落而无助，对结束关系充满焦虑。

此时，社工需要充分考虑到服务对象的负面情绪。首先，事先和服务对象一起回顾服务阶段的过程，并在回顾中确定结案的时机。其次，提前告知服务对象结案的时间，让服务对象尽早做好心理准备。随后，在结案的阶段尽可能地减少同服务对象的接触，让服务对象逐渐学会自立。最后，可安排结案活动，让服务对象们学会去分享各自的感受，并相互鼓励，共同面对美好的明天。

### （三）撰写结案报告

结案时要以书面的形式撰写结案报告。结案报告的内容包括：服务对象求助时间、原因、工作过程、提供的服务；服务对象的改变、结案的原因；社工的建议和评估；对整个服务过程的总结。①

---

① 韩松华．浅谈社会工作服务档案的整理与作用．中国民政，2009（1）：50－51.

## 二、结案与跟进服务

### （一）结案

结案是由于服务对象的问题已经得到了解决，或服务对象有能力自己面对和解决问题，可以自己开始新生活。结案是一种事先计划好了的行动，是社工和服务对象根据之前定下的协议，开始逐步结束专业关系的行动，分为以下四种情况。

（1）目标实现的结案。即在服务开展前，社工会针对服务对象的具体情况事先制定服务目标，之后再开展服务、实现了这个服务目标后，就可以进行结案，称为目标实现的结案。这也是残疾人社会工作中最理想的结案状况。

（2）服务对象抗拒服务或不愿接受接下来的服务，社工也没有理由再要求维持他们之间的工作关系，所以必须结束专业关系。

（3）社工或服务对象的身份发生变化。例如，社会工作者离职。

（4）目标超出了服务能力。即由于客观原因和实际原因，导致目标不能实现的结案。社工发现服务对象的需要超出机构和自己的能力、不能解决服务对象的问题时，就需要结案。遇到这种情况，还有两种解决方式：一是转介其他机构；二是转移给其他社工。

### （二）跟进服务

结案后，社工需要做回访服务。针对服务对象的特殊情况，社工可通过不同的形式跟进服务，例如电话、小组会谈、个别会面。这样一是可帮助社工评估服务的效果；二是能让服务对象感受到社工的关心，增强自我改变的信心和动力。

#### 复习思考题

1. 在接案会谈时，残疾人服务对象往往比较敏感，社工需要注意哪些问题来获取服务对象的信任？设想一下如果自己是社工会怎么做。

2. 重度残疾的服务对象往往需要一个长期的个案服务，在制订服务计划时，该怎样合理全面地设计一个服务计划，帮助这类服务对象扮演一个有意义的角色？

3. 评估对残疾人社会工作的开展有什么作用？不同评估方法各有什么不同的优势？

#### 推荐阅读书目

1. 史柏年．社会工作实务．北京：中国社会出版社，2010.

2. 马洪路．残障社会工作（第三版）．北京：高等教育出版社，2014.

3. ROTHMAN J C. 残疾人社会工作．曾守锤，张坤，译．上海：华东理工大学出版社，2013：245.

4. 奚从清，林清和．残疾人社会工作．杭州：浙江大学出版社，2013.

# 第八章

# 残疾人社会工作方法

**本章要点**

- 残疾人社会工作方法包括残疾人个案工作、残疾人小组工作和残疾人社区工作。针对服务对象的不同属性和特点，应选择合适的工作方法。
- 残疾人个案工作以残疾人个人或家庭为服务对象，通过面对面交流的方式，针对其需求与特点制订相应的工作计划，为被服务者提供一系列助人活动，以达到改善和改变服务对象现状的目的。残疾人个案工作的基本程序包括接案、预估、计划、介入、评估、结案六个步骤。
- 残疾人小组工作是实用性和必要性很强的一种工作模式。社会工作者利用群体动力和群体工作的策略和方法，将有相同需要的残疾人组建成不同的社会群体，从而实现一定的社会目标。残疾人小组工作包括筹备期、初期、中期、后期、结束期五个阶段。
- 残疾人社区工作则是以社区居民中的残疾人为工作对象，运用社会工作的专业知识及残疾人工作的相关知识，为社区残疾人提供专业服务的一种工作，是社区社会工作中特殊而重要的组成部分。残疾人社区工作包括社区介入、社区调查、制订社区工作计划、实施工作计划、总结评估五个阶段。

**关键概念**

残疾人个案工作；残疾人小组工作；残疾人社区工作

## 第一节　残疾人个案工作

### 一、残疾人个案工作概述

残疾人个案工作是以残疾人个人或家庭为服务对象的社会工作方法，是一种直接的服务方法。残疾人社会工作者通过运用专业知识与服务对象进行面对面的沟通，针对其需求与特点制订相应的工作计划，为服务对象提供社会服务，帮助服务对象预防或解决困难和问题，改善残疾人个人和家庭的关系，以增强其适应社会生活和周围环境的能力。①

残疾人个案工作的服务对象是残疾人个体，这类人群一般因肢体、器官、功能方面的丧失或减少而产生了身体、心理失调等问题。残疾人个案工作的服务对象还包括残疾人家庭。

### （一）服务对象为残疾人个人

残疾人个案工作是针对残疾人个人状况与需求，对残疾人个人提供个案介入的一种工作方法。残疾人社会工作者针对残疾人在基本生活、医疗卫生、康复、就业、社会参与等方面存在的问题与需求，提供个案辅导、帮助与服务。②

**案　例**

王某，43岁，男性，高中文化，家中有妻子和女儿。残疾发生前从事个体装修行业，全家依靠王某个人的浮动性收入维持生活。两年前王某左臂在工作事故中致残，左臂高位截肢，属中度肢体残疾，其他器官未受严重影响，有劳动能力和知识技能。介入前夫妻双方均无业，靠政府发放的低保金和低保户与中度残疾条件下的政府救助度日。因王某心理出现较为典型的自卑、焦躁、封闭、悲观等现象，与家人间交流明显减少，其家人因王某的焦躁表现也不愿与其进行过多交流。社会工作者在介入途径上选择赋权模型和倡导模型相结合，一方面培养王某的自尊自信，通过自我认同走出消极心理阴影，另一方面倡导和协调王某的社会支持网络，在社会交往中培养出社会的强关系和就业的多层次途径。通过社会工作介入，王某进行了压力处理的学习，走出了自卑、自闭的心理形态，就业动机与信心已得到明显改善；实现了残疾事实的认同和自身发展潜力的认同；增加了社会交往和社会资源，与家人的关系也走向正常化。最后王某成功地在一家单位的门岗处就业。专业介入取得阶段性成果。③

### （二）服务对象为残疾人家庭

残疾人社会工作者针对家庭其他成员因长期照顾家中残疾人而出现心理不适应的问题进行心理辅导，包括教导其如何与残疾人沟通，如何更好地对残疾人进行护理。社会工作者也可帮助残疾人家庭进行资源链接，如申请义工人员的帮助和申请经济援助，从而缓解其家庭压力和矛盾。想要顺利地开展这些工作，社会工作者需要发掘残疾人及其家庭的潜能，并充分调动和利用资源，帮助残疾人恢复和提高他们的社会功能。

---

①② 奚从清，林清和．残疾人社会工作．杭州：浙江大学出版社，2013：73.

③ 戴卫东，顾梦洁．专业社会工作介入残疾人就业个案研究．残疾人研究，2012（3）：59－63.

**案 例**

陈某，55岁，一家四口，有一儿一女。陈某曾经做生意，但并不顺利，经常拖欠工人工资。陈某自尊心极强，与妻子争吵不断，妻子与他分居。后陈某因左脚淋巴发炎没有及时治疗而致残，一直待在家中。其间，陈某失去收入来源，治疗花费颇大，导致经济拮据。社会工作者以优势视角为理论指导，从陈某的日常生活实践出发，了解、厘清他的基本状况和需求，了解他所面临的困难，同时分析其社会系统所具有的优势和资源，发挥优势，促使他自我赋权，提高抗逆力。通过社会工作者的介入，陈某能认同自己的处境，勇于承认自己有错，并积极努力予以弥补；开始信任他人，不再封闭自己，坦然接受他人帮助；开始主动给妻子、孩子打电话，不再被动地等待别人来照顾自己；与妻子、孩子的关系最终也得到缓和，并获得持续联系的结果。本案中，社会工作者在帮助陈某解决家庭困扰的过程中充分运用了家庭成员间的亲情关系，并动用社区邻里关系，弥补个人力量不足的缺陷，最终达到了预期的干预目标。①

## 二、残疾人个案工作的意义

### （一）个案工作在残疾人康复中的重要作用

康复是帮助残疾人恢复或补偿功能、提高生存质量、增强社会参与能力的重要前提和途径，是残疾人最为迫切的需求。因此，需要重视个案工作在残疾人康复中所能够发挥的重要作用。

康复是指采取各种有用的措施来减轻残疾的影响并帮助残疾人重返社会。通过治疗和训练，使残疾人能最大限度地发展其潜力，实现在生理上、心理上、社会上和职业上都能正常地生活。而个案工作能够为丧失社会生活功能的个人提供特殊的服务，是社会康复工作的主要方法之一，它可以帮助残疾人更好地适应周围的环境。它的具体作用是积极地、科学地解决社会中由各种关系的失调、变态和冲突造成的残疾人与家庭、单位以及社会之间的矛盾，代表残疾人与外界联系，依靠法律等手段帮助残疾人解决有关家庭生活、就业、教育、住房、经济收入和公共场所活动等方面的困难，使他们全面参与社会活动。

个案工作可以为残疾人全面康复提供必要的帮助。在现实生活中，残疾人的心理和社会问题主要表现在两方面：一方面是残疾对个体的打击使其心理或行为发生变化，有时出现严重心理障碍；另一方面是残疾人家庭和社会环境的压力超过个人承受能力，加上人与人、人与环境的互动产生的人际变化和社会适应变化，导致残疾人面临失业、收入减少、家庭不和及婚姻破裂等社会问题。

① 潘泽泉，黄业茂．残疾人家庭个案社会工作：基于优势视角的干预策略与本土化实践．湖南社会科学，2013（1）：93-96.

### （二）个案工作在残疾人发展中的重要作用

个案工作具有直接性、针对性的特点，社会工作者能够与服务对象面对面地沟通，运用接纳、尊重、真诚、关怀、信任、自决、灌注希望等社会工作价值理念，与服务对象建立一种平等、相互信任、坦诚真实、开放、自助的工作关系，为残疾人接受服务和实现个人发展奠定基础。

残疾人的发展问题主要包括个人心理的发展、家庭和社会人际关系的发展以及未来职业的发展等。残疾人个案工作可以为残疾人发展提供有针对性的帮助。在个案工作的介入方法中，一方面，认知行为疗法、理性情绪治疗法、来访者中心疗法等都能够发挥各自的优势，对残疾人心理问题做出诊断和治疗；另一方面，家庭治疗模式以及“人在情境中”的社会诊断模式对帮助残疾人发展人际关系同样是非常有益的。而对于残疾人未来职业规划发展的问题，在个案工作服务的过程中，社会工作者可以通过了解服务对象的具体问题和意愿，并通过资源链接，一对一地帮助服务对象制定职业规划。

## 三、残疾人个案工作的程序

残疾人个案工作的基本程序包括接案、预估、计划、介入、评估、结案六个步骤（具体流程及内容见表 8-1，其他工作过程中所需表格参见附录一《残疾人个案工作用表》）。

表 8-1　残疾人个案工作流程及内容

| 个案工作流程 | 内容 |
|---|---|
| 接案<br>（建立关系和收集资料） | 1. 准备：（1）了解服务对象。包括基本资料、服务对象来源、服务对象求助过程、接受服务记录、特殊事项、服务对象的社会支持网络等。（2）拟定会议提纲。包括社工自我介绍、介绍机构、说明会谈目的和内容以及双方的角色和义务、了解服务对象的期望等。（3）做好心理准备。包括理解残疾人的一般心理特征，社工自身做好心理准备，接案前做到有同理心。<br>2. 会谈：（1）界定服务对象的需要和问题。（2）澄清角色期望和责任。<br>3. 记录：（1）记录服务对象信息。包括服务对象基本资料（个人信息、家庭信息）、个案背景（服务对象来源、服务对象求助过程、接受服务记录等）。（2）记录问题与需要。与服务对象进行沟通，探讨他们的问题，澄清疑问，提供切合服务对象所需要的服务。（参见附录一中的《首次咨询记录表》）<br>4. 决定工作进程：终结服务、转介，或进入下一步工作阶段。（参见附录一中的《个案转介同意书》《个案转介表》） |
| 预估<br>（分析问题、理论运用和确定工作方向） | 1. 收集资料：包括服务对象的个人资料、家庭状况、社会环境。<br>2. 资料分析：信度与效度审查、排列次序、发现、识别、对服务对象的问题和需要做出解释。<br>3. 问题认定：包括描述服务对象的问题和需要、问题发生的过程及原因、服务对象的处境及其社会系统的情况、探究服务对象的问题得不到解决的原因。<br>4. 报告撰写：记录资料和事实并进行专业判断。<br>（参见附录一中的《个案行为评估量表》《服务对象问题评估表》） |

续表

| 个案工作流程 | 内容 |
| --- | --- |
| 计划<br>（制定目标和具体实施计划） | 1. 制定服务目标：原则上应由社会工作者与服务对象共同研究与拟订，并以尊重服务对象的意见为原则，共同商讨出服务的总体目标和具体目标。<br>2. 制定服务方案：内容包括服务或治疗的范围、目标、进度、措施、步骤、方法以及运用的资源等。计划的最终目标在于促进服务对象的社会生活的适应和社会功能的发挥，使服务对象有综合性和动态性的改变。（参见附录一中的《问题分析及服务计划表》） |
| 介入<br>（实施计划和修订计划） | 1. 直接介入：通过服务对象和个案工作者的直接接触，运用二者建立的专业关系，由个案工作者协助服务对象调适并发展自我人格，发挥服务对象自尊、自信、自强、自立的精神及运用潜能以解决问题。<br>2. 间接介入：从环境着手，采用改善或创设环境的方式来发展个人，包括各种改善服务对象环境的措施，如经济救助、无息贷款、就业辅导、免费施医等。<br>3. 介入方法：对不同的残疾人服务对象须使用不同的个案工作方法和技术。介入模式包括危机介入、增能模式、倡导模式、自助小组、社区工作、个案管理。（参见附录一中的《个案服务过程记录表》《个案服务阶段检视表》） |
| 评估<br>（核实计划达到的目标） | 1. 评估的目的：（1）考究残疾人社会工作的介入效果、服务对象的进步情况以及预期目标的实现程度。（2）对介入活动做经验总结，在此基础上改善自我的工作技巧，提升服务的水平。（3）检验残疾人社会工作方法的有效性。（4）进行残疾人社会工作的研究。<br>2. 评估的类型：（1）过程评估。这是介入行动中的评估，起的是一个监测作用，要对介入行动进行的每一步骤、每一阶段，分别做出评估。其内容包括：提供介入过程的各种信息、总结介入过程发生的事件和原因，以及评价介入每一步骤、每一阶段的影响。（2）结果评估。这是最终评估，包括目标结果以及理想结果。目标结果相对于理想结果的可度量性是比较概括的，是指介入的方向；理想结果是指介入的最终的效果。结果评估是对理想结果和结果实现程度、影响程度的一个检视。（参见附录一中的《服务效果评估表》） |
| 结案<br>（结束关系和继续跟进） | 1. 巩固已有改变：残疾人社会工作结案第一步需要同服务对象一起去回忆服务过程中发生的一些事，特别是重要的片段，并和服务对象分享彼此的感受，巩固已有的改变。<br>2. 妥善处理分离：结案意味着社会工作者与服务对象的专业关系的终止，也意味社工与服务对象将停止接触，服务对象也要自己独立生活，将不会再有社工的陪伴，所以要处理好由于终止关系可能导致的服务对象“分离焦虑”的情绪。（参见附录一中的《个案结案表》） |

# 第二节　残疾人小组工作

## 一、残疾人小组工作概述

小组工作也是被普遍运用的开展残疾人社会工作的方法。小组社会工作是社会工作实践中不可分割的一部分，是由社会工作者和小组成员组成的有机联系。通过小组，小组成员可以在互动中分享经验、相互支持、相互教育与治疗，实现成员们在行为和思维方式上的变化。对于残疾人这一特殊群体，小组工作是实用性和必要性很强的一种工作模式。残疾人小组工作指社会工作者利用群体动力和群体工作的策略和方法，将有相同需要的残疾人组建成不同的社会群体，从而实现一定的社会目标，比如实现助人自助、互励互助、提高自我能力、消除社会歧视、回归社会、争取社会资源等。除此之外，在小组工作实务模式中建立的基本价值观，对改善与改变残疾人状况具有十分积极的现实与理论意义。

## 二、残疾人小组工作的意义

由于残疾人个案工作中存在不可避免的缺陷，比如有的服务对象不肯向工作者透露有助于解决其自身问题的重要经历，因此有必要将零散的个体组织起来进行治疗。所谓“物以类聚，人以群分”，人本就应该生活在各种各样的小组中，不应该离群索居，残疾人归依小组符合人的本性。残疾人小组工作的意义如下。①

### （一）有助于残疾人参与小组活动

残疾人通过参与小组活动，在社会工作者的策划与指导下，围绕既定目标，通过小组活动及小组成员之间的互动和经验分享，帮助自己和其他小组成员改善社会功能、解决问题和发展潜能。小组活动可以促进残疾人自我概念的转变或确立、个人价值与行为的修正或建构；促进个人社会化与再社会化；促进个人归属感与支持感的认同；促进个人教育与学习机会的获取；等等。

### （二）有助于残疾人培育团队观念

残疾人在参与小组活动的过程中，可以促使自己培育团队观念；促使自己提高合作共事、解决问题的能力；促使自己发挥小组工作积极性、主动性和创造性；促使自己克服小组困难，增强社会责任感等。另外，可以创新残疾人小组工作模式，开展“以残助残”小组工作，即通过选取部分积极乐观的残疾人，经过专业的训练和培训开展社会工作。这种工作模式的优点在于一方面都是残疾人，在开展工作的过程中能更深切地体会对方的感受，能站在对方的角度思考问题。另一方面，在帮助对方的过程中不仅提升了自己的信心，而且发挥了自己的社会作用，能够更有针对性地开展残疾人服务工作，帮助别人的同时也帮助了自己。

### （三）有助于残疾人促进具体制度改变

残疾人进行小组活动，通常会与一些社会团体、社区组织及有关机构发生这样或那样的联系，因此会以一定的组织力及影响力，促进某些具体的社会制度发生改

① 奚从清，林清和．残疾人社会工作．杭州：浙江大学出版社，2013：79－80.

变，尤其是促进社区组织的具体制度发生改变。

**批判性思考问题：**

*残疾人推动政策变迁的困境有哪些？*

## 三、残疾人小组工作的阶段

### （一）小组筹备期

小组筹备期又称为小组前期，是指残疾人小组工作正式开始之前，此时小组成员是未知的、未曾整合的，残疾人小组的发起人在社会工作者的配合和协助下为筹备小组进行各项准备工作。

残疾人小组活动策划书的内容包括：

（1）理念的阐述：机构的背景；设计小组的原因；小组的理论架构。

（2）计划的制订：小组活动的目标（总目标和具体目标）、活动方案、行为规则。

（3）小组成员：特征、年龄、性别、教育背景；需要处理的工作范围，例如他们的问题和需要等。（参见附录二中的《基本情况登记表》《罗森伯格自尊量表》）

（4）小组的特征：性质、持续时间、规模、聚会频率、聚会的时间。

（5）招募方法：海报张贴，在服务对象中宣传和鼓动，社区居委会宣传和协助，社会工作者亲自邀请符合条件的服务对象等。

小组建立后的第一次聚会，由小组负责人宣布小组正式成立，讲述小组发展理念、目标、工作方案或计划以及行为规则，小组成员面对面互动，充分发表各自意见，以便后续做好小组工作。

### （二）小组初期

这一时期是小组组员与社会工作者、小组成员之间关系构建的阶段，小组尽可能提供给成员参与各种活动的机会，增进相互认识和熟悉的程度，建立初步的信任关系。残疾人社会工作者是小组活动的主要设计者和组织者，创建可信赖的环境，帮助成员建立信任关系，促进成员间相互了解；也是小组活动的鼓励者，鼓励成员主动表达自己对小组和其他成员的各种期待，尽快适应小组环境；同时还帮助小组整合和利用社会资源，克服各种困难。

### （三）小组中期

这一时期也称为小组的整合、分化与再组时期。随着小组活动次数的增加，相应地小组成员之间的情感交流和成员们对小组的目标、性质的认识也在增强，从而逐步建立起亲密关系，趋向于整合。与此同时，小组成员由于各种原因，彼此之间的摩擦也在增多，小组成员之间、成员与残疾人社会工作者之间的冲突开始产生。在这种情境下，残疾人社会工作者需保持头脑清醒，想方设法，运用交谈、澄清与对质技巧，处理小组成员间的共同障碍和矛盾冲突，促进小组目标的实现。例如，针对有问题的组员，帮助其在情绪、行为、态度和价值观等方面转变到更好的状态，鼓励其实现社会价值；针对违反社会秩序、道德规范或侵犯他人利益的“问题”组员，帮助其学习社会规范，与他人建立和谐的人际关系。深入细致地做好思想政治工作和心理疏导工作，也可以避免有的小组发生不必要的再组现象。

### （四）小组后期

这一时期也称为小组维持期、小组工作期或小组成就期。在这个阶段，小组成员已达到较为理想的沟通状态，彼此之间的了解更深入，成员对小组有较高的认同感和归属感。在小组更趋向于整合的情境下，残疾人社会工作者运用激励机制，让成员更加投入，成员能对自己的问题形成的原因和可能改变的方法，对环境、对自己与环境的关系有更深刻的认知，这可以确保小组持续不断地做出成效。与此同时，残疾人社会工作者应协助小组成员把认知转变为行动，解决某些明显或潜伏的问题。

### （五）小组结束期

这一时期即团体（小组）结案期。结案是指小组结束，可分成结案前的准备工作与结案后的追踪工作。小组结束有两种情形：当小组目标实现、任务达成时，小组就会结束；或者约定的时间已到但任务没有实现，小组也会面临结束。不论是哪种情形，都要做好小组结束工作。此时，社会工作者的主要任务是处理好组员的离别情绪与感受，以及协助组员保持小组经验。

小组结案后，社会工作者也应将各阶段活动汇总，整理成小组总结记录，包括小组活动内容与程序、组员的参与情形如讨论、活动特殊行为表现等，进一步分析活动的经验，评价活动的效果和意义。（参见附录二中的《小组活动量表》《小组工作结案评估表》）

除此之外，残疾人社会工作者应协助小组与原先建立关系的社会团体、社区组织及有关机构保持联系，以确保结案后也能做好相应的工作。

## 第三节　残疾人社区工作

### 一、残疾人社区工作概述

残疾人社区工作是以社区居民中的残疾人为工作对象，运用社会工作的专业知识及残疾人工作的相关知识，为社区残疾人提供专业服务的一种工作，是社区社会工作中的特殊而重要的组成部分。残疾人社会工作是指把社会工作原理、方法和技巧运用到残疾人工作中，通过专业化的程序和技术对生理的、心理的、行为的残疾人实施再教育和再塑造，协助残疾人康复并发展他们的潜能，增强其在现代化生活中的社会适应功能。从概念上看，残疾人社区工作是一种社会工作，残疾人社区工作的理论基础、工作内容、工作方法，价值理念等都来源于社会工作。从实务上看，残疾人社区工作是社会工作者依托社区，通过社区组织、社区宣传、社区教育等工作形式帮助残疾人解决问题。通过这种工作形式，建立以社区居民委员会为核心、社区残疾人组织为纽带、社区服务机构为基础的适应现代化城市管理的社区残疾人工作机制，帮助残疾人参与社区建设，促进残疾人平等参与社会生活，让社区在社会发展中发挥更好的作用。

对残疾人而言，"由社区服务"和"在社区服务"是福利社区化的两大具体服务形式。前者强调让社区中有能力的居民和团体就近提供服务，后者则强调让残疾人能在自己的家庭或社区中接受服务。残疾人福利社区化，是指提供社区式的照顾，使残疾人或其他受照顾者能在自己家庭或社区内接受服务，不必离开熟悉的生活环境。具体而言，残疾人福利的社区化策略包括：为残疾人参与社区的各项活动创造一个平等、正常化的氛围；充分调动各种社区资源，为激发残疾人权能提供条件；扩大残疾人的社会联系，促进残疾人融入社会；加大政府政策引导、经费支持，积极吸纳社会工作专家参与残疾人福利社区化建设，共同推出适合目前我国社区建设状况和残疾人生存状况的福利供给模式。

## 二、残疾人社区工作的意义

残疾人社区工作在促进残疾人参与社会、基层残联组织作用发挥、残疾人事业可持续发展以及推动社区建设方面都具有重要意义。①

### （一）为残疾人提供切实有效的扶持和帮助，促进其参与社会生活

残疾人生活在社区，需求在社区，服务靠社区，需要社区给予他们特殊的关心、扶持和帮助。运用残疾人社区工作的方法，可以摸清社区残疾人的基本状况，更好地制订社区残疾人工作的发展计划。在国际残疾人服务领域，普遍认为社区服务能够协助残疾人减少无助感、陌生感以及无从自主感。这种服务方式可以最大化地促进残疾人挖掘自身潜能，进而推动残疾人群体积极融入社会、全面参与社会生活。

### （二）密切联系残疾人，充分发挥基层残联组织的作用

残疾人社区工作有利于残联和残疾人工作者密切联系残疾人，树立实事求是的

① 金昱彤，焦若水．残疾人社区照顾：社会工作视角．上海城市管理，2018，179（3）：21-25.

工作作风，更好地为残疾人服务。通过残联和残疾人工作者的积极指导，社会组织的积极参与，实现残疾人社区照顾落地化，整合各种力量消除社区对残疾人的歧视，为残疾人基本生活提供基础设施支持，使社区成为残疾人照顾的主要阵地。

### （三）夯实残疾人事业基础，促进残疾人事业可持续发展

中国残疾人联合会发布的《基层残疾人综合服务能力建设“十三五”实施方案》明确提出，要依托城乡社区综合服务设施，加强残疾人康复、托养、就业、文化、体育、维权等服务功能，配备相应的服务设施和无障碍环境，为辖区内残疾人提供“一站式”服务。开展残疾人社区工作，通过在社区层面上整合各类残疾人所需的服务资源，挖掘社区服务供给潜力，使残疾人融入社区生活，进而推动残疾人服务成本的降低，有效缓解政府的财政负担和家庭的照护负担，是未来残疾人公共服务体系的重要方向。

### （四）推动社区建设，弘扬人道主义，促进社会主义精神文明建设

社会工作强调人道主义，将人道主义运用到残疾人社区服务中，有助于营造关爱残疾人的社会氛围，促进残疾人树立正确的世界观、人生观、价值观，有利于促进残疾人的社会康复。同时，使得人道主义的理念深入广大群众，构建以人为本的、尊重和关爱残疾人的新型社会风尚，促进残疾人社会福利的发展，实现残疾人“平等、参与、共享”的目标，并维护社会团结与稳定。

## 三、残疾人社区工作的阶段

### （一）社区介入阶段

这一阶段最重要的是如何同社区群众接触，使他们建立起对社区工作机构和工作人员的信任。一般来说，与社区居民接触的方法可以简单分为群体性接触和个体性接触。群体性接触的方法有举办全区性的活动、开展普及性的活动、设立街头资讯站、介入社区事件等。个体性接触的方法则有家访、电话、信函、个案辅导等。

### （二）社区调查阶段

这一阶段的主要任务是了解社区工作情境。首先，社区工作者需要了解社区的基本情况、社区的生活、社区的需求与问题、社区的资源等。完成这一任务的方法是进行社区调查，通过社区调查，掌握残疾人的基本状况，建档立卡。其次，了解残疾人残疾发生情况及实际的康复需求，协调有关方面为残疾人提供具体服务，如组织指导残疾人开展以家庭为基础的康复训练；做好健康教育，普及康复知识；开展残疾预防，建立并实行儿童残疾发生报告制度，做到“早期发现、早期诊断、早期干预”；对于在社区无法满足的康复需求，要向设有康复科的上级综合医院或康复服务机构进行转介。

社区工作者在掌握社区的工作情境以后，需要对这些工作情境进行专业界定，可通过问卷法、访谈法、观察法等方法分析社区问题或状况，进行社区工作过程中的阶段性评估。

### （三）制订社区工作计划阶段

根据社区实际情况，为确定和实现工作目标制定科学的行动方案。有效的残疾人社区工作计划必须依据有关文件的精神与要求，发挥残联在社区建设中的作用，与各有关部门密切合作，采取切实措施，发挥综合、协调、服务作用，并及时总结和交流经验，推动残疾人社区工作深入健康发展。这里需要注意的是，在制订工作计划时，必须依据社区全体残疾人的愿望与要求，要统筹全局，广泛邀请各方代表共同参与计划制订。同时计划必须重视残疾人群体的利益，必须考虑政策的选择与决定，必须达到适应性、可行性及可接受性的标准，计划目标要明确，整体成系统。（参见附录三中的《社会支持评定量表（肖水源 1986 年编制）》《社会再适应量表（霍尔姆斯和瑞赫 1967）》）

### （四）实施工作计划阶段

实施残疾人工作计划就是为残疾人的衣、食、住、行、康复、文化、教育、就业、娱乐等提供服务，及时解决残疾人需要解决的各种问题，保障残疾人的基本生活。实施社区工作计划的过程大体包括组织动员、配置资源、具体行动、调整总结四个步骤。具体操作的方法包括举行会议、协调、财政（募集、预算和使用）、宣传以及有组织的社区活动等。

### （五）总结评估阶段

总结评估阶段就是根据残疾人社区工作计划的既定目标，检查其实施的工作过程，衡量其达到的效果程度，从而提出改进的对策和建议。

总结评估需要涵盖的内容包括：工作计划的目标是否制定得恰当，目标的陈述是否明确化、可行化和数量化是否有效地达到了目标，工作成效的指标是否确定；工作的方法和技巧是否运用得当；工作者所承担的角色是否恰当有效；社区居民和社会各方对社区工作的成效是否满意。其主要方法包括：制定和使用科学合理的评估指标体系；利用档案记录进行评估；通过调查研究，论证工作的效果与成败；咨询社会工作专家或方案评价专家关于社区工作的评价模式或方案的选择；在社区人士和各方充分发表意见的基础上，根据他们的满意程度对工作成效做出评价。[①]（参见附录三中的《纽芬兰纪念大学幸福度量表》《家庭亲密度与适应性量表》《家庭功能评定量表》）

---

① 房列曙，陈恩虎，柴文杰．社区工作．合肥：合肥工业大学出版社，2005：222.

## 复习思考题

1. 社会工作者在残疾人小组工作的不同阶段分别担任什么角色？

2. 残疾人社区工作如何链接社区资源？

3. 残疾人个案工作、残疾人小组工作以及残疾人社区工作，在对残疾人服务的过程中发挥着哪些不同的作用？

## 推荐阅读书目

1. 奥利弗，萨佩．残疾人社会工作（第二版）．高巍，尹明，译．北京：中国人民大学出版社，2009.

2. 卓彩琴．残疾人社会工作．广州：华南理工大学出版社，2013.

3. 奚从清，林清和．残疾人社会工作．杭州：浙江大学出版社，2013.

4. 覃明兴，龙妮娜．广西残疾人社会工作实践与探索．北京：光明日报出版社，2014.

第九章

# 残疾人个案工作模式及运用

**本章要点**

- 危机是个人资源和应付机制无法解决所面临的困难而出现的心理失衡状态。危机干预是一种短期治疗方法，对处在危机状况中的人施予急需的关怀与帮助。其模式有平衡模式、认知模式、心理社会转变模式和折中危机干预模式。危机干预工作一般按照问题评估、制订治疗性干预计划、治疗干预、危机的解决和随访四个阶段开展。
- 结构式家庭治疗是以家庭为对象实施的团体心理治疗模式，其目标是协助家庭消除异常、病态情况，以执行健康的家庭功能。结构式家庭治疗的特点包括：不着重于家庭成员个人的内在心理构造与状态的分析，而将焦点放在家庭成员的互动与关系上；从家庭系统角度去解释个人的行为与问题；个人的改变有赖于家庭整体的改变。
- 心理社会治疗模式的理论基础主要有精神分析理论、“人在情境中”理论、社会角色理论以及沟通理论等。该模式通过研究服务对象的资料，揭示服务对象人际关系失调与心理困扰的真实原因；通过诊断，对服务对象的问题做出评估与归因；最后对服务对象各方面因素进行修正与调整，通过治疗帮助服务对象建立良好的应对机制，开发未来生活潜能。其治疗方法与技术分为直接治疗方法与间接治疗技巧，直接治疗方法又包括反思性治疗技术与非反思性治疗技术。

**关键概念**

危机；危机干预；家庭治疗；精神分析；人格结构

## 第一节 危机干预模式

### 一、模式内涵

#### （一）危机与危机干预

**1. 危机**

危机是社会工作关注的一个焦点，是人们生活中的转折点，当人们突然遇上危机事件时，原有的满意状况发生改变，导致出现不平衡，或者失去稳定的一种状态。危机应得到及时的解决，避免引起认知、情感、行为等方面的功能失调。危机有两种类型：一种是发展性危机，指人在不同年龄阶段可能出现的心理危机，大多可预测，如同一性危机等；另一种是情境性危机，无法预料，一般为突发事件，如亲人去世等。

**批判性思考问题：**

发展性危机与情境性危机在介入时有什么不同的侧重点？

**2. 危机干预**

危机干预是社会工作领域中最广泛运用的一种短期治疗方法，指对处于生活危机状况中的人施予急需的关怀和帮助，以缓解或消除服务对象的紧张情绪，促使其恢复功能，重回身心平衡。危机介入首先关心的是人的安全；然后，评估服务对象对实际情况的行为反应、情感反应和认知反应。[①]

#### （二）危机干预模式的类型

贝尔金（Belkin）指出，目前心理咨询危机干预的理论模式主要有三种，即平衡模式、认知模式和心理社会转变模式。[②]

**1. 平衡模式**

平衡模式认为，危机状态下的服务对象，因他们原有的应对机制和解决问题的方法不能满足当前的需要，从而导致心理情绪的失衡。因此开展危机干预工作应该注重稳定服务对象情绪，协助他们重回身心平衡的状态。这种模式适用于早期干预，用于改变处于危机中的个体茫然、混乱、自我失控的状态，帮助服务对象恢复情绪稳定，以便之后采取其他干预措施。

---

① 文军．社会工作模式：理论与应用．北京：高等教育出版社，2010：78.

② GILLILAND B E，JAMES R K．危机干预策略（上册）．肖水源，译．北京：中国轻工业出版社，2000：25.

**2. 认知模式**

认知模式认为，导致心理受伤害的原因不是事件本身或与事件有关的事实，而是由于个体对危机事件和围绕事件的境遇的错误认知。因此，在干预过程中，应着重帮助服务对象认识到存在于自己认知中的非理性和自我否定成分，克服错误思维，进而引起情绪、行为方面的改变，重新获得思维中的理性和自我肯定的成分，实现对生活危机的控制。这种模式较适用于心理危机状态基本稳定，且逐渐接近危机前心理平衡状态的服务对象。

**3. 心理社会转变模式**

心理社会转变模式认为分析服务对象危机状态时，应从内、外两方面着手，强调将服务对象的内部资源与外部社会支持整合起来，使服务对象可以在更多的选择中采用最佳解决方式。

**4. 折中危机干预模式**

目前更为流行的是折中危机干预模式，它是对各种模式和策略有意识地、系统地进行选择与整合。折中危机干预模式致力于选择最契合服务对象需求的方法进行干预，始终遵循两大原则：一是所有的人与危机都是独特的，二是所有的人与危机都是类似的。这种模式既强调特殊性又强调相似性，在实际运用时应有效应对，灵活变通。[①]

## 二、实务准则

### （一）危机干预的步骤

危机干预工作一般按以下四个阶段开展：

第一阶段是问题评估。社会工作者在干预的初期，必须全面了解事件的过程，掌握服务对象的基本资料。在此基础上对服务对象进行生理、心理、社会及危机多方面的评估，同时通过尊重、接纳的态度与服务对象建立工作关系。另外，需要注意评估服务对象自杀或自伤的可能性、伤人或暴力的危险性、药物治疗的需要、是否滥用毒品或酒精等特殊情况。

**批判性思考问题：**

如果服务对象存在以上所述特殊情况，社会工作者可采用什么措施应对？

第二阶段是制订治疗性干预计划。基于对服务对象发生危机的诱发因素及服务对象目前心理状态的全面了解，着手制订治疗性干预计划。干预计划的制订包括明确干预目标与设计实施过程。其中目标又分为短期目标与长期目标，短期目标主要是针对急性危机干预，长期目标是针对慢性危机干预或急性事件控制后的干预。干

① GILLILAND B E，JAMES R K. 危机干预策略（上册）. 肖水源，译. 北京：中国轻工业出版社，2000：28.

预实施过程基于干预目标来制定，为实现干预目标而服务，制定实施过程时应确定实施干预的不同阶段及相应任务。

第三阶段是治疗干预。这处理的最主要阶段，包括以下四个方面的内容：

其一，帮助服务对象正确认知自己的危机，社会工作者可以采用比较直接有效的方法，使服务对象认识到生活中的逆境与自己心理失衡所出现的不适这两者之间的关系。

其二，帮助服务对象宣泄、疏导被压抑的情感，可采用倾听、适度引导等技巧。

其三，帮助服务对象归纳总结过去有效的逆境解决方式并学习新的应对方式，减轻危机对心理平衡的负面影响。

其四，建立新的社交天地。建立新的人际交往关系是解决因失去亲人或朋友而引发的危机的有效干预方式。

第四阶段是危机的解决和随访。大多数服务对象的危机经过4～8周的危机干预，心理失衡状态一般会得到解决或缓解。此时治疗应及时中断，以减轻服务对象对社会工作者的依赖，增强其独立应对危机的能力。在结束阶段，应注意让服务对象多应用新学到的应对方式以巩固干预效果，鼓励和支持服务对象在今后面临危机时，运用新的问题解决机制和有关社会支持系统来独立地度过逆境，从而避免或减少危机的发生。为了解干预的效果并实现长期目标，社会工作者应进行定期随访工作。在随访中观察或询问服务对象的情况，在不给予过多关注的前提下提供适当的意见。①

### （二）危机干预的技术与技巧

危机干预的技术与技巧如下：

第一，无条件完全接纳服务对象，建立良好关系。理解服务对象的情感及行为，尊重服务对象个人的思想观念，让服务对象获得被尊重感、被接纳感与自我价值感。这也有利于服务对象对社会工作者产生信任，促进良好关系的建立。

**批判性思考问题：**

无条件接纳服务对象指的是无条件接纳服务对象的行为吗？

第二，主动倾听并注意非语言行为，提供心理支持。倾听时应在专心用耳朵听的同时，注意从心理层面上去感受服务对象的境遇。不仅要关注服务对象叙述的内容，同时还应注意观察服务对象的非语言行为，如语调、表情、姿势、动作等。在倾听过程中，社会工作者应运用语言与动作表达对服务对象的理解，并进行内心体验以达到共情。此时，社会工作者可继续采用支持性技术，给予服务对象同情、安慰、鼓励等情感上的支持。

第三，提供疏泄机会，发挥社会支持网络的作用。鼓励服务对象把内心情感表达出来并学会自我情绪管理。引导服务对象培养兴趣、鼓励其积极参与有关的社交活动，多与家人、亲友、同事接触和联系，提高社会支持程度，减轻服务对象心理

---

① 宋丽玉，曾华源，施教裕，等．社会工作理论：处遇模式与案例分析．台北：洪叶文化事业有限公司，2002：172.

上的孤独感和隔离感。

第四，灵活运用心理咨询等技术手段进行干预。针对服务对象的危机，解释其发展过程，使服务对象理解目前的境遇，并进行分析，找出其深层原因，共同寻找解决方法。可利用合理情绪疗法、行为疗法等心理咨询技巧，促进服务对象在认知和行为上发生转变。

第五，对于自杀、自残念头严重的服务对象应采取必要的措施；例如与监护人取得联系，通报服务对象有关情况和可能发生的危险，将服务对象带离刺激性情境，避免其接触自杀、自残工具，派人监护、看管等。①

### （三）危机干预的原则

危机干预的原则如下：

第一，及时处理。由于危机造成的危害性大且时间有限，为避免服务对象受到持续伤害，或错失介入最佳时机，需要社会工作者及时接案、迅速处理，尽可能将危机对服务对象及其周围的人的伤害最小化，抓住改变的契机。

第二，限定目标。危机介入的首要目标就是以危机的调适和治疗为中心，尽可能地避免危难，比如自杀、杀人、心理恐慌或是家庭解组等。因此，社会工作者应把精力集中在目前有限的目标上，与服务对象共同讨论，关注服务对象最关心的问题，尤其是服务对象主动提出的需求，寻找快速处理危机的方法，以达到危机干预密集而迅速呈现的效果。

第三，输入希望。当危机发生之后，服务对象通常处于无助、迷茫、失去希望的状态，因此在危机干预过程中，社会工作者应向服务对象持续注入新的希望，调动服务对象改变的愿望。需要注意的是这种希望不仅是一种口头保证，更是一种正向态度与乐观思想的导向。

第四，提供支持。在帮助服务对象应对危机的过程中，社会工作者需要充分运用服务对象的自身资源与人际关系，为服务对象提供适度的、必要的支持。同时可启发服务对象意识到自己潜在的资源，促使服务对象发挥潜能度过危机。在给予服务对象支持的同时，社会工作者需培养服务对象的自我独立意识，避免服务对象对社会工作者产生非现实性期待。

第五，恢复自尊。危机的发生通常导致服务对象身心失衡，使服务对象的自尊感降低。社会工作者在进行危机干预时，首先需要了解服务对象对自我的认知，即服务对象的自我影像，然后降低他的防御性，帮助他恢复自信。

第六，培养自主能力。危机是否能够解决，最终取决于服务对象是否能够增强自主能力。在介入过程中，社会工作者应注意培养服务对象的自主能力，在满足对服务对象的支持需求的前提下减少服务对象对社会工作者的依赖，培养服务对象独立解决问题的能力。

① 季建林，徐俊冕．危机干预的理论与实践．临床精神医学杂志，1994，4（2）：116-118.

## 三、实务运用[①]

### （一）案例描述

高老太，77岁，几年前左腿由于脉管炎而高位截肢，由于老伴的悉心照料及她本人坚强的个性，并没有太大的压力。几年后，病情突然恶化，需要截掉另外一条腿，在住院期间，她的老伴又突然去世，她无法承受双重打击而陷入悲伤、绝望中无法自拔，不愿安置老伴的骨灰盒，经常出现轻生的念头。由于子女平时和老人交往较少而且家庭比较拮据，无法经常来照料安慰老人，只有她的邻居每天轮流来看望她。对于老人的精神状态和悲观情绪，邻居也无法解决，于是代她到居委会来寻求帮助。

在了解了大致情况的基础上，居委会的工作人员、社工以及大学生志愿者组成了干预小组，一边上门探望高老太，一边收集有关的资料和信息。

### （二）模式运用

**1. 接案**

居委会接到求助请求后，向社区服务中心转介。社工了解基本情况后，推荐使用个案服务。服务对象高老太了解后同意，故接案。

**2. 问题分析与评估**

为了了解服务对象的基本情况，干预人员对其邻居、居委会进行了全面调查。在收集到的信息的基础上，干预人员对服务对象的问题进行了评估，发现：（1）在情感上，服务对象还未走出丧偶和残疾的悲痛，情绪低落、悲伤、绝望，常以泪洗面；（2）在观念上，服务对象曾多次想到自杀，但未付诸行动（可能因为行动不便）；（3）在经济上，住院手术费用较高，致使其经济拮据；（4）在家庭关系上，亲子沟通不畅，缺乏必要的亲情关怀，感到孤独、无助。

**3. 协议个案目标与服务计划**

（1）缓解服务对象的悲伤情绪，预防可能出现的危机情况。

（2）帮助服务对象解决生活自理方面的困难。

（3）和服务对象的子女进行沟通，取得他们对服务对象的关心与体贴。

（4）利用社会支持网络，提供物质性支援。

**4. 实施干预**

（1）第一阶段：建立良好的信任关系。

干预人员经常去探望服务对象，目的是一方面了解她的心理状况，与她建立良好的信任关系，另一方面也为了预防服务对象出现自杀行为。干预人员从日常饮食

---

① 这部分案例改编自杨福义，张福娟，章淼榕，等．缺失与重塑：残疾人社会工作案例研究．上海：华东理工大学出版社．2017：23-49。

入手主动接近她，并耐心地开导她。同时，为了让她感受到来自更多人的关心，干预人员联系了周围的邻居，希望大家都能帮助服务对象，经常去看看她，防止发生意外。这些邻居都欣然同意，轮流给她送饭、陪她聊天。

● **谈话片段1**

**社工：**阿姨，我知道周叔叔（服务对象的丈夫，化名）去世对您是个沉重的打击。您感到很无助，很悲伤，是吗？任何一个人失去了自己亲爱的人，都会有这种心理感受的！不过，我想让您知道，我们会帮助您的。平时您对我们大家都很关心，现在您遇到困难了，我们不会不管的，我们会经常来看您，就像您的家人一样，好吗？

**服务对象：**……

**社工：**阿姨，我知道您心里不好受，很痛苦，如果您愿意告诉我的话，我愿意和您一起分担！我把我的联系方式贴在电话边上了，如果您想找人聊聊，可以随时打电话给我，好吗？

服务对象逐渐感受到来自周围人的关心与鼓励，她的状态开始有所改变，起初一直一言不发、只是默默流泪，现在有时还能和大家说上几句话。在这种情况下，社工的指导开始深入高老太的内心，帮她解开心结了。

● **谈话片段2**

**社工：**阿姨，刚才的饭菜做得怎么样？还合您的口味吧？

**服务对象：**（点点头）挺香的！

**社工：**那就好！您下次想吃什么，就告诉我，我再给您做！

**服务对象：**谢谢你啦！这些天我这个不中用的老太婆太麻烦大家了，尤其是你！我……（眼泪又流了下来）

**社工：**（一边帮她擦眼泪，一边说）阿姨，其实大家都很关心您，根本没觉得您不中用，反倒是大家希望您身体好一些了，教大家怎么绣花呢！

**服务对象：**（有点不好意思）我的手艺不行，不行！

在这一阶段，干预人员主要采用的是关心、安慰、倾听等沟通技术，其目的是建立良好的信任关系，为治疗性干预打开缺口。

（2）第二阶段：帮助服务对象下决心安葬老伴的骨灰。

由于平时服务对象和老伴的关系十分融洽，而且服务对象在生病住院期间，老伴一直鼓励安慰她，可以说老伴是她接受截肢手术的精神支柱。现在老伴突然离她而去，她无法接受老伴已经去世的事实，因此拒绝安葬老伴的骨灰。干预人员分析其核心原因是无法转移对老伴的依恋，需要引导服务对象将对老伴的依恋从骨灰盒转移到在内心怀念老伴。于是干预人员借助她对老伴的关心以及老伴对她的个性的评价，如老伴认为她是个不轻易向困难低头的人等，慢慢地使她接受了老伴去世的事实，并且让她意识到老伴虽然不在了，但是他们还拥有许多美好的回忆，这是老伴留给她的礼物。另外，干预人员还帮助她挖掘自身的优点，如坚强、能吃苦、关心人等，暗示其有能力走出困境。

● **谈话片段 3**

**社工**：阿姨，您好幸福呀！和现在社会上那些婚姻不幸的女人相比，您真的令人羡慕！（老太太脸上露出一丝欣慰而且满足的神情）人这一生能和另一个人相亲相爱地过了50多年，真的很不容易。那周叔叔最喜欢您什么？

**服务对象**：我那老头子不爱说话，更不会像现在的年轻人那样说让人开心的话，但这几十年我很了解他，他很在意我的开朗和坚强，例如以前家里出了什么事，都是我来安慰他，所以他挺听我的话……（长时间的回忆）

**社工**：是呀！我也觉得您是一位遇到困难不轻易低头的人。

**服务对象**：唉，其实我也不像你想象的那样。开始少了一条腿还有老头子陪着，现在两条腿都没了，老头子也走了，我活着有什么意思呀。成了一个废物、大家的包袱，连累儿女，也浪费你们的时间，还不如和老头子一起走了算了。（泪水顺着脸庞流了下来）

**社工**：阿姨，不能这样想呀！如果周叔叔在的话，他同意您这么做吗？我想周叔叔一定不会同意的。您刚才说了，他一直很欣赏您的坚强和开朗，但现在您这么想，他一定会很失望的，您说是吗？

**服务对象**：（若有所思地点点头）……

**社工**：而且周叔叔去世好几个月了，但他的骨灰还一直没有安葬，放在这里，您看了伤心，我想周叔叔看见您伤心他也会伤心的，那您愿意他在九泉之下不能安息，还为您伤心吗？

**服务对象**：（摇摇头）那我该怎么办呢？我希望我那老头子在那一边过得好些，我不想让他还为我操心，可我舍不得呀！

**社工**：虽然周叔叔人不能和您在一起，但是你们在一起的时候有那么多美好的回忆，这是周叔叔留给您的礼物，谁也夺不走。以后您再给我讲讲你们之间的故事，好吗？

**服务对象**：（有些难为情）那都是过去的事了，你们不爱听的。

**社工**：在您的经历中，一定会有值得我们大家学习的地方，我想那也是您最自豪的一些事情。

**服务对象**：那好吧。

● **谈话片段 4**

**服务对象**：你上次和我说的话，我想了很久，你说得对，老头子一直在家里也不好，我应该让他安息。你能不能帮我打听一下安葬费用是多少呀？

**社工**：好的，阿姨，您终于想通了！

**服务对象**：不会太贵吧？我还是想让他住得好一些！（至此社工小段明白了高老太担心的是什么了！）

● **谈话片段 5**

**社工**：阿姨，您今天的气色不错呀！听隔壁阿姨说您打电话要叫儿子女儿过来，是吗？

**服务对象**：（点点头）嗯！

**社工**：（开玩笑地说）要开家庭会议啦？（掏出一个信封递到高老太手上）阿姨，这是大家的一番心意，您收下！

**服务对象**：（打开信封看到里面是一沓钞票，连忙还给社工）不要不要！

**社工**：（装作生气的样子）阿姨，我们社工知道了您的情况，大家都很关心您，希望您能像以前那样坚强起来！您现在很需要钱，我们大家捐了一些，虽然不多，但却是大家的一番心意，您一定要收下！要不大家会很伤心的！

**服务对象**：谢谢大家了！

在这一阶段，干预人员主要采用了情感支持技术以及优点咨询模式，即用服务对象的优点来弥补其无用感、缺失感，以帮助服务对象打消自杀的念头。

(3) 第三阶段：改变消极悲观的认知，树立坚强的生活信念。

经过更进一步的交谈，干预人员了解到在服务对象的观念里存在着一些错误认知：觉得自己是母亲，应该为儿女做些什么，最起码不能成为他们的负担。服务对象一直把儿女当成不独立的孩子，认为自己应该有能力照顾他们，她的错误认知是引起她消极情绪的主要原因。于是干预人员在肯定服务对象是一位称职母亲的前提下，向她解释了她的观念和现实之间的矛盾，以及错误的归因，并引导她换一种思路来看待这一矛盾。这一阶段持续的时间比较长，与此同时，干预人员进行了第四阶段的干预来配合这一阶段的干预效果。

● **谈话片段 6**

**社工**：那孩子来看您时，您和他们都谈些什么呢？

**服务对象**：还不是操心他们的生活。

**社工**：可是您的儿子女儿早就不是小孩子了，而是成年人了，那阿姨您说作为一个成年人，是不是应该独立地生活呢？

**服务对象**：是的。我也希望他们能独立地生活，但他们不行呀，工作不稳定，挣钱又少，所以才经常向我要钱。

**社工**：那您有没有想过为什么他们一遇到困难就来找您呢？而且不管您有没有能力帮他们，他们还是一而再、再而三地来向您要钱呢？

**服务对象**：也许是因为我是他们的妈妈吧。

**社工**：阿姨，记得我小的时候，我妈妈和您一样，很爱我。每次遇到困难的时候，我也和您的孩子一样，首先想到的就是找妈妈。有时妈妈会帮我，但多数情况下妈妈会告诉我，那些事情是我自己可以解决的，让我试试看。每次尝试之后，我都觉得自己越来越有能力了，慢慢地也就不再依赖妈妈了。反而现在我妈妈有什么事都要问问我。

**服务对象**：嗯。我的那些孩子每次遇到困难时，都是我替他们解决的，怪不得现在遇到困难还是来找我，看来我是管他们太多了。

**社工**：阿姨，所以现在不是您还能为他们做些什么，而是他们应该来照顾您。当然他们的生活也不如意，也需要您对他们的鼓励。阿姨，您想，如果您还像以前那样管他们，他们就会说您啰唆，如果您老是说这些消极的话，会增加他们的思想负担。所以，您应该积极地生活，您的情绪好了，孩子们也会高兴，他们生活得也会更努力。您说是吗？

**服务对象**：（若有所思地点点头）嗯！你这样一说，我好像心里一下轻松了很多！

（4）第四阶段：改善家庭关系。

和服务对象的子女沟通，改善亲子关系。干预人员走访了服务对象的几个在上海居住的子女们，和他们深入地沟通了他们母亲的情况，倾听了他们对母亲的看法。原来服务对象从小就很溺爱他们，养成了他们依赖的思想，无论大事还是小事，首先想到的就是找母亲解决。他们长大成家之后，由于能力不是很强，日子过得很一般，尤其当工厂倒闭之后，生活更是拮据，于是又找父母要钱，但经常被父亲挡回来，心里产生了对父母的不满。这样，主观和客观因素加在一起，使他们不愿经常来看父母。但是，当父亲去世、母亲又截肢之后，他们也很关心母亲，希望母亲不要太悲伤，但又不知如何来安慰，在经济上他们也实在是无法帮助母亲，心有余而力不足。针对母子之间的这种关系，干预人员从三个方面着手进行调节：第一，经济与生活上，为服务对象争取了社会经济援助和帮老助残志愿者服务；第二，和服务对象的子女进行深入的沟通，采用角色扮演、空椅子技术等让他们体会母亲的心情，理解母亲需要他们的情感支持；第三，具体教授关心母亲的方法以及现场协调亲子之间的关系。经过几次尝试，服务对象感到了来自儿女的关心，激动地对干预人员保证一定要坚强地活下去。

后来，服务对象的一个居住在外地的女儿退休后，安顿好家里的事情，专程来上海和母亲一起居住，陪伴母亲安度晚年。

之后，社工会不定期地去看望服务对象，每次服务对象都会高兴地和社工聊聊自己的情况。当提起丈夫时，她的情绪很平静，并且对社工说，她会珍藏与老伴在一起的美好回忆，还可以用自己的婚姻经验去帮助周围的人；当提及儿女们时，服务对象会开玩笑地说，自己现在好像是回到了童年，尽情享受儿女们对自己的照顾和关爱。有时当儿女们遇到问题时，她也会效仿社工开导、鼓励孩子们，所以现在她感到挺知足的。

社工慢慢地退出了服务对象的生活，偶尔在街道可以看到她们母女二人在和其他老年人一起打麻将。此时，社工感到很欣慰。

**5. 过程评估**

（1）接案。

1）服务对象情况。

悲伤、无助情绪极重；身体上受伤带来极大困扰；对于配偶的突然离世，在悲伤中无法自拔，痛苦而茫然；曾有多次自杀行动。

2）工作重点与专业行动。

建立良好的咨访关系，初步评估其问题和需要；缓解服务对象的悲伤情绪，主要运用支持性、引领性技术，提供足够的情绪与精神支持；解决生活自理方面的困难；预防危机。

（2）预估与计划。

1）服务对象情况。

积极配合，情绪有所舒缓。

2）工作重点与专业行动。

收集更为全面的与服务对象的问题相关的资料，包括了解服务对象的认知；对服务对象的问题进行评估并根据其个别化需要，与服务对象共同制订服务计划。

（3）介入。

1）服务对象情况。

服务对象逐渐完成以下转变：开始释放情绪，缓解消极情绪；逐步纠正认知偏差，预防危机；缓解家庭、子女关系。

2）工作重点与专业行动。

协助服务对象释放情绪，纠正认知偏差。主要运用认知行为疗法的相关策略，注重专业关系的建立与联结资源协助其探索自我，借助自我的力量发掘出适合自己的解决问题的策略。

（4）评估与结案。

1）服务对象情况。

积极配合社工工作，乐于接受服务；积极探索自我，并纠正了自己的认知偏差；协调了与子女的关系。

2）工作重点与专业行动。

增进服务对象心理适应能力，促使其子女缓解与服务对象的关系，运用社会支持模式，为其链接资源，解决生活困难。

**6. 结案**

（1）结案原因：服务对象的情绪基本稳定，经济生活困难也已解决。

（2）服务对象的改变情况：第一，情绪上已恢复常态。第二，对老伴的离世以及自己的残疾也能理性地接受和面对。第三，在女儿的照顾下，也能做一些力所能及的事情。第四，其他的子女也会经常回来或打电话问候她。

（3）个案目标达成情况：基本达成。

## （三）案例评析

本案例中处于危机中的服务对象高老太并没有寻求帮助的动机，反而是其周围的人（邻居）发现了问题来寻求帮助，这使干预中咨访关系的建立较服务对象主动求助的情况慢。但社工意识到，当人处于某种困境时，本能地都会产生一种求生的欲望，所以社工通过日常生活中细小的行为（如帮她打扫卫生、烧水喂饭等）让她感受到来自外界的关心，慢慢引发她对生活的渴望。社工通过这种方式与服务对象逐步建立了良好的信任关系。在案例中社工还采用了许多心理咨询中常用的技巧，如倾听、解释、自我披露、指导等，以此来影响服务对象的观念和行为，并相应地采用尊重、理解、鼓励、支持、保密等原则增进信任。

处理危机干预的一个重要方面就是缓解服务对象的消极情绪。在干预过程中，社工合理使用干预技术，采用沟通技术获得了许多有用的信息，利用支持技术让服务对象释放和宣泄郁积情绪、学会管理情绪。在介入时，社工还特别注重发挥有效的环境因素，为服务对象打扫房间，创造干净的环境，开展有助于缓解服务对象情绪的服务。

在危机干预中，危机是引起心理失衡的直接原因，但如果服务对象长时间情绪不能缓解和稳定，那就说明还有深层次的原因。通过谈话，社工了解到高老太的思想中存在着“一直把儿女当成不独立的孩子，认为自己应该有能力照顾他们”等错误的观念。社工运用认知行为疗法帮助服务对象纠正认知偏差，运用心理咨询中的“对峙”的方式，和高老太讨论其矛盾的观念（现实中进入暮年应受到子女照顾，观念中认为自己还年轻能照顾孩子），引导她发现这一矛盾，理清观念，摆脱偏差的认知，树立合理的观念。从而促进服务对象达到心理平衡，避免再次陷入危机困境。

在危机干预中，来自家庭的支持是服务对象度过危机的一项重要的资源。在此基础上，社工还在服务对象与子女之间进行协调，使双方都明白症结所在，并根据具体情况提出了适当的建议，促进母子双方的有效沟通。

## 第二节　结构式家庭治疗模式

20 世纪 60 年代，萨尔瓦多·米纽庆（Salvador Minuchin）提出结构式家庭治疗模式。结构式家庭治疗旨在通过改变相应的规则，重建家庭结构，并将僵化的、模糊的家庭系统界限变得清晰并具有渗透性，从而改变维持家庭问题或症状的家庭互动模式。①

**知识窗**

萨尔瓦多·米纽庆（Salvador Minuchin，1921—），结构式家庭治疗开山鼻祖，犹太人，生于阿根廷。最初他是以色列军队中的一位儿科大夫，后来到美国，在纽约与阿克曼（Ackeman）一起培训儿童精神科医生。完成研究后，米纽庆于 1952 年回到以色列，帮助在大屠杀中流离失所的儿童，以及从阿拉伯国家移民来的犹太人。1954 年，米纽庆再次回到美国接受精神分析训练，随后在一所学校从事一份为违法男孩服务的工作，并开始留心家庭。他发现这些孩子大多来自支离破碎的贫困家庭，于是他和他的同事开始研习家庭治疗，试图发展一套特殊的理论和技术用于帮助这些孩子。他们找到了一种改变家庭脉络而并非针对不良少年个人性格或行为问题的治疗方法，并取得了成功。研究成果刊载于《贫民窟中的家庭：对它们的

① 罗军．结构式家庭治疗理论述评．衡阳师范学院学报，2012，33（4）：138-142.

结构和处理的探索》(Families of the Slums：An Exploration of Their Structure and Treatment）一书中。米纽庆开始作为一名家庭治疗从业者，并于1965年成为了费城儿童指导诊所的主任，他和他的同事一直在致力于发展家庭治疗。在1974年出版的《家庭和家庭治疗》(Family and Family Therapy）一书中，米纽庆详细地阐述了他从大量实践和研究中总结出来的结构式家庭治疗理念。到20世纪70年代，结构式家庭治疗成为所有家庭治疗流派中最具影响力且应用最广泛的流派。①

## 一、模式内涵

### （一）基本概念

**1. 情境**

情境，是指事情发生的环境及其相互作用之间错综复杂的联系。家庭治疗往往以情境为焦点，重视的不是个体的内在动力而是环境与个人之间的互动和影响。

**2. 家庭系统**

系统理论认为：一个系统是由不同的子系统组成的，每一个系统都包含了更小的子系统，同时又都作为一个更大的系统而存在。每个子系统都有本身的自主功能，同时在较大的系统运作中又有其特定的功能和角色。②

家庭子系统也称家庭次系统或亚系统，指家庭中的个体即个人，两人组合如妻子与丈夫、孩子与母亲，或更大一些的组织构成家庭子集的结合小组。一个家庭拥有多个分化的子系统，家庭依赖子系统来分化和执行功能，不同的子系统执行不同的功能。通常在家庭中，子系统可以按照代际（父母、孩子）、性别（男、女）、兴趣（智能性、社会性）、功能（照顾父母、做家务）来划分，其中最重要和最常见的子系统包括：夫妻子系统（丈夫与妻子）、亲子子系统（父母与孩子）、手足子系统（孩子之间）。

**3. 家庭结构**

家庭结构指家庭中成员的构成及其相互作用、相互影响的状态，以及由这种状态形成的相对稳定的联系模式，是结构式家庭治疗体系的核心概念。③ 家庭结构是一套无形的或隐蔽的功能性需求或代码，以整合和组织家庭成员彼此互动的方式，其结构的正常或健康与否会影响家庭整体功能的运行。

**4. 家庭界限**

家庭里的界限，是指个体、子系统或系统同外部环境分开的无形的边界线，是

---

① NICHOLS M P，SCHWARTZ R C. 家庭治疗：理论与方法．王曦影，胡赤怡，译．上海：华东理工大学出版社，2005：215.

② 王林．国外系统理论研究简介．哲学研究，1980（2）：78－80.

③ 祝菡．结构式家庭治疗的理论及其应用评析．社会心理科学，2007（Z2）：50－53，103.

一种情感的屏障和距离。界限规定了家庭成员之间、子系统之间、家庭与外界环境之间的空间距离。因此，界限在维持所有家庭子系统相互依赖的同时，也有助于保证每个子系统的自主性，是维系家庭中个体或团体完整性的重要条件。

因为界限决定了家庭子系统的功能，决定了家庭中的联盟和权力，从而决定了家庭的结构，所以了解和掌握家庭界限是结构式家庭治疗的精髓所在。

**5. 联盟和权力**

联盟是指一些家庭成员联合起来对抗第三方的结盟。界限的存在使家庭成员因为彼此间的情感或心理联结而结盟。家庭成员彼此界限较为松散，容易结盟，以反对与他们界限僵化的成员。结盟既有临时性的，也有长期存在的。

在家庭系统中，家庭成员之间的权力大小是有差别的，权力源于家庭成员的地位，也源于家庭成员间的结盟。权力涉及每个家庭成员对家庭成员和家庭事务的影响力和控制力。权力大小不是绝对的，而是与事件的情境和背景以及家庭成员联盟的方式有关。

### （二）治疗目标

结构式家庭治疗认为，家庭结构功能的不良导致家庭问题或个体症状，由此带来的家庭功能的失调是维持家庭问题的主要因素。家庭结构是支配家庭互动模式的内隐规则，结构式家庭治疗的目标是通过直接地、有针对性地改变家庭结构，进而改变家庭中僵化的或者模糊的界限，以达到更大的界限清晰度，让家庭成员不只是注意家庭中有问题成员的症状，而是在家庭结构的背景中观察所有家庭成员的行为，以解决家庭问题。① 因此，结构式家庭治疗的目标是重建家庭的正常结构，而家庭问题的解决只是整体目标的副产品而已。

## 二、实务准则

### （一）结构式家庭治疗模式的实施步骤

一般来讲，结构式家庭治疗模式包括以下步骤。②

**1. 进入家庭**

所谓的进入家庭不是指物理空间意义上的治疗师与家庭坐在一起的进入，而是指治疗师的心灵或情感融入家庭。进入家庭的主要途径是治疗师通过适应家庭文化、情绪、生活方式和语言，加入家庭并与他们建立融洽的治疗关系。在这个过程中，治疗师要避免以专家或权威的身份高高在上地同家庭在一起，从而引发家庭的不满和抵抗。治疗师进入家庭既是家庭治疗的开始，更是家庭治疗的基础。

---

① GOLDENBERG I，GOLDENBERG H. 家庭治疗概论（第六版）. 李正云，等译. 西安：陕西师范大学出版社，2005：166.

② 祝菡. 结构式家庭治疗的理论及其应用评析. 社会心理科学，2007（Z2）：50－53，103.

批判性思考问题：

在进入家庭的过程中，社工与服务对象之间的关系是怎么样的？

**2. 评估家庭结构**

评估与进入家庭的过程常常是相互重叠的。评估家庭结构，即治疗师通过关注家庭的组织结构和持续的互动模式来评估家庭，并特别关注功能失调行为得以展现的社会背景。评估的重点是家庭的等级、子系统的功能状态、可能存在的结盟和联盟、当前的界限和品质状况，如界限的渗透性、弹性和僵化性。

评估是一个整合的和持续进行的过程。当治疗师进入家庭后，就不断形成关于家庭结构排列的假设，关注家庭如何适应发展变化和危机情境以及家庭成员如何联合起来解决冲突等方面的线索。评估也是个动态的过程，治疗师可通过角色扮演来观察个体或子系统之间的互动。

知识窗

家庭图被用作评估工具，有助于提供一种有组织的图式以理解复杂的家庭互动模式，尤其是理解有关的维持问题的特定子系统。家庭图显示了家庭成员彼此的相对位置。它揭示了联盟或隶属关系、明确的或暗含的冲突，以及冲突解决中家庭成员进行组团的方式。①

评估主要集中在五个范畴：评估整个家庭的结构，其惯常的互动模式以及其他可利用的替代方式；评估整个家庭系统接受改变和重构的弹性空间与能力范围；评估家庭系统对各成员行为的敏感程度；回顾家庭的生活，探究支持性力量的来源和家庭系统中存在的压力；评估家庭的生命发展阶段和家庭在各个阶段执行的任务，以及家庭如何运用被认定的病患的症状来维护其偏好的模式。②

**3. 打破旧的系统平衡**

结构式家庭治疗师通过打破家庭中旧有的失调行为模式的平衡状态，实现家庭结构有益的改变。与大多数治疗模式中治疗师要保持价值中立的立场不同，结构式家庭治疗师常常需要与不同的个体、亚系统或同盟站在一边。经常是先支持处于劣势或边缘地位的家庭成员，然后再公平地分配自己的支持力给其他成员；也可以支持一个强势地位的成员并突破其他家庭成员所能容忍的范围，以引发其他成员的挑战；有时候，治疗师也会加入某个家庭联盟来对抗一些家庭成员。但是，不管治疗师是支持哪个家庭成员，加入哪个家庭联盟，最后都一定要结合整个家庭形成一个治疗系统。

**4. 家庭的重建**

家庭结构的重建即家庭旧系统的平衡被打破，新的家庭功能互动形式取代旧的

① GOLDENBERG I，GOLDENBERG H. 家庭治疗概论（第六版）. 李正云，等译. 西安：陕西师范大学出版社，2005：168.

② 祝菡. 结构式家庭治疗的理论及其应用评析. 社会心理科学，2007（Z2）：50－53，103.

功能失调模式，家庭进入最后的改变阶段。重建包括改变家庭规则、明确界限和重新结盟、改变支持某种不良行为的模式三方面。这一阶段，帮助家庭重新建立支配家庭互动的系统以取代家庭中功能失效的交往模式，是结构式家庭治疗师的主要任务。但因一个家庭的结构是家庭成员带着他们的过去、他们的性格、互动方式等因素经历了很长一段时间，已经固化下来的，即使找到问题，解决也不是一件易事。可以通过直指人心的方式，比如家庭雕塑、人格舞会等方式进行。①

### （二）结构式家庭治疗模式的干预技术与技巧

#### 1. 关系提问

关系提问是治疗最基本的技能，关系的讨论要与“问题”和“症状”相连接，而提问应涉及家庭成员之间的关系，并能引发家庭成员的思考，促使对话，以使家庭的关系和家庭结构活现。

#### 2. 重新定义

重新定义是改变事件原有的意义，重新标定所发生的事情，运用具有建设性的观点看待事件和情境的方式。正常化也是一种重新定义，即将某件家庭成员认为很不正常的事情看成普遍的常见的事情，促进家庭人为的“不正常”观念的淡化。重新定义可以分为两种：（1）对消极的再定义：将家庭成员看作是积极的行为重新赋予消极的含义；（2）对积极的再定义：将家庭成员看作是消极或者是破坏性的行为重新赋予积极的含义。

#### 3. 设置界限

设置界限是一种通过改变家庭亚系统之间的心理逻辑距离来重组家庭界限的技术。结构式家庭治疗师通过使用重新设置界限的治疗技术改变家庭里个体和子系统的界限过于模糊、松散或过于僵化的状况，以增加家庭子系统之间的距离或者亲密度，从而平衡家庭功能。

对于不同类型的家庭，治疗师使用不同界限的干预方法。对于子系统之间界限松散的疏离型家庭，治疗师的策略是挑战对冲突的回避，减少迂回式的沟通，并帮助疏离的家庭成员增加相互接触；而对于子系统之间界限模糊的缠结型家庭，治疗师通过增加界限的清晰程度，如鼓励家庭成员自己说自己的话，不替其他成员回答问题等，以增强个体的独立性。

#### 4. 隐喻

隐喻在治疗过程中运用广泛，指借用一些概念或言语，间接或含蓄地表达某些家庭成员没有意识到或不愿面对的问题的技巧。运用隐喻技巧的优点在于治疗师在不引起服务对象过于防范的前提下挑战家庭成员，容易被家庭接受或使家庭产生顿悟。

---

① 许书萍．结构式家庭治疗理论对青少年网络成瘾的阐释与矫治．社会工作，2016（6）：63-69，126.

### 5. 绘制家庭图

绘制家庭图是家庭诊断过程中的重要技术之一。家庭图是用图式法呈现治疗师所有关于家庭有效交往模式、失调交往模式的有关假设，即用图表的方式绘制家庭内部的关系模式。作为高效有用的简化评估工具，家庭图为治疗师提供了一种清晰的组织图式来理解复杂的家庭互动模式，从而更好地推动家庭治疗过程。结构式的家庭图主要描述的是家庭当前的互动模式，关注的是通过线与空间的排列传递出来的关于家庭的组织结构、界限和行为序列的信息。

## 三、实务运用①

### （一）案例描述

徐某，高中文化，已婚，因疾病导致肢体四级残疾。2000 年因票据诈骗罪被浙江省某市中级人民法院判处有期徒刑 15 年。因其在服刑期间表现较好，被裁定假释，假释考验期为 2008 年 12 月 10 日至 2012 年 5 月 29 日。

徐某的妻子为安徽籍外来媳妇，在徐某服刑期间提出离婚，独自一人将儿子拉扯大。当徐某假释返沪时，他的儿子正在读高三，考虑到住宿、孩子教育等现实问题，徐妻提出复婚。徐某回归社会后一直没有找到工作，为了维持一家人的生计，徐妻不得不打两份工，每天都要工作 14 小时。眼看孩子即将考大学，而自己却不能为家庭分担更多的重担，加上身体的缺陷，徐某感到压力非常大。随着时间的推移，强烈的无助感和自卑感一直困扰着他。不久以前朋友找上门请他帮忙一起开所谓的皮包公司，迫于生存压力徐某答应了朋友的请求，但遭到妻儿的强烈反对，徐某一直在家庭与事业、朋友之间的碰撞中徘徊。

### （二）模式运用

在本案中，向社工求助的服务对象徐某在假释返家期间，因自身无法为家庭分忧而家庭重担全部落在妻子身上，加上身体上的缺陷，感到自卑和无助。在家庭、事业、朋友关系的处理上遇到障碍，导致服务对象无法正常生活。因此，社工应该在与服务对象、服务对象妻子、朋友会谈和初步了解基本情况后，向徐某深入了解事情的来龙去脉，开展个案辅导。

#### 1. 接案

社会工作者到徐某家中走访并与其进行会谈，初步了解情况。在这个过程中，社工需要同理心、尊重、真诚、倾听等技巧，以接纳、非评判的态度与徐某建立良好的专业关系；同时，在会谈中营造安全、舒适的氛围，帮助服务对象在放松的环境下阐述事实、澄清期待，将潜在的服务对象转化为现实的服务对象。社会工作者在会谈中

① 这部分案例改编自刘新莉．结构式家庭治疗模式：社区矫正个案分析．社会工作，2011（3）：36－38。

对所掌握的事实进行初步判断，评估问题的成因、频率和严重程度以及解决模式等。

**2. 预估**

结构式家庭治疗模式非常注重对家庭结构的认识和把握，要求社工进入实际的家庭环境中认识和了解服务对象家庭的基本结构和交往方式，并通过整个家庭结构和交往方式的改变消除服务对象的问题。随着进一步的深入了解，社工对其家庭功能失调的情况进行了预估。病态的家庭结构和形态是导致服务对象家庭功能失调的一个重要原因，虽然服务对象自己呈现的更多的是家庭消极的一面，但也存在正面的支持方面。初步预估的情况主要如下：

（1）社工上门走访过程中发现徐某的妻儿法律意识较强，不希望徐某重蹈覆辙，因此家庭关系的和睦融洽对徐某今后的思想动态有较大的正面引导作用。

（2）徐某与家庭中其他两位成员之间的交流很少，存在着较明显的家庭功能失调情况。主要表现为：徐某在案发前一直在外地工作，本来就与妻儿沟通较少。在儿子刚刚踏进小学大门时，徐某因诈骗罪锒铛入狱，直至儿子即将高中毕业才回到家中。长期的分离造成儿子与徐妻关系较密切，而与徐某过分疏离，形成"联合对抗"这种病态的家庭结构。

（3）家庭系统的弹性不足，即家庭的适应和转变能力缺乏。主要表现为：徐某与妻儿长期处于分居状态，其妻子与儿子早已习惯两个人的生活方式，不能很快适应有徐某存在的生活状态，感到不习惯，甚至产生厌恶、排斥等情绪。徐妻一直抱怨徐回来后影响了儿子的生活，以至于学习成绩有所下降。儿子对父亲的回归感到非常突然和生疏，不愿与父亲有过多交流。

（4）家庭系统的回馈缺乏，即家庭对每位家庭成员的需要、感受、想法和行为的回应能力缺乏。主要表现为：徐某无法为家庭分担重压，感到自己给家庭拖了后腿，由此感到愧疚与无助，以至于影响了与家庭成员之间的交流。徐妻由于整日早出晚归，夫妻之间沟通本来就较少，加上她又对徐某近20年来对家庭的疏于照顾存在抱怨，造成双方关系冷漠，几乎不做沟通。徐的儿子即将高考，他从小向往做一名人民警察，但由于父亲的原因，他不能填写自己喜欢的一些专业，这些影响了父子之间的感情。

**3. 计划**

寻找与服务对象沟通的突破口，了解他目前的生活状态和帮困需求，通过整合资源帮助他寻求物质帮助和心理支持，使他逐步恢复自信心。结构式家庭治疗模式以家庭为基本的治疗单位，通过家庭动力和组织方式的改变来解决个人和家庭的问题。在本案中可以通过运用结构式家庭治疗模式中的"集中焦点、打破平衡、互动、协助建立合理的观察视角、强调优点"等技巧来达到恢复其家庭功能的目的。

**4. 介入**

（1）通过整合资源帮助服务对象寻求物质帮助和心理支持。

徐某在假释后一直没有找到合适的工作。他告诉社工有个外地朋友多次找过他，希望一起合作开公司，但为了这个破镜重圆的家庭，他还是婉言谢绝了。后来应聘出租车司机，又偏偏在政审上被卡住了。徐某的儿子学习成绩非常好，经常代表学校参加比赛，高二时还到香港去参加过比赛并获得一等奖。徐某说孩子考大学肯定不成问题，可是这学费怎么办？谈到经济问题，徐某总感到忧心忡忡。正好此时上海市新航社区服务总站联合上海市爱心帮教基金会开展爱心助学活动，社工帮助徐某申请了助学金，并在过年前将1 000元钱及时交到徐某手上。社工告诉徐某如果他的儿子考上全日制本科的话，还会得到上海市爱心帮教基金会给予的2 000元奖励。徐某听到这个好消息后感到信心倍增，他表示尽管现在家境困难，但在政府和社工的帮助下一定会迎来希望和美好的明天。

另外，疾病导致徐某在肢体上有四级残疾，这也是徐某内心压力和自卑感的重要原因。就此，社工为其联系了当地一家残疾人康复中心，徐某定期到机构进行康复治疗。徐某表示，康复治疗一方面让自己在身体康复上有了信心，另一方面让自己明白世界上同样的人有很多，自己并不是最不幸的那个。

(2) 改变家庭成员的看法。

服务对象及其他家庭成员常常将问题归咎于某个家庭成员或外部环境，而忽视内部成员的沟通及互动。社工要设法改变家庭成员的看法，引导他们直接面对家庭交往方式。徐妻认为徐某对家庭不负责任，以前长期在外地做生意，对妻儿疏于关心。后来又因票据诈骗罪被判刑，让他们背负压力，以至于在亲戚面前抬不起头。现在又帮不上忙，反而影响了儿子的学习。徐某的儿子则认为自己给同学、老师的印象一直很好，自从读书以来都是妈妈陪伴他度过学习生涯，没人知道他的父亲坐过牢，现在父亲回来，这让他感到压力很大，生怕自己的形象被破坏。此时社工运用结构式家庭治疗模式中的技巧——“强调优点”来协调他们夫妻之间的关系。社工告诉徐妻，徐某其实很爱自己的妻子，他曾经请社工帮忙打听妻子户口什么时候可以回来，请警察帮忙尽快让妻子户口落到上海。以前徐某长期在外地工作，虽然没有在生活上照顾他们，但一直给予经济支持。他们离婚后，考虑到孩子需要照顾，徐某允许妻子仍然住在自己家中，并没有委托亲属将妻子赶走。社工又运用结构式家庭治疗模式中的技巧——“协助建立合理的观察视角”来协调他们父子之间的关系。社工告诉徐某的儿子，其实他的父亲非常关心他，儿子是他的骄傲，他一直在社工面前提起儿子，经常询问填写志愿时哪些专业有前途又不至于影响儿子。俗话说“金窝银窝不如自己的狗窝”，对父母是没有选择权利的。社工又告诉徐某要与儿子要多沟通、多交流，了解儿子的兴趣爱好，找一些儿子感兴趣的话题。当然，最重要的是要有家庭责任感，不能再做一些违法犯罪的事情，孩子已经懂事了，不能再给他带来心理压力了。

(3) 改善家庭结构。

服务对象与其他家庭成员过于疏离，是导致家庭功能无法发挥的重要原因，社工要使服务对象家庭成员在充分了解沟通的重要性的基础上，加强其家庭成员间的互动，打破原来病态家庭结构的平衡，从而改善其家庭的基本结构。针对服务对象“联合对抗”这种病态的家庭结构，社工采用结构式家庭治疗模式中的技巧——“互动”来协调他们一家的关系，鼓励家庭成员之间多沟通、多交流，共同为孩子考上好的大学而努力奋斗。社工也设法为他们创造更多的互动机会。上海市新航社区服务总站开展“关爱特殊对象未成年子女活动”，希望这些受助学生能有感恩之心，为爱心慈善晚会表演节目，社工此时采用结构式家庭治疗模式中的技巧——“打破平衡”来协调他们一家的关系。社工向徐某转达意思，希望徐某的儿子能够踊跃报名、积极参加。徐某与儿子协商此事，他儿子回答说自己没有专长，又很怯场，不愿参加该活动。社工又与徐妻联系，请徐妻帮忙说服自己的儿子。后来在他们夫妻共同劝说下，徐某的儿子终于表示愿意朗诵一首诗以表感恩之情。虽然徐某的儿子最后没有参加相关演出，但是他们一家的关系明显融洽起来。

（4）改变家庭错误观念。

服务对象及其他家庭成员经常会因为一些错误观念而各执一词，社工要尝试通过挑战一些家庭成员的错误观念，让其从不同角度观察和理解日常生活及矛盾的处理方法。徐某妻子认为现在公务员很吃香，儿子又想当警察，以他的成绩考公安高等学校肯定没有什么问题。可是由于徐某有犯罪前科，严重影响了孩子的前途，类似的专业肯定不能考了，徐妻因此怪徐某拖了孩子的后腿，耽误了孩子的前程。徐某因此常常有负罪感，有时为了摆脱这种负罪感，他告诉妻子干脆再离婚算了，断绝父子关系总不会再影响孩子了吧？此时社工运用结构式家庭治疗模式中的技巧——“集中焦点”来协调他们一家的关系。社工告诉他们一家人：徐的儿子理工科成绩非常好，动手能力较强，社工建议填写高考志愿时尽量发挥自己特长，选择一些自己感兴趣的专业，扬长避短，不能盯住一种专业不放，俗话说得好：条条大路通罗马。后来徐某夫妻又征求了其他亲友的意见，建议儿子报考了理工类的大学。

**5. 评估**

经过一段时期矫正之后，徐某的家庭关系得到明显改善，他的儿子考上了大学，并且领到了上海市爱心帮教基金会资助的 2 000 元助学金。目前徐某能够正视现实，主动与社工谈过去的经历、对将来的展望、对儿子的教育问题、对犯罪的悔恨之心等。徐某通过自己的努力找到一份业务员的工作，尽管工作压力较大，但是他已经有了自己努力的方向和动力。他每天早出晚归，将精力都扑在工作上，也非常愿意与社工谈谈工作中的酸甜苦辣。他终于从人生低谷中走了出来。徐某在社区服刑期间能够积极配合社工的工作，思想稳定，表现较好。特别作为上海市新航社区服务总站宝山工作站举办的社区服刑人员分阶段集中教育学习活动中的学员，他每次都认真参加并认真撰写学习心得，同时能够参加爱心募捐活动，在社区服刑人员中能起到较好的典型示范作用，获得了社区服刑人员日常行为表扬的奖励。

**6. 结案**

社会工作者同服务对象一起对整个帮扶过程进行回顾，巩固已经取得的辅导效果。社会工作者进一步鼓励支持服务对象以积极的心态面对生活，进一步推动服务对象心理问题的改善。社工还需要全面分析在此过程中服务对象的改变和帮扶过程的效率效果，以期总结经验。

## （三）案例评析

本案的服务对象因长期在外地工作，故与家庭其他成员的关系比较疏远，服务对象服刑的经历又给家人的生活和情感带来了一定的负面影响，使得家庭关系更加糟糕。社工通过观察发现了服务对象家庭系统中存在的多种问题，并从解决家庭中的各种系统功能不足的角度分析这些问题的成因，运用结构式家庭治疗的各项技术协助服务对象及其家人关系的改善和服务对象个人的转变，成功地将结构式家庭治疗模式用于解决服务对象的家庭问题，并取得了良好效果。本案例能够帮助我们总结在社区矫治工作中运用结构式家庭治疗模式的经验。

在运用结构式家庭治疗模式的技巧时，社工更注重通过做个别家庭成员的辅导以达到改善家庭成员间互动方式的目的。如果在提供家庭治疗的后期，可以从整个家庭系统的角度改善家庭成员间的互动和沟通模式，从而改变某个家庭成员，就更为理想了。

## 第三节　心理社会治疗模式

### 一、模式内涵

#### （一）理论基础

**1. 精神分析理论**

弗洛伊德的精神分析理论的主要观点，例如人格三结构、心理防御机制和对早年生活经验的研究，都对心理社会治疗模式产生了重要影响。

**知识窗**

弗洛伊德是奥地利精神病医师、心理学家、精神分析学派创始人。精神分析的概念于1895年正式提出，1899年《梦的解析》出版，标志着精神分析心理学的理论体系正式形成，1919年国际精神分析学会成立，标志着精神分析学派最终形成。弗洛伊德开创了潜意识研究的新领域，促进了动力心理学、人格心理学和变态心理学的发展，奠定了现代医学模式的新基础，为20世纪西方人文学科提供了重要理论支柱。

弗洛伊德认为人格结构由三个部分组成：本我、自我和超我。这三种人格分别代表不同的特性、遵循不同的原则，相互作用共同构成了完整的人格。本我代表着各种原始的本能，遵循“快乐原则”；自我处于本我和超我之间，遵循“现实原则”；超我代表着道德和理想，遵循“至善原则”。一个理想的人格结构有赖于本我、自我和超我三者的有机协调。但是，现实情况下，本我可能被束缚，自我可能无法实现，超我也可能无法达成，从而导致人格结构的矛盾冲突，进而产生各种人格偏差问题。

心理防御机制是指为缓解人格矛盾冲突，自我运用某种方式，既使超我的监察可以接受，又使本我的欲望可以得到某种形式的满足，从而缓解焦虑与痛苦。心理防御机制包括压抑、否认、投射、退化、补偿、抵消、反向形成等各种形式。人们可以运用心理防御机制，直接或间接地消除内心的矛盾冲突。

此外，弗洛伊德还提出，童年的早期经验与经历对成年的生活影响重大。这个结论在个案社会工作中影响深远，可用来对服务对象进行分析。①

**2. “人在情境中”理论**

“人在情境中”理论认为人不是完全独立自存的个体，而个案社会工作作为研究人的工作，必须将个体放到其所处的环境中进行研究，关注个体环境和社会环境各要素间的关系。个体的行为受到生理、心理、社会环境三种因素的影响，应从这三者的相互作用入手来解释个体的外显行为。

在心理社会治疗模式中，除精神分析理论与“人在情境中”理论外，社会角色理论、沟通理论等其他理论也常被综合运用，以提高治疗效果。

### （二）基本假设

(1) 对人性的假设。服务对象作为个体生活在特定的环境中，生理、心理和社会环境三个方面的因素相互作用、共同影响服务对象的成长过程。因此，服务对象的问题并不是由某个或某方面因素导致的，而是各种因素综合作用的结果。社会工作者在了解服务对象时，应通过了解其所处环境中的各个元素把握服务对象的问题。

(2) 对服务对象的问题的假设。服务对象的问题主要与以下三个方面有关：第一，服务对象无意识中含有早年未满足的需求或未解决的情绪冲突，这会干扰当前的情绪生活，降低个人适应能力。第二，过大的社会环境压力将突显早年未解决的问题，引起服务对象的偏激反应与偏差行为。第三，服务对象解决问题的能力在不良的自我功能和超我功能的影响下会减弱，从而导致心理困扰和人际关系的失调。心理社会治疗模式认为，在分析服务对象的问题时要综合考虑服务对象感受到的来自过去、现在及问题处理能力三个方面的有关压力。

**批判性思考问题：**

一位成年男子的家暴行为是否与其幼年遭遇家庭暴力的经历有关？

(3) 对人际沟通技巧的假设。人际沟通是保证人与人之间沟通有效进行的基础。同时，人际沟通会促进服务对象超我和自我的形成，也会影响服务对象家庭关系及其社会角色的扮演，是形成健康人格的重要条件。而影响服务对象的人际沟通技巧形成的主要因素包括自我功能的强度、社会知觉和心理防御机制等。

**知识窗**

社会知觉包括个体对他人和群体的知觉，以及对自己的知觉。对他人和群体的知觉是人际知觉，对自己的知觉是自我知觉。此外，对行为原因的知觉也属于社会知觉的范畴。

① 弗洛伊德．精神分析引论．高觉敷，译．北京：商务印书馆，1984．

（4）对人的价值的假设。每个人都是有价值的，即使暂时面临人际关系失调或心理困扰，他们自身的价值仍有发展的潜能。开展心理社会治疗工作旨在挖掘服务对象的潜能，协助服务对象健康发展。

## 二、实务准则

### （一）实施步骤

**1. 研究**

社会工作者应将服务对象放入其问题得以产生的特定情境中，从人际交往的场景中了解、收集有关服务对象的资料，理解服务对象各种意识或无意识状态上的满足或不满足的不同感受。综合所得资料，并把服务对象目前内心的矛盾冲突与早年生活经历联系起来，以便准确揭示导致服务对象人际关系失调与心理困扰的真实原因。

**2. 诊断**

诊断是指在整理、归纳及分析由研究中所得资料的基础上，对服务对象的问题做出评估与归因的过程。诊断可分为以下三种。

（1）心理动态诊断：对服务对象人格的三大部分即超我、自我和本我做横向的动态分析。

（2）病原诊断：把服务对象早年经验与现今人际关系失调和心理困扰的问题联系起来，对干扰产生、变化的过程进行纵向分析。

（3）分类诊断：对影响服务对象问题的三大因素即生理、心理、社会因素分别进行临床评估。

**3. 治疗**

治疗是指社会工作者采用多层面的服务介入方式帮助服务对象对其人际关系失调和心理困扰的各方面因素进行修正和调整的过程。社会工作者在治疗的过程中应致力于减轻服务对象的焦虑与不安，将服务对象早年未满足的需要与情绪冲动和当前的状况联系起来，让服务对象了解自己的问题的内在发展逻辑，并帮助服务对象消除早年经验对现在行为的不良影响，进而减轻服务对象“人在情境中”系统功能的失调。再者，社会工作者还需要帮助服务对象增强适应外部环境的能力，让服务对象逐渐克服不良的心理防御机制，并培养服务对象自我察觉、自我分析、自我调整的能力，帮助服务对象建立良好的问题应对机制。最后，社会工作者还应进一步开发服务对象的潜能，提高其未来生活的能力。[①]

### （二）治疗方法与技巧

**1. 直接治疗方法**

（1）非反思性治疗技术。

---

① 付美珍．心理社会模式理论评述：以个案实务为例．才智，2012（5）：236.

主要包括支持、直接影响和“探索-描述-宣泄”三种类型。

1）支持。

支持指社会工作者帮助服务对象缓解焦虑和不安，正面强化服务对象的表达的一种积极增强行动。支持的具体技巧包括很多，主要涉及三个方面：第一，对服务对象的接纳；第二，对服务对象的保证；第三，向服务对象提供实物支持。

2）直接影响。

直接影响是指社会工作者对服务对象的问题直接介入，通过表明自己的看法、态度或意见，促进服务对象修正偏差行为，减轻心理困扰。直接影响的具体干预方式主要有五种：强调、提议、忠告，坚持和干预。强调是指社会工作者通过点头同意或表示重视鼓励服务对象增强其改变的积极动机；提议是指社会工作者提出某些基于服务对象的实际情况的建议，由服务对象自己决定是否采纳；忠告是指社会工作者向服务对象提出某些他认为服务对象必须采取的行动；坚持是指社会工作者制止服务对象的不良行为，指出可能导致的严重后果，并提出服务对象可采取的积极有效措施；干预是指社会工作者为避免服务对象生活状况恶化，直接介入服务对象的实际生活并提供相应帮助。

**批判性思考问题：**

直接影响的几种方式分别适用于何种不同情况？

直接影响的几种方式的强度如图 9－1：

非指导性←————————————→指导性

强调　提议　忠告　坚持　干预

**图 9－1　直接影响的几种方式的强度**

3）探索-描述-宣泄。

探索-描述-宣泄是指社会工作者运用沟通技术鼓励并帮助服务对象进行自我情绪认识和管理的过程。具体包括帮助服务对象通过探索相关生活事件来逐渐全面地了解自己的情绪，准确描述或表达情绪，最终在恰当时机提供机会，让服务对象进行彻底的情感宣泄。

(2) 反思性治疗技术。

反思性治疗技术主要包括三种方法：“人在情境中”反思、心理模式动力反思和人格发展反思。

1）“人在情境中”反思。

“人在情境中”是指社会工作者通过一些专业的治疗技巧帮助服务对象对特定情境进行反思，以达成对自我的认知、评价与修正。其具体过程主要包括以下六个步骤：第一步，外在反思，包括服务对象对他人、情境和健康的认识与评价。第二步，开始向内在阶段转化，主要是服务对象对自己的决定、对他人的影响、对行为可能产生的后果和变通可能进行反思。第三步，内在反思，这是服务对象对自己的感受、思想和行为进行反思，加深自我认知。第四步，对特定环境的反应，这个阶段应协助服务对象将外部环境刺激与自我不合理信念联系起来进行反思。第五步，自我评估，引导服务对象对错误的超我和自我形象加以纠正并建立良好的自我意向。第六步，补充性反思，这是帮助服务对象反思社会工作者以及相关治疗的反应，从而消除误解和担心，理解、接受并积极参与具体治疗过程。

2）心理模式动力反思。

心理模式动力反思主要致力于协助服务对象寻找自我不当感受、态度与行为的内在动力原因，重点是使其察觉不适当的心理反应倾向。基于精神分析理论，心理社会治疗模式强调个体早年经验对当前行为的影响，因此，社会工作者需要指出服务对象经常采用的不良反应机制，并引导服务对象对其行为背后的原因甚至早年生活经历进行深度反思，尝试找到偏差行为产生的内在原因以及发展的具体过程，以减少它们对服务对象的影响。

3）人格发展反思。

人格发展反思是心理模式动力反思的进一步推进，强调行为的深层原因是人格本身。社会工作者应帮助服务对象从认知行为深化到反思人格并调整服务对象的人格发展，以真正解决服务对象的行为问题。

人格发展反思的治疗技巧包括三个方面：第一，宣泄。社会工作者首先应该让服务对象长期压抑的欲望与情绪冲突得以宣泄，以达到协同服务对象深入探索其早年不幸经历的目的。第二，宣泄过后，社会工作者应引导服务对象分析早年经验与当前的偏差行为的联系。第三，修正。在服务对象了解其不良行为根源的基础上，社会工作者需要帮助服务对象重新评估以前的经历，调整服务对象现有的人际关系和心理困扰。

在服务对象对其偏差行为的根本原因基本明确后，社会工作者应帮助服务对象再次评估早年的不幸经历，修正相应认知，缓解心理困扰并调整当前的人际关系。

**2. 间接治疗技巧**

间接治疗技巧的实质是曲线治病。因为种种原因，有的服务对象可能无法或不愿意直接接受社工的治疗。心理社会治疗模式认为，每个人都生活在特定环境中，人们的行为往往受到环境的深刻影响。因此，社工可以暂时避开服务对象，直接改善服务对象的外部环境，从而促进服务对象本人的改变。社会工作者在间接治疗活动中所扮演的角色与承担的任务非同寻常，主要担任的角色有资源找寻者、资源提供者、资源创造者、信息传译者、服务对象中间人、服务对象保护人等。在采用间接治疗技巧时，社会工作者需要注意以下几个问题：第一，治疗技巧的选择应合理回应不同情况的要求。第二，充分尊重服务对象的自决权。第三，选择合适的角色。①

**批判性思考问题：**

社会工作者在提供心理治疗模式的间接治疗服务时，可能担任的角色有哪些？

---

① 宋丽玉，曾华源，施教裕，等．社会工作理论：处遇模式与案例分析．台北：洪叶文化事业有限公司，2002：134.

## 三、实务运用①

### （一）案例描述

朱某，男，54 岁，小学文化水平，20 多岁时患精神残疾四级，目前状态尚算良好，主要表现为生活完全自理，能与人进行基本的简单交流，但理解和表达情感的能力有限，学习和反应能力比一般人稍差。朱某在家中排行老小，在武汉还有一个哥哥和一个姐姐，平日来往不多，偶然过来探望。25 年前与妻子离异，育有一子。其子今年 30 岁，未婚，大学毕业后就在成都某电子科技公司工作，常年居住外地，每年春节回来探望朱某。

朱某目前单身，独自一人居住在 Y 社区，无固定职业，是武汉市 Y 社区低保人员。他每天早上到社区报到，做些零散的杂工，午餐和下午时间均在街道阳光家园度过。交往对象以残疾人为主，很少参加社区组织的集体活动，且与社区其他人来往较少，平日里也没什么朋友，生活方式也比较单一。虽然朱某私下能与他人进行简单的沟通交流，但他却非常害怕在活动中发言，经常以“我不行”婉言谢绝或者表现出畏难情绪，请求他人代为发言。在活动中也发现，朱某的语言表达能力确实有限，只能使用一些最简单的词汇，在与人交流时经常会吞吞吐吐，反应稍微有些慢。除此以外，朱某与儿子的沟通交流也不多，儿子只是春节回来探望。朱某有渴望与异性交往、发展感情的想法，但是由于自身残疾和前妻的不辞而别让他对婚姻和同异性交往不再抱有希望，这种矛盾心理也使他更加封闭自我。

### （二）模式运用

#### 1. 接案

社工前期与服务对象初步接触并建立良好的专业关系，直接收集资料，感受服务对象的自我评价，掌握服务对象的态度反应、行为方式以及人际交往的现状和困惑，初步把握服务对象的生理和心理层面的状态；与服务对象的邻居和对应的社区网格员接触，间接收集与服务对象有关的信息，了解与服务对象息息相关的各个系统，把握服务对象的社会环境系统状况。根据所收集的信息，初步分析和评估服务对象在人际交往方面呈现的问题和原因，并制定出相应的服务方案。

社工对所得资料进行了综合分析，最后初步判定服务对象在同伴交往上出现的问题及表现如下：

（1）有人际交往意愿，但怕受挫，缺乏主动性。

（2）害怕在活动中发言，行为表现退缩。

（3）人际交往信心不足，自我情绪消极。

（4）人际交往范围狭窄，多是同类残疾群体。

---

① 这部分案例改编自董玉．心理社会治疗模式下改善残疾人人际交往能力的研究：基于对武汉市 Y 社区轻度精神残疾人所开展的个案服务．武汉：华中科技大学，2018：12－51。

### 2. 问题分析与预估

基于心理社会治疗模式的理论基础，社工从生理、心理和社会三个层面对服务对象人际交往问题的成因进行了深入分析，为服务目标及方案的制定廓清思路，提供方向。

(1) 生理层面分析。

服务对象后天被诊断为精神残疾四级，基本生活能够自理，也能与人进行简单的交往，但表达能力有限，与他人交流时语速和反应稍慢。

(2) 心理层面分析。

第一，服务对象有自卑心理，自我评价消极；第二，服务对象对残疾本身和自我的认知有偏差，称自己不是“正常人”，认为只有残疾人跟残疾人才能好好相处。

(3) 社会层面分析。

第一，家庭系统层面，服务对象对家的概念不深，与家庭成员沟通频率较低，缺乏情感交流。第二，朋辈群体层面，服务对象交往的对象是阳光家园的残疾人群体，交往形式单一。第三，社区层面，活动内容和形式较为单一，缺乏个别化的指导，服务对象难以在社区获得认可和支持。

结合以上分析，对服务对象的需求进行评估，其需求为：增加与社区不同群体的交往，并与他们建立良好的人际关系。

### 3. 协议个案目标与服务方案

(1) 服务目标。

第一，帮助服务对象释放生理压力，放松心情，增强体质。

第二，引导服务对象正确认识自我和残疾本身，重塑自我概念。

第三，增加服务对象积极交往体验，提升人际交往信心和沟通技巧。

第四，鼓励服务对象与不同群体的交往，扩大服务对象的交际圈。

(2) 服务方案。

服务方案可用表的形式做出计划，见表 9-1。

**表 9-1　个案服务工作计划表**

| 服务阶段 | 服务时间 | 服务目标 | 服务内容、形式 |
|---|---|---|---|
| 心理社会分析 | 2017.3.5—3.10 | 与服务对象接触，收集资料。 | 与服务对象一起打扫社区卫生，清理社区小广告，进行无结构式访谈。 |
| | 2017.3.12—3.17 | 与服务对象及其邻居、社区工作人员、街道阳光家园工作人员接触，充分了解服务对象的各个系统。 | 进行参与式观察和半结构式访谈。 |
| 初期关系建立 | 2017.3.18—3.20 | 与服务对象深入接触，接纳尊重服务对象，获取服务对象的信任并建立良好专业关系，初步了解服务对象人际交往的表现与困境。 | 与服务对象会谈聊天，进行简单的游戏互动。 |
| 服务对象问题诊断 | 2017.3.21—3.23 | 初步评估服务对象的现状及问题成因。 | 整理分析资料，初步判定服务对象的问题。 |
| | 2017.3.24 | 初步评估服务对象的需求，制定服务方案。 | 与服务对象一起评估问题和需求，商讨各阶段的目标与任务。 |

续表

| 服务阶段 | 服务时间 | 服务目标 | | 服务内容、形式 |
| --- | --- | --- | --- | --- |
| 个案干预 | 2017.3.26 | 生理层面的介入：<br>1. 帮助服务对象掌握精神卫生知识，转移服务对象对病态体验的注意力，维持较好的精神状态。<br>2. 缓解生理压力，提升自身素质。 | 尊重和接纳。 | 帮助服务对象学习精神健康知识，维持服务对象较好的精神状态。 |
| | 2017.3.27—4.3 | | 支持和保护。 | 通过羽毛球、乒乓球等体育锻炼方式缓解服务对象的心理压力，增强服务对象的身体素质。 |
| | 2017.4.10 | 心理层面的介入：<br>1. 引导服务对象正确认识自我和残疾本身，表达自我，重塑自我概念。<br>2. 帮助服务对象克服自卑心理，增加与同辈群体交往的主动性，向同伴学习人际沟通技巧，提升人际交往信心和沟通技巧。 | 探索自我。 | 以“我是谁”为主题，通过服务对象对自我的描述，感受其内心世界。 |
| | 2017.4.15 | | | 以“我隐藏的能量”为主题，协助服务对象认识自身优势，积极评价自我。 |
| | 2017.4.20 | | 悦纳自我。 | 以“丢掉心中的垃圾”为主题，协助服务对象宣泄人际交往中的不良情绪。 |
| | 2017.4.25 | | | 以“认识你真好”为主题，肯定服务对象自我交往中的角色，培养其积极交往的体验。 |
| | 2017.5.4 | | 提升自我。 | 以“初为朗读者”为主题，运用布置作业法，协助服务对象在集体活动中发言，以良好的人际体验帮助其感受自我价值，提升人际交往信心。 |
| | 2017.5.10—5.11 | | | 以“感同身受”为主题，运用角色扮演和情景模拟方法，帮助服务对象体会言语及非语言的沟通表达方式，掌握基本沟通技巧。 |
| | 2017.5.15—5.20 | 社会层面的介入：<br>综合调动服务对象的家庭系统、同辈群体和社区系统，引导服务对象与家人、社区居民，尤其是非残疾群体建立良好的人际关系，促进彼此的沟通与交流，增进服务对象的社区融入和交往，扩大服务对象的交际圈。 | 调动家庭系统，促进服务对象的情感交流 | 以“QQ、微信聊一聊”为主题，教授服务对象操作QQ、微信语音和视频软件，增加服务对象与儿子的沟通联系，促进家庭的情感交流。 |
| | 2017.5.20—6.10 | | 增加友群联络，拓宽服务对象的人际网络。 | 邀请服务对象加入“绿植学习交流小组”，增进服务对象与社区青年志愿者、社区居民尤其是非残疾群体的联系，扩大服务对象的交际圈。 |
| | 2017.6.10—6.20 | | 改善社区环境，增进服务对象的社区融入。 | 邀请服务对象参与社区“缤纷端午，自制香囊”活动，感受社区的接纳与尊重；以“社区因你更美好”为主题，对服务对象在社区的工作给予肯定和支持；邀请服务对象参与“社区领袖培养小组”，促进其与社区居民的互动。 |

续表

| 服务阶段 | 服务时间 | 服务目标 | | 服务内容、形式 |
|---|---|---|---|---|
| 跟进结案 | 2017.6.22 | 结案与评估。 | 回顾个案服务，跟踪了解服务对象的状况，评估服务成效。 | 巩固：以“穿越时空”为主题，伴随轻音乐，与服务对象一同做回顾、总结。<br>发展：通过微信、电话或探访保持联系，进行跟踪了解。<br>评估：评估服务成效。 |

资料来源：董玉．心理社会治疗模式下改善残疾人人际交往能力的研究：基于对武汉市Y社区轻度精神残疾人所开展的个案服务．华中科技大学，2018：12-51.

**4. 介入**

心理社会治疗模式强调生理、心理和社会因素相互作用而产生的影响。在本案例中，考虑服务对象的现实情况，社工拟在生理层面的介入上侧重于辅助性的保健工作，而以心理层面的介入作为重点，以社会层面的介入加以巩固和强化。

（1）生理层面介入：奠定基础。

良好的身心状态是服务对象能够增进人际交往的基础和前提。基于此，社工在生理层面的介入侧重于辅助性的健康保健工作，以此鼓励服务对象积极参加文体活动、锻炼身体，转移其对病态体验的注意力，以达到增强体质和放松心情的目的，维持良好的生理状态和精神状态，为后续心理和社会层面的介入提供有效支持和帮助。

（2）心理层面介入：突出重点。

服务对象的自卑心理和认知偏差直接导致其在人际交往中信心不足，不能正确看待自身所处情境，行为表现退缩。因而，在本阶段，社工运用心理社会治疗模式的直接治疗方法，通过“探索——引导服务对象正确认识自我”“悦纳——培养服务对象积极交往体验”和“提升——收获自信心和沟通技巧”三个阶段，层层递进对服务对象进行直接的干预，以引导服务对象正确认识自我和残疾本身，重塑自我概念，增加服务对象积极交往体验，提升人际交往信心和沟通技巧。

首先，在探索阶段，以两次主题活动“我是谁”“我隐藏的能量”为介入的出发点，尝试感受服务对象的内心世界，引导服务对象认清当前在人际交往方面的现状，帮助其分析这方面的优势、劣势，引导服务对象正确认识自我，重新对人际交往充满期待；其次，在悦纳阶段，社工着重对服务对象心理进行调适，通过“丢掉心中的垃圾”“认识你真好”两次主题活动进一步协助服务对象挖掘内心深处的感受和想法，主动表达自己在人际交往中的不正确看法和不良情绪反应，引导服务对象宣泄不良情绪，感受积极交往体验；最后，在提升阶段，社工着重于提升服务对象的自信心和沟通技巧，通过两次主题活动“初为朗读者”和“感同身受”，肯定服务对象在人际交往中的积极角色，帮助服务对象感受自我价值和人际交往过程，提升人际交往信心，体会言语和非言语的沟通表达方式，掌握人际沟通的技巧。

1）探索——引导服务对象正确认识自我。

A.“人在情境中”的反映：我是谁。

主题：我是谁——直面内心矛盾，正确看待所处情境

时间：2017年4月10日

服务目标：

从服务对象自身所处环境出发，让服务对象进行自我描述，认清自身在人际交往中的困惑；通过深入访谈，让服务对象明白即使残疾也是可以与人沟通交流的。

服务内容：

首先，让服务对象用10个有“我”字的句子描述自己，可以是有关自己的信息、自己的喜好或情感，通过服务对象对自身的描述，感受服务对象的内心世界，寻找介入的切入点。

服务对象刚开始有些为难，不愿意描述，之后经过社工的鼓励和示范引导，服务对象开始描述，总共说了9个关于“我”的句子，内容如下：

“我是朱xx”；“我今年54岁了”；“我喜欢打乒乓球”；“我不爱说话”；“我是残疾人”；“我有点紧张”；“我想跟大家交朋友”；“（我）想不起来了”；“我不知道怎么说了”。

然后，根据服务对象的描述，社工试图去准确感受服务对象的内心世界，帮助服务对象认清目前在人际交往方面的困惑，并让服务对象尝试对其进行描述和概括。

“我已经把你当成我的朋友了，因为你很关心我，但是我今天说话的时候有点紧张，不知道怎么说，可能是因为我想好好表现、得到表扬，那样心里就很高兴。我很希望你能把我当你的朋友，有人跟我聊天我觉得蛮好的，以后还可以经常联系。”

最后，社工与服务对象正式访谈，对服务对象的描述给予肯定，让服务对象明白正视自己目前情况的重要性，并鼓励他与人正常沟通交往。

“看到您对自己情况的描述，我真的很开心。您看，不管在什么情况下您都能够去表达自己的，我完全听得懂并且可以理解，所以您不用担心什么，残疾并不影响您跟人的交往，我相信您可以做到的。”

B.“人在情境中”的反映：我隐藏的能量。

主题：我隐藏的能量——发掘自身价值和潜能

时间：2017年4月15日

服务目标：

引导服务对象正视自身的缺陷，拥有乐观的心态，正确认识自身人际交往的优势和劣势，对人际交往充满期待。

服务内容：

首先，在与服务对象共同观看情怀系残疾人微电影《演讲》之后，社工与服务对象展开会谈。然后，在服务对象对微电影的内容有了清晰的了解之后，社工开始借用影片引导服务对象认识自身隐藏的能量以及在人际交往中的劣势。

- **谈话片段1**

**服务对象**：如果我也能像他一样就好了。

**社工**：后来家锦在老板和朋友的帮助下，主动敞开了心扉，正视自己的缺陷，并且发现了自己的优势，自然也就拥有一个很好的结局啊。

**服务对象**：对啊，我们不能总是盯着自己的缺陷过一辈子啊。

**社工**：是啊，就像最后老板鼓励家锦的时候说的一样，“不要太在意自己所失去的，而把自己潜在的那个能量隐藏起来”。其实你也有隐藏起来的“能量”啊，我们要善于发现。

**服务对象**：说是这样说，可是我好像没有发现什么啊。缺陷倒是很多，反应慢，表达不好……

**社工**：我觉得您很善良啊，下雨的时候您还专门把您的伞借给我回学校。我觉您挺好相处的。

**服务对象**：是吗？我自己都没发现，以后我应该多往好的方面想想，多主动一些，哪怕慢一些，也是能跟别人沟通的。

**社工**：对啊，您能这么想我真的很替您开心。如果您尝试着主动与别人交往，一定也会像家锦那样成功的。

2）悦纳——培养服务对象积极交往体验。

A. 人格发展反映：丢掉心中的垃圾。

主题：丢掉心中的垃圾——宣泄过往不良交往体验

时间：2017年4月20日

服务目标：

引导服务对象分享过往人际交往的不愉快经历，宣泄不良情绪体验；认识情绪对自我及人际交往的深远影响。

服务内容：

首先，让服务对象分享过往与人交往时不愉快的经历，引导服务对象宣泄不良情绪，对服务对象心理进行调适。

“有一次在社区活动的时候，有一个活动叫‘星期天逛公园’，因为反应慢每次都要想好久，就老是出错，然后就有人说‘快点啊，随便说一个，不要耽误时间’，还说‘不说就要接受惩罚啊，给大家表演个节目，或者唱歌、讲笑话’之类的，当时我听完脑子一片空白，很紧张，特别害怕让我当众表演，当时我就觉得自己太没用了，什么都不会，虽然后来老师一直鼓励我、安慰我，我还是没去表演。”

然后，通过自我披露，分享自己类似的交往经历，表达同理心，给予服务对象支持和鼓励。之后伴随舒缓的音乐，引导服务对象将经历中涉及的“惩罚、紧张、害怕、觉得自己太没用”以及服务对象经常使用的消极词汇“学不会、难受、自责、难过”等写下来放在气球里，一起放飞或扎破，丢弃人际交往中的不良情绪。这个过程由社工示范之后引导服务对象去做。

最后，社工与服务对象进行深入访谈，引导服务对象表达丢弃不良情绪活动之后的感受，对其进行心理疏导，增进服务对象的信息表达，然后与其一起探讨过往不愉快的经历对后续交往的影响，让服务对象明白情绪对自我及人际交往的重要影响。

“以前从来没有这种体验。以前不开心的话就一个人在家，心里想着就这样吧，慢慢地也就不想去理他们了。这次体验感觉心里舒服多了，突然一下子放松了很多，看来人的情绪对我们与别人的交往还是有很大的影响的，谢谢你的帮助，下次再碰到这种情况，我就知道该怎么做了。”

B. 外部环境刺激的反应：认识你真好。

主题：认识你真好——培养积极交往体验

时间：2017 年 4 月 25 日

服务目标：通过别人的分享，肯定自我在交往中的角色，培养服务对象积极的交往体验。

服务内容：

首先，在征得服务对象同意后，社工找到阳光家园较为熟悉服务对象的黄叔叔，让他分享一段与服务对象朱某相处较为愉快的经历，并用温馨的卡片写上 5 个词语，描述可以与服务对象做朋友的原因。

5 个词语：“热心、老实、细心、脾气好、勤劳。”

“小朱啊，很老实的一个人，我们经常在阳光家园一起做手工，都是残疾人嘛。因为我腿脚不方便，每次走的时候小朱都会送我一段，跟他还蛮聊得来的。”

然后，播放钢琴曲《夜空的宁静》为服务对象创设轻松的氛围，将黄叔叔写的温馨卡片转交给服务对象，并将谈话录音分享给服务对象。

最后，与服务对象展开深入访谈，让服务对象通过黄叔叔的分享肯定自我在人际交往中的角色，进而感受积极的人际交往体验。

- **谈话片段 2**

**社工：**朱叔叔，听了黄叔叔的分享，我真的很高兴呢！您看，黄叔叔还有我都觉得跟您相处是一件很愉快的事情，我想您也有这种感觉吧。

**朱叔叔：**是啊，老黄是我在阳光家园唯一聊得来的人了，都是残疾人嘛，有个什么事情可以相互帮忙，跟他相处得蛮愉快的（服务对象嘿嘿地笑了）。

**社工：**对啊，这种感觉真的很好，您又那么善良，而且最近您的语言表达能力已经有了进步，平时多主动一些，不仅在阳光家园，在其他地方也能交到很多好朋友的！

3）提升——收获自信心和沟通技巧。

A. 直接影响：初为朗读者。

主题：初为朗读者——提升人际交往信心

时间：2017 年 5 月 4 日—2017 年 5 月 5 日

服务目标：通过布置作业，协助服务对象在集体活动中发言，以良好的人际体验帮助服务对象感受自我价值，提升人际交往信心。

服务内容：

首先，在征得社区书记的同意后，邀请服务对象参与社区集体踏青游东湖的活动，并为其安排表演节目。

然后，给服务对象布置作业，与服务对象共同观看电视节目《朗读者》，提前准备在表演环节要为大家朗读的林清玄的《百合花开》散文片段。之后，在社区书记和工作者的协助下让大家就朗读内容展开讨论或发表感受，服务对象给予回应。

最后，活动结束后社工与服务对象进行访谈，将大家的积极评价反馈给服务对象，对服务对象在集体活动中勇于发言的行为给予肯定，引导服务对象感受自身价值。

“以前一到人多的时候说话就紧张，这次虽然准备了那么久还是会有点紧张。”

“刚开始说话还有点哆嗦，后来看到有人给我鼓掌，我就更加有信心了。”

“我感觉这一次自己还是有进步的。”

B. 直接影响：感同身受。

主题：感同身受——掌握人际交往技巧

时间：2017 年 5 月 10—2017 年 5 月 11 日

服务目标：通过直接影响、示范、角色扮演，帮助服务对象体会言语及非语言的沟通表达方式，使服务对象明白有效沟通的重要性，掌握一些基本的沟通技巧。

服务内容：

首先，借助有趣的视频与服务对象共同学习人际沟通的技巧和注意事项。

然后，将涉及人际沟通的情境写在小卡片上，随机抽取小卡片，社工与服务对象搭档进行相应的角色扮演和情境模拟，使服务对象体会在人际沟通中可能出现的情况及可以运用的技巧。

最后，活动后与服务对象进行访谈，了解服务对象置身情境中的感受，并通过进一步的探讨了解其对人际沟通的认识，使服务对象明白沟通方式在人际交往中的重要性。

下面是以“当您的朋友被别人取笑时，您会怎么办”情境为例展开的谈话片段。

- **谈话片段 3**

**社工**：在刚刚的那个情境模拟中，我觉得您表现得很好，特别是您轻轻地拍了我两下给了我安慰。这其实是一种非语言的沟通方式。

**服务对象**：是吗？刚开始不知道说什么，想着拍拍你、安慰你一下可能会好受一点。

**社工**：那您觉得在那种情况下您的朋友最需要什么？

**服务对象**：那个时候他很难过吧，应该最需要我的安慰和鼓励。

**社工**：说得很好，除了这些还有吗？

**服务对象**：还有要相信他，陪他聊天，多说一些安慰他的话。

**社工**：对啊，在模拟的时候我也注意到您的表情、眼神都很真诚，还一直重复说“没什么事，过去就好了”，我相信您的朋友听到这些会很开心的。朋友之间的沟通交流就是要主动、真诚和热情，彼此尊重，相互信任。掌握了这些，我相信您在今后与别人的沟通中会轻松很多的，相信自己。

**服务对象**：嗯……我明白了，不过我的声音是不是有点小？

**社工**：好像有一点，不过没关系，下次注意一下就好了。

(3) 社会层面介入：巩固强化。

生理和心理层面的介入以心理社会治疗模式的直接治疗为主，注重服务对象当前的情境，即将服务对象的生理、心理状态放在当前的情境中去考察。但除了生理、心理层面的介入，心理社会治疗模式认为社会层面的服务也是很重要的。本案例中，服务对象离异家庭中缺乏情感交流的交往方式、朋辈交往对象的同类性及不被重视的社区环境，这些都不同程度地影响着服务对象现实的人际交往状况的改善和人际交往能力的提升。基于此，在本阶段，社工将以间接治疗为主，其核心是通过改善服务对象外部环境促进其人际交往状况的改善，即以服务对象所生活的环境为介入重点，尝试改善服务对象所处的家庭系统、朋辈群体系统和社区环境系统，为服务对象问题的解决提供环境支持，将服务对象进一步从对精神残疾的病态体验中解放出来，鼓励服务对象与不同群体交往，打破其交往对象的局限性和同类性，扩大服务对象的交际圈，进而更好地巩固和发展生理和心理层面的介入成果。

1）调动家庭系统，促进服务对象的情感交流。

主题：QQ、微信聊一聊——改善家庭支持功能，增进情感交流

时间：2017 年 5 月 15 日—2017 年 5 月 20 日

服务目标：帮助服务对象掌握微信的聊天功能，在时空上拉近服务对象与亲友间的距离，改善家庭系统的支持功能，增进服务对象在家庭系统中的情感交流。

服务内容：

首先，对服务对象进行访谈，了解他与亲属的交往情况，尤其是与儿子的交往情况。

“我跟我哥哥、姐姐平时联系比较少了，现在都有自己的家要照顾嘛，他们偶尔会过来看看我。”

“现在孩子也大了，都有自己的想法，我也帮不上什么忙。（他）平时工作也比较忙，我没事不找他。他没事也不回来，每个星期会给我打一次电话吧。”

然后，社工通过自我披露讲述与父母的经历，对服务对象表达同理心。针对服务对象在家庭层面交往的空间距离问题，结合服务对象的主动提议，社工教服务对象操作手机 QQ 和微信，通过视频或语音电话的方式搭建服务对象与儿子的沟通平台，以帮助服务对象更直接地感受亲情的温暖。

最后，协助服务对象尝试通过微信语音、视频与亲属、儿子取得联系，帮助服务对象找到家庭归属感，增进服务对象与家庭的情感交流。

2）增加朋辈群体联络，拓宽服务对象的人际网络。

主题：绿植学习交流小组——搭建交往平台，拓宽人际网络

时间：2017 年 5 月 20 日—2017 年 6 月 10 日

服务内容：朋辈群体层面的介入。社工在了解服务对象的兴趣之后，结合社区其他人员的需求（包括残疾群体和非残疾群体），成立了绿植学习交流小组，并邀

请服务对象参加。小组活动纲要见表 9-2。

表 9-2 小组活动纲要表

| 活动时间 | 活动主题 | 活动内容 | 活动目标 | 所需物资 |
|---|---|---|---|---|
| 2017.5.20 | 以花会友 | 1. 介绍小组含义和目的。<br>2. 建立小组契约。<br>3. 简单交流盆栽种植经验。 | 促进服务对象与组员相互熟悉，创设轻松的交往环境。 | 盆栽、花苗、花盆。 |
| 2017.5.25 | 缤纷多肉 | 1. “听歌识曲”游戏。<br>2. 分享盆栽趣事，促进组员沟通交流。<br>3. 为多肉自制花盆，并介绍花盆特色。 | 增进服务对象与组员间的沟通交流。 | 剪刀、双面胶、彩色卡纸、小花盆。 |
| 2017.5.30 | 破土而出 | 1. 分享种子发芽情况。<br>2. 制作种子成长档案，组员回顾生命历程及意义。 | 促进服务对象进行语言表达，肯定自我和他人价值。 | 签字笔、水杯、手机。 |
| 2017.6.5 | 夏日书香 | 1. 制作树叶书签。<br>2. 分享书签创意，相互交换留作纪念。 | 激发动手动脑能力，以“礼物”促友谊。 | 皮纹纸、过塑机、过塑膜、剪刀、签字笔。 |
| 2017.6.10 | 千枝万叶 | 1. 制作树叶画。<br>2. 回顾以往活动成果。<br>3. 轮流分享活动收获。 | 巩固活动成果。 | 树叶、皮纹纸、过塑机、彩笔、画纸。 |

小组活动结束之后，社工对服务对象进行访谈，协助服务对象回顾绿植学习交流小组的活动内容，了解服务对象在活动中的收获及变化。

- **谈话片段 4**

**服务对象**：这次认识了很多社区的朋友，还有一些大学生（志愿者），他们都很好。

**社工**：那就好，那您觉得这些新交的朋友和您在阳光家园的朋友一样吗？

**服务对象**：以前我觉得不一样，因为我是残疾人嘛，他们都很正常，觉得跟他们没什么说的，不知道说什么，也害怕跟他们说话。

**社工**：嗯嗯，您继续说，那这次呢，这次有什么不一样呢？

**服务对象**：这次我发现我们有共同的爱好，大家都爱养花，我们有很多话可以说。虽然有时候我的反应还是有点慢，但是大家没有嘲笑我。还有我们自己做了书签，树叶画，大家都觉得很有成就感。

**社工**：对啊，你们都很厉害的。那您现在还害怕跟他们说话吗？

**服务对象**：还是有一点担心吧，但是平常说话我还是可以的。

**社工**：嗯嗯，朱叔叔，您进步还是很大的，继续努力！我们不是还建了微信交流群吗，虽然活动结束了，但平时我们还是可以一起交流。

3）改善社区环境，增进服务对象的社区融入。

主题：社区因你更美好——营造良好社区环境，促进服务对象的社区交往

时间：2017 年 6 月 10 日—2017 年 6 月 20 日

服务目标：为服务对象营造良好的社区环境，帮助服务对象感受社区的接纳和尊重，肯定自我在社区中的角色，增进服务对象的社区融入，促进服务对象的社区交往。

服务内容：

首先，邀请服务对象参与社区端午活动“缤纷端午，自制香囊”，借节日的氛围感受社区接纳与尊重。活动结束之后与服务对象交流，聆听服务对象分享活动感受，对服务对象的表现和进步给予及时的肯定。

“第一次跟大家过端午节，很热闹，就是我不太会包粽子，多亏了那个张××教我。”

“芦××还送了我一个香囊的半成品。”

“我好像比以前能说一点了。”

然后，开展“社区因你更美好”的主题活动，对服务对象在社区的角色给予肯定，感谢服务对象对社区的贡献。以下摘取一些居民对服务对象的评价反馈：

芦爷爷：“小朱啊，很勤劳的，社区的卫生多亏了你啊。”

社区工作人员张：“组织就是需要小朱这样的人，能为大家和我们社区着想。”

黄女士：“之前一直跟女儿住，前一段刚搬回社区，跟小朱不是很熟悉，觉得他蛮细心的，我看社区布告栏的小广告都是他在清理。”

最后，邀请服务对象参与由其他工作者带领的社区领袖培养小组，熟悉并了解社区事务，加强服务对象与社区居民的互动和联系。本阶段的小组活动，由于时间关系，社工并未全程参与，而是作为资源的链接者，发掘社区资源并鼓励服务对象参与。以下是其他工作人员对服务对象的情况的反馈：

牛社工：“进步很大，在往活动联络员的方向培养，团队的归属感比较强，会帮忙整理活动需要的物资，每次活动会主动通知大家来参加。”

**5. 评估**

（1）服务对象的评估。

整体来看，服务对象对服务是满意的，与以往相比较，目前服务对象不再将自己“标签化”为“残疾人”，而是能认清自身的优势，逐渐树立自信心，在人际交往中也更加主动，在集体活动中的表现更加积极。由此，可以初步评估本次的服务对改善服务对象的人际交往能力具有一定积极作用。在后续的跟踪服务中，社工通过与服务对象的微信交流了解到，服务对象曾主动要求跟随社区网格员慰问社区独居老人，帮助社区的老人一起修剪葡萄藤，这些积极的改变都是服务效果的体现。

（2）社会工作者的评估。

一是自我认知层面的评估。根据问卷调查结果，再结合对服务对象的观察和访谈，社工发现服务对象逐渐改变了自己以往以偏概全的想法，服务对象不再因自身的残疾而认为自己不是“正常人”，而是认为自己也有很多优点，不再感觉自己不如别人，相信自己也能跟别人成为朋友，乐意并且主动地跟别人交往，帮助别人。总体而言，服务对象对自己目前的状态比较满意。因此，本阶段纠正服务对象认知偏差的目标已基本达成。

二是人际交往行为层面的评估。在介入之前，社工对服务对象人际交往的状况进行了简要的梳理；在服务结束之后，服务对象根据社区网格员、小组组员及部分居民的反馈及社工自身的观察，对服务对象的人际交往状况做了一个简要的总结，见表9－3。

**表9－3　介入后服务对象的人际交往状况**

| 交往对象 | 对话情况 | 主动说话情况 | 整体交往表现 |
| --- | --- | --- | --- |
| 儿子 | 一般 | 经常 | 情感互动增多，更能相互理解 |
| 邻居及社区居民 | 经常 | 经常 | 行为积极主动，互动多 |
| 社区工作人员 | 一般 | 偶尔 | 敢于在活动中发言 |
| 阳光家园群体 | 经常 | 经常 | 交际圈扩大，交往对象增多 |

从介入前后的对比结合日常的观察和访谈资料来看，服务对象在介入后的行为表现主要为：在人际交往中的表现更加积极主动，与人主动说话的情况增多，在集体活动中也能大胆发言，交际圈不再局限于阳光家园的残疾人群体；与儿子的沟通交流内容不再局限于生活琐事，懂得分享彼此的感受和想法；与邻居及社区居民的互动增多，见了面会主动和他们打招呼；会在微信交流群里通知小组组员参加活动，在活动中能够慢慢表达自己的感受。整体来看，服务对象目前人际交往的行为表现较为积极，这些都可以视为介入效果的呈现。

**6. 结案**

在服务对象和社区人员的共同努力下，经过多方评估和跟踪期的观察发现，服务对象目前对自我及残疾本身有了正确的认识，在交往中更加积极主动，并且掌握了一些基本的人际沟通技巧和不良情绪的应对方式，扩大了自己的交际圈，与家人、社区居民，主要是非残疾人群体的互动增多。基于此，社工认为针对服务对象的个案服务计划已基本完成，生理、心理和社会层面的介入目标已基本实现，因而社工认为可以结案。在最后的访谈中，社工与服务对象共同回顾介入过程和取得的成果，肯定他的每一次进步和变化，并鼓励他在今后生活中积极与人交往。同时，社工告知服务对象结案并不意味着服务的彻底结束，如有需要社工还会提供进一步的帮助。

### （三）案例评析

第一，心理社会治疗模式广泛吸收了心理学、社会学、文化人类学、病理学等理论精华，它针对建立关系、研究、诊断、治疗等过程都有细腻而丰富的治疗方法和技术，这样一套较为复杂的治疗技巧对社工和服务对象都提出了更高的要求。社工不仅需要具备完备的理论基础，还要熟练各种治疗方法和技巧。在本案例中，社工在这两方面的能力是有待提高的。社工在介入过程中需要花费大量时间和精力去熟悉复杂的治疗方法和技巧，服务对象也需要较多的时间去消化和理解治疗的目的，这在一定程度上会限制社工开展服务和服务对象接受服务。

第二，服务效果的维持有待考量。心理社会治疗模式独特的理论体系和治疗模式往往带来较为良好的治疗效果。在介入中，社工综合运用心理社会治疗模式的直接和间接介入技巧，围绕长远的实务目标为服务对象提供生理、心理和社会层面的服务，并取得一定效果。在本案例中，服务对象属精神残疾四级，虽然是最轻程度的精神残疾，但其接受和学习新事物的能力仍比一般人稍差，对习得的知识和行为需要经常巩固和练习。虽然结案时经过多方评估，服务对象对自我的认识和人际交往方面都有了改善，但从长期看服务对象能否维持好已初步建立的人际网络，保持良好的人际交往状态，这些都是有待进一步考量的。

## 复习思考题

1. 危机干预模式的步骤分为哪几个阶段？根据危机干预中应注意的问题，应如何选择合适的干预人员？

2. 从结构式家庭治疗的角度看，家庭中成员的心理、行为表现和家庭成员的互动有什么关系？

3. 运用心理社会治疗模式时，如何在研究、诊断、治疗三个实施步骤中灵活使用各种治疗方法与技术？

## 推荐阅读书目

1. 文军．社会工作模式：理论与应用．北京：高等教育出版社，2010.

2. 宋丽玉，曾华源，施教裕，等．社会工作理论：处遇模式与案例分析．台北：洪叶文化事业有限公司，2006.

3. GILLILAND B E，JAMES R K. 危机干预策略（上册）．肖水源，译．北京：中国轻工业出版社，2000.

# 第十章
# 残疾人小组工作模式及运用

**本章要点**

● 成长小组模式是社会目标模式下更为具体的一种具有普遍性指导价值的小组工作服务模式，基于“镜中我”理论、社会学习理论、团体动力学理论和社会支持网络理论，为小组成员提供一定的机会，促进成员自身能力和社会融入度的提高，使其适应和完成人生的发展阶段。

● 任务中心模式是综合了危机干预、问题解决与功能调适等方法与理论而形成的助人模式，具有短期个案工作的特征，强调介入的重点是服务对象关注与确认的问题，采用较快见效的调适方法，以便在有限的服务时间内达成明确有限的目标。其介入程序主要包括问题探索与详述：预测，确认问题，订立契约，任务规划与执行，结束阶段。

**关键概念**

成长小组；团体动力；任务中心模式

## 第一节 成长小组模式

### 一、模式内涵

#### （一）定义

成长小组于20世纪60年代中期作为小组工作的一种类型被分离出来，以美国心理学家罗杰斯（Rogers）提出的从“以个人为中心”发展而来的“以团体为中心”即“会心团体”概念为雏形。在此之后，成长小组在社会工作小组模式的发展中逐渐丰富和壮大，出现如学习型小组、力量型小组、交友型小组、训练型小组等各种形式的成长小组。

**知识窗**

卡尔·罗杰斯（C. R. Rogers，1902—1987），美国著名心理学家、哲学博士、教授、美国应用心理学的创始人之一。曾出版《论人的成长》《卡尔·罗杰斯论会心团体》等著作。

根据目前大部分研究者普遍从成长小组的目标着手来界定成长小组的规律看，值得借鉴的是柯瑞（Corey）和依根（Egan）的观点。他们主张将成长小组模式的目标分为小组目标和个人目标。其中，小组目标是为组员提供一个自我成长的平台，通过小组的努力，使组员改变自我。个人目标是组员除了在小组中学会自信、自尊和自我接纳，还应该学会关心帮助他人。[①] 针对残疾人群体，成长小组模式致力于为小组成员提供机会，协助残疾人恢复功能，提高他们的社会融入能力，从而使残疾人逐渐适应并度过正常人生的发展阶段。

总之，成长小组模式是社会目标模式下更为具体的一种具有普遍性指导价值的小组工作服务模式，在小组工作实务中形成并得以广泛发展。

### （二）理论基础

成长小组模式的理论基础主要包括以下四个："镜中我"理论、社会学习理论、团体动力学理论和社会支持网络理论。

#### 1. "镜中我"理论

美国著名的社会学家、社会心理学家查尔斯·霍顿·库利（Charles Horton Cooley）提出了"镜中我"的概念。该理论的核心内容为：一个人通过与他人的交往互动，将他人的行为表现与自己的相比较，如果说被参照者在生活中的表现是一面镜子，那么个体通过审视镜子中的自我，能够从中获得对自己的认识和评价。简单说就是自我源于同他人的交往。总而言之，"镜中我"的概念就是在与他人进行交往的过程中，通过了解他人对自己的看法和评价，从而更好地认识自己。

#### 2. 社会学习理论

社会学习理论由美国心理学家阿尔伯特·班杜拉（Albert Bandura）提出。其核心思想可以概括为：人类的行为是个体与环境交互作用的产物；人并非通过操作才学会行为，而是通过观察和模仿他人行为的模式获得知识、技能和行为习惯。

**知识窗**

阿尔伯特·班杜拉（1925—2021），美国当代著名心理学家。班杜拉对心理学的最大贡献就是提出了自我效能感理论、社会学习理论与行为矫正技术。

---

① 文军．社会工作模式：理论与应用．北京：高等教育出版社，2010：78.

一般而言，社会学习理论主要包括四个层次。一是三元交互理论。班杜拉认为一个人的行为实现不是只依靠认知和环境，而是依靠一个相互影响的整体，即人的行为、认识与环境三者是相互联系、相互促进的。因此，引申到残疾人小组工作中，社会工作者需要重视残疾人与其周围环境的交互作用，通过调整适宜的环境来转变小组成员的行为。二是观察学习理论。人为什么能掌握某些技能与操作？班杜拉认为，人主要通过观察的方式来养成和强化自身行为。可以是直接观察他人的行为，进而进行认知与学习，也可以是直接地参与实践，在实践中掌握技能。依据该理论，小组成员之间的作用无疑是巨大的，科学合理地分配小组成员，有时可能会起到事半功倍的效果。三是自我调节理论。在班杜拉看来，自我调节是个体的内在强化过程，是个人将自己对行为的预期和现实的行为进行对比和评价，从而调节自己行为的过程。该理论认为可通过内部自我认识的深化来调节，也可通过外部的刺激来调节。由此，社工可以为小组成员提供某种外部的刺激，也可以通过刺激服务对象自身的发展来引起改变。四是自我效能理论。自我效能又称“自我效能感”“自我信念”等，它是指个体在面临某一任务时的自我把握、胜任感及自信等方面的感受，其来源包括成功经验、替代经验、社会劝导等，可以引起个体的自我心理调节。基于此，社工在进行残疾人小组活动时，可以运用一些支持性的技巧，使服务对象能够发现自身的闪光点，重拾改变现状的勇气。①

**批判性思考问题：**

残疾人在小组工作中只会产生正向学习的表现吗？

### 3. 团体动力学理论

心理学家库尔特·勒温（Kurt Lewin）创立了团体动力学理论，即小组动力学理论。勒温将小组看作一个动态的、能够受到更大场域空间影响的场域空间，在该场域空间内的成员会受到场域内因素、场域外因素以及自我因素的影响。这一理论被称为场域论。随后，场域论被应用于团体行为研究，并于 1994 年产生了团体动力学（小组动力学）理论。它的研究内容主要包括小组的形成、维持、发展以及组员之间拥有怎样的人际关系、小组整体与组员个体之间的关系、小组的内在动力、小组组员间的冲突、工作者不同领导方式对小组的不同影响等。② 小组动力学的研究成果对小组工作有直接的和重要的影响。

**知识窗**

库尔特·勒温（Kurt Lewin 1890—1947），德裔美国心理学家，现代社会心理学、组织心理学和应用心理学的创始人，最早研究团体动力学和组织发展的人。

---

① 陈铭彬，张婧．社会学习理论下校园文化对大学生社会化的影响及引导策略探析．学术论坛，2015，38（5）：166－168.

② 黄耀明．小组工作方法在大学生成长中的实践分析：以漳州师范学院人际交往训练小组为个案．闽南师范大学学报（哲学社会科学版），2005，19（2）：118－121.

**4. 社会支持网络理论**

美国社会学家罗纳德·伯特（Ronald Burt）在马克·格兰诺维特（Mark Granovetter）的“弱连接”理论等基础上提出了“结构洞”理论，也被译为社会支持网络理论。其中，“结构洞”指在互联网经济体系下，延伸出了重新定义人际关系的网络化社交体系，强调各关系人之间的非重复关系。[①] 所谓社会支持网络，指一群人之间存在的特定联系，也指一群人之间的关系结构以及他们之间存在的交换关系或特定角色。[②] 用这些联系的整体特点可以解释这群人的社会行为。残疾人作为一种社会群体，存在特殊的关系结构和角色，社会工作者可以从残疾人自身存在的关系结构网中寻找可能，进行资源链接等工作。社会工作在开展实务的过程中，通常使用残疾人个人的关系网、同辈群体关系网、邻里及社区关系网等社会网络介入策略来帮助残疾人个人及残疾人群体解决面对的问题。

**知识窗**

马克·格兰诺维特，美国斯坦福大学人文与科学学院教授，曾任该校社会学系主任。他是20世纪70年代以来全球最知名的社会学家之一，主要研究领域为社会网络和经济社会学。“弱连接”理论是他1974年提出的。该理论认为：在传统社会，每个人接触最频繁的是自己的亲人、同学、朋友、同事……这是一种十分稳定的，然而传播范围有限的社会连接，是一种“强连接”（strong ties）现象；同时，还存在另外一类相较于前一种社会关系更为广泛的，然而却是肤浅的社会连接。例如一个人被无意间提到，或者打开收音机偶然听到一个人的名字……格兰诺维特把后者称为“弱连接”（weak ties）。

## 二、实务准则

### （一）实施过程

在成长小组中，小组成员在小组中拥有自主性的权利，一般把小组本身看作一个过程或手段。在开展小组活动的过程中，各成员之间进行互动，从而使小组形成一种内在动力，小组成员能够在互动的基础之上给予彼此支持，并且通过小组来获取资源和信息。对于残疾人群体而言，小组是一个既相对安全，又能体现整个社会缩影的环境，成员可以在小组中康复、成长和发展，将在小组中获得的经验运用到日常生活中去。

成长小组的实施过程可分为以下几个阶段。

**1. 发展阶段**

发展阶段的基本工作就是建立专业关系、营造小组氛围、制定小组规范。初

① 伯特．结构洞：竞争的社会结构．任敏，李璐，林虹，译．上海：格致出版社，2008.

② 李梦楠，贾振全．社会网络理论的发展及研究进展评述．中国管理信息化，2014（3）：133－135.

期，社工可以通过让小组成员对小组做出一些贡献，以此提升组员对小组的归属感及认同感，如共同设计小组标志或小组目标等，在体现小组独特性的同时又增强了小组内部凝聚力。制定小组规范可以为接下来的小组活动提供制度保障。需要注意的是，社工要强调小组成员的自主性和意愿，并尽可能让每一位小组成员都能够参与到小组活动中来。

**2. 过渡阶段**

在过渡阶段，小组的突出特点表现为成员与成员之间、成员与社工之间发生冲突，互争权力及空间。在这一阶段，成员逐渐产生角色意识，由此可能产生次团体以及受排挤者。判断次团体对整体小组或某些组员有无影响是必要且应及时的，如果负面影响过于严重，则对此类次团体需要进行压制。对于受排挤者，社工要注意保护他们不受其他组员的各种攻击，包括语言攻击、人身攻击等，也要做好提高小组凝聚力的建设工作，经常性的心理沟通也非常必要。

这个阶段，组员也会挑战权威，这可能会直接通过言语或行为表现出来，也可能暗地里给社工乃至整个小组施加压力。因此在过渡阶段，社工有两项任务需要着重去做：一是注意调解组员的关系，增强成员对小组的信任和参与度；二是要再次重申小组的共同目标，赋权给成员，让他们为小组的决策发表意见。

**3. 成熟阶段**

进入成熟阶段的小组，主要任务由解决冲突和矛盾转向解决成员个人问题或个体发展。小组已形成良好的信任关系和支持网络，在此条件下，社工可以采用不同的介入手法，促进成员对过往经验中的矛盾进行反思，通过合作协商寻求并总结解决冲突的有效方法。后期的小组活动设计应该更加具有包容性，允许和协助处理一些成员关注且需要解决的问题，甚至可以鼓励成员主动提出和分享彼此共同关心的问题。在这个阶段，包括社工在内的所有小组成员都会获得一种成就感，为了小组目标更加努力地开展活动。

**批判性思考问题：**

成熟阶段的小组是否存在成员退出的情况？为什么？

**4. 结束阶段**

这一阶段是小组面临结束，成员即将分离，对小组效果进行评估的过程。社工需要告知成员小组即将完结，并开始处理他们的情绪。同时，社工需要提出让成员们分享收获和感受。此外，社工还要根据每一位成员的具体情况安排跟进的活动，鼓励他们将在小组中获得的经验运用到小组外的环境中去，必要时可提供资源链接或转介服务等。

### （二）介入原则

无论是哪一种社会工作介入模式，在实际活动的开展过程中，都必须遵循一定的原则。大多数人认可的成长小组模式的原则有克那普卡（G. Konopka）提出的

14条基本原则和崔克尔（Trecker）提出的13条基本原则。[1] 文军将成长模式小组原则分为以下三大类。[2]

（1）小组工作价值原则，包括社会工作价值原则和人类需要原则；

（2）小组工作伦理原则，包括文化背景原则、小组组成计划原则、目标明确化原则和专业关系建立原则；

（3）小组工作实务原则，包括引导小组互动的原则、小组民主自决原则、功能组织的弹性原则、小组活动经验成长的原则、运用小组个别化原则、动用社会资源的原则和评估的原则。

### （三）功能

对于残疾人小组工作，成长小组模式的功能不仅包括克莱因（Klein）提出的小组工作八个方面的功能和目标，即康复、能力建立、矫正、社会化、预防、社会运动、问题解决和社会价值[3]，还具有以下功能。

（1）为长期处于社会边缘的残疾人提供归属感；

（2）赋予残疾人新的价值观，协助他们不断增强自我成长和改变的力量；

（3）为残疾人提供认识自我的机会，增强自我效能感；

（4）协助成员互相学习和成长，提供其他网络关系的支持。

## 三、实务运用[4]

### （一）案例描述

#### 1. 案例陈述

目前，紫阳街的精神障碍者有169名，相对毗邻的其他街道而言比例是相当大的。而精神障碍者的治疗特点是治疗期短、恢复期长。这意味着精神障碍者需要很长时间才能恢复功能、融入社会。

社工进入街道后，首先对部分精神障碍者进行了入户探访。探访发现：一方面，许多家庭为了避免遭受歧视，不愿意让精神障碍者与社区其他家庭来往，这种状况很容易让障碍者和其家庭陷入社会孤立。而另一方面，部分障碍者十分期望融入社会，提高自己的社会技能，但却没有合适的环境和机会。其中有几个服务对象明确表示想做义工，想做一点事情。另外，由于缺乏自信且对他人的接纳抱着怀疑的态度，紫阳街大部分精神障碍者的活动场所主要局限在家里，很少外出，几乎不

① 李迎生．社会工作概论．北京：中国人民大学出版社，2010：234.

② 文军．社会工作模式：理论与应用．北京：高等教育出版社，2010：78.

③ 黄梅．社会工作专业新生成长小组的实践模式分析．长沙民政职业技术学院学报，2008（4）：20－22.

④ 这部分案例来自武汉爱熙社会工作服务中心。

和家庭以外的人交流互动，社会融入能力差。

**2. 小组概况**

小组名称：温馨港湾——精神障碍者互助小组。

小组性质：发展性小组。

对象及人数：精神障碍者 6～8 人。

小组节数：8 节。

日期及时间：2014 年 4 月 27 日—6 月 22 日。

每周二下午 15：30—16：30。

**3. 小组工作的指导理论**

（1）社会支持网络理论：小组成员作为社会中的个体，可以从社会和他人处获得支持。紫阳街大部分精神障碍者主要局限在家里，很少外出，几乎不和家庭以外的人交流互动。通过建立支持网络，如社区互助网络，可以让精神障碍者相互支持，更好地融入社会。

（2）人际互动理论：在小组中，组员可以观察到他人的变化与示范，逐渐了解自己的人格结构，并学会如何与他人沟通。访谈中，精神障碍者希望回归社会，但往往缺少自信，对他人的接纳度又抱着怀疑的态度。通过小组工作的方式，可以让组员在小组互动中增进对自我和他人的了解，以及在和谐的人际关系中获得成长和融入社会的自信。

**4. 小组目的及目标**

目的：让组员在互动中拓展其社会支持网络，增强自信，以便更好地融入社会。

目标：组员重新认识自我，发现自己的优点，增强自信；组员间发展互助关系，成为朋友，拓展人际圈；团队合作，策划并组织一场义工活动，让组员发掘自己潜在的优势，增强自信心。

## （二）模式运用

在本案例中，社会工作者服务的是自愿性服务对象，反映的主要问题在于该群体大部分人社会融入能力差，原因来自他们缺乏自信心且对外界抱有怀疑的心态，但同时他们融入社会的期望却很高。因此，社会工作者在了解服务对象的基本情况后，通过开展成长小组的模式对服务对象进行深入辅导和帮扶。工作的过程如下。

**1. 接案**

（1）初步访谈。

社会工作者与小组成员进行一对一访谈，了解基本情况。在这个过程中，社工需要运用同理心、尊重、真诚、倾听等技巧，以接纳、非评判的态度与成员建立良好的专业关系；同时，在会谈中营造安全、舒适的氛围，帮助小组成员在放松的环境下阐述事实、澄清期待，将潜在的服务对象转化为现实的服务对象。

(2) 初步评估服务对象的问题。

访谈中发现，在紫阳街的 169 名精神障碍者中，有几个服务对象有明确的意向，表示想要通过做义工或做一些力所能及的事情来提升自己的社会技能，从而融入社会。部分服务对象表示没有合适的环境和机会让自己能够学习技能，因为缺少与人交流并融入社会的机会，所以更加封闭自己，生活愈发困难不便。精神障碍者家庭害怕遭受歧视则是最为普遍的现象，这些家庭不愿主动与社区其他家庭来往，进一步隔绝了精神障碍者与社会接触的机会。受困于以上三种情况的精神障碍者，有着共同的求助需求，那就是希望能够融入社区，提升技能，直面生活。

(3) 接案并制定协议。

爱熙社会工作机构建立"温馨港湾——精神障碍者互助小组"，并与紫阳街社区签订协议，以成长小组的工作模式开始为期约两个月的服务。

**2. 小组成员问题分析和预估**

从患者本身来说，由于精神疾病的治疗时间长，复发率高，且患者伴有不同程度的认知、情感和行为方面的障碍，造成患者生活自理能力、社会适应能力及生产劳动技能衰退，因此影响其日常生活和社会参与，导致其对家庭和社会应尽职能的丧失。对于患者家属来说，患者常年不正常的举动，让家属们承受着巨大的社会舆论压力，而由于患者无法正常生活和工作，往往要靠药物来维持状态，患者家庭又负担了更大的心理和经济压力。

**3. 计划**

本次服务项目以成长小组工作模式为主，计划开展八节小组活动，采取逐步递进的方式，达到与服务对象建立信任关系、改变观念、学习技能、走进社区等目标，具体计划如下。

(1) 第一节目标：对小组建立的基本情况做简介，增进组员之间的了解。

(2) 第二节目标：建立小组规范，发展小组的融洽关系并建立小组信任感。

(3) 第三节目标：寻找组员优势，确定小组任务。

(4) 第四节目标：让组员明确自己有能力，并认识到任务及责任的重要性。

(5) 第五节目标：发挥团体动力，合作完成小组的准备工作，并让组员锻炼社交技能。

(6) 第六节目标：锻炼组员的合作意识和能力。

(7) 第七节目标：成功完成一场义工活动，促进家庭关系。

(8) 第八节目标：回顾小组成效，巩固小组的成果。

**4. 介入**

(1) 第一节小组活动。

时间：2014 年 3 月 31 日

地点：阳光家园活动室

活动流程：

15：30—15：50 热身任务：热身游戏

15：50—16：00 小组介绍：澄清小组的目的及社工在小组中的角色，共同订立发展目标

16：00—16：15 组员彼此认识：串名字

16：15—16：25 组员期望表达：社工引导大家用语言表达参与小组的期望

16：25—16：35 感受分享：进行句子完成练习

16：35—16：40 总结：社工总结本节活动，点出组员表现好的地方，并告知下期活动的主题

（2）第二节小组活动。

时间：2014 年 4 月 8 日

地点：阳光家园活动室

活动流程：

15：30—15：35 回顾上节活动：带领组员回顾上节的主要内容，讲解本节的主题

15：35—15：50 游戏环节：玩“猜猜我是谁”游戏（准备报纸 2 张，将报纸做成纸筒，旋转后，快速说出对方的信息，不能说出来便受罚）

15：50—16：15 特长树：组员写出自己的特长，将其贴成一颗心（准备卡纸 2 张）

16：15—16：25 我们的约定：组员共同讨论制定小组规范，并签上姓名

16：25—16：30 总结：社工总结本节活动，点出组员表现好的地方，并告知下期活动的主题

（3）第三节小组活动。

时间：2014 年 4 月 15 日

地点：阳光家园活动室

活动流程：

15：30—15：35 回顾上节活动：热身游戏，社工带领组员回顾上节的主要内容，解释本节的主题

15：35—15：55 自画像：组员画出自己心中的自己，由自己讲解自己的画作的含义

15：55—16：15 我们的港湾：讨论为什么大家想做义工，通过头脑风暴法，组员共同讨论准备开展怎样的义工活动，具体到活动对象、时间安排等内容。

16：15—16：25 布置作业：将自画像与活动结合，让组员回家思考自己为了完成活动可以做的事，并且写在纸上

16：25—16：30 总结：社工总结本节活动，表扬组员表现好的地方，并告知下期活动的主题

（4）第四节小组活动。

时间：2014 年 4 月 22 日

地点：阳光家园活动室

活动流程：

15：30—15：35 回顾上节活动：社工带领组员回顾上节的主要内容，解释本节的主题

15：35—15：50 作业展示：展示组员的作业

15：50—16：25 各有所能：讨论为了完成活动需要开展的事项，并结合作业进行任务分配，强调合作的重要性。本节后，小组成员要完成部分任务（单独完成的部分），如活动宣传、人员招募、场地物资准备、义工招募等

16：25—16：30 总结：社工总结本节活动，点出组员表现好的地方，并告知下期活动的主题

（5）第五节小组活动。

时间：2014 年 4 月 29 日

地点：阳光家园活动室

活动流程：

15：30—15：35 回顾上节活动：社工带领组员回顾上节的主要内容，解释本节的主题

15：35—16：00 活动宣传方式讨论：大家讨论如何将活动宣传出去，并合作完成相关准备

16：00—16：25 义工招募：大家讨论如何招募义工，预想招募过程中会遇到的问题及解决方法，并合作完成

16：25—16：30 总结：社工总结本节活动，表扬组员表现好的地方，并告知下期活动的主题

（6）第六节小组活动。

时间：2014 年 5 月 13 日

地点：阳光家园活动室

活动流程：

15：30—15：35 回顾上节活动：社工带领组员回顾上节的主要内容，解释本节的主题

15：35—16：25 物资准备及活动人员安排：由道具制作负责人组织大家制作活动所需的道具；物资采购负责人组织人员采购活动所需物资；安排好活动开展人员，讨论注意事项；鼓励组员邀请监护人参与活动

16：25—16：30 总结：社工总结本节活动，点出组员表现好的地方，并告知下期活动的主题

（7）第七节小组活动。

时间：2014 年 5 月 18 日

地点：室外活动场所

活动流程：

14：00—15：15 召开事前会：帮助组员确认所负责任务

15：15—15：35 活动倒计时：社工和组员组织活动参加对象、义工、物资到位，布置场地。社工帮助组员增加完成活动的信心

15：35—16：35 活动进行时：组员合作让本次活动顺利开展（监护人参与）

16：35—16：55 “一站到底”活动：清扫活动现场

16：55—17：15 总结：社工总结本节活动，表扬组员表现好的地方，并告知下期活动的主题

（8）第八节小组活动。

时间：2014 年 5 月 20 日

地点：阳光家园活动室

活动流程：

15：30—15：35 回顾上节活动：社工带领组员回忆上节的主要内容，讲解本节的主题

15：35—15：50 游戏：玩“击鼓传花”游戏，被点到的组员必须说出其他组员在本次小组中的优秀表现

15：50—16：15 大声呼喊：组员写一句感谢自己的话，并大声说出来

16：15—16：25 永远的港湾：小组成员合影

16：25—16：30 告别：社工宣布小组结束

**5. 评估**

（1）效果评估。

1）小组目的及目标达成情况。

通过签到表得到参与人数基本达到预期的反馈；评估表反馈显示，小组组员给出了较高的分值并表示参加小组活动很开心，不仅自信了，而且还提高了交朋友、解决问题的能力。小组活动目标基本达成。

2）参与者的反馈。

与组员个别访谈，组员谈及在此小组活动中的收获和体会，都表示有了很大的收获和进步。

3）招募及宣传。

招募方法主要是通过电话联系或直接到家里去动员。但总体感觉社区服务对象报名不太积极。

4）小组结构。

组员结构：小组人数合理，成员较满意。

活动时间：小组时间安排合理有规律，基本符合小组活动要求，组员也满意。

（2）过程评估。

1）小组互动。

沟通和交往模式：每节小组活动的评估表反馈显示，大部分组员能够完全投入小组，其他组员相对较投入。前三次小组活动主要是开放度比较高的组员乐于互相

沟通，后来因为活动的互动，性格内向和外向的成员逐渐都能合作在一起了。

小组气氛：第一次活动，多数组员会感到拘束、不自在；第二次，大家互相了解一点了，就变得放松了；第三次，组员开始主动与人交往，有自信了；第四次，大家明显放得开了很多，只略有顾虑；第五次、第六次，大家逐步走向熟悉；第七次，成员之间有了朋友的感觉；最后一次，基本完全放开了，大家融为一体。

小组规范：组员基本遵守小组规范。

小组凝聚力：小组凝聚力不断地增强。

2）小组发展的阶段及方式。

从小组初期到小组结束，小组成员完成了从互不认识到互相了解，再到解放自己的蜕变。在初期破冰、建立关系的阶段，可以通过必要的身体接触增进组员之间的默契和感情；中期阶段，组员与其他组员的互动增强，逐渐开放自己；后期阶段，组员在完成一系列活动后，相互之间的信任和依赖更加强烈。

3）工作员角色。

在小组初期，社工扮演指导者、协调者和观察者；中期扮演引导者、气氛调动者和调停者；后期则扮演协助者、引导者和支持者。

4）活动的内容及方式。

第一次活动介绍小组基本情况，组员较配合；第二次活动有所调整，组员很喜欢；第三次讨论做义工的目的，让服务对象进一步认识自己；第四次活动通过布置任务、完成目标的形式提升技能；第五次活动继续第四次活动的内容，超过预期效果；第六次活动鼓励组员邀请监护人参与活动，效果理想；第七次活动引入“一站到底”活动，很有意义；第八次活动通过“大声呼喊”活动让服务对象认识自我，笑对人生，非常成功。

**6. 结案**

（1）解除专业关系。

1）回顾工作过程。

通过八节小组活动，在社工的帮助之下，实现了最初的目的，即让组员在互动中拓展其社会支持网络，增进生活的自信，以便更好地融入社会。运用成长小组的工作模式，让精神障碍者一步一步接纳社工，认识自己，打开心扉并融入社会，同时学习一定的生活技能。

回顾这次服务项目，大部分组员重新认识了自己，找到了自己的优点，增强了自信；组员间发展了互助关系，拥有了新的人际圈；在团体合作中，策划、组织了一场义工活动，不少组员表示增强了自信，并拥有了向往美好生活的意愿。

2）强化服务对象已有的改变。

在回顾工作的过程中，我们对部分服务对象进行了访谈。在访谈中发现，服务对象对这次社工服务活动表示欢迎和接受，认为自己有了很大的变化。社工也向服务对象展示了活动所获得的成果，强调服务对象自己取得的成绩，从而增进他们的自信。

3）表达积极支持的态度。

社工鼓励小组成员自己独立解决问题，并肯定他们有能力这样做。面对组员依旧怀疑自己是否能将学习到的东西用于应对其他问题的质疑，社工需要通过深度访谈使他们相信自己有这个能力，认识到自己的潜能，强化自己的信心。

（2）困难和建议。

1）遇到的困难。

一是组员招募过程中宣传不到位，导致报名不太积极、活动临时没人参加等；二是发现有些活动细节没有考虑周全，对精神障碍者来说可能有些不太合适；三是有的组员任务完成较拖沓，有的活动参加者对社工的活动不给予反应。

2）建议。

可以让组员把对活动的反思和建议通过日志的形式写出来，作为评估的依据；开展小组会议时采取多样化的形式；要考虑到精神障碍者的特殊情况，注意保护其身体和精神不受伤害。

## （三）案例评析

### 1. 成长小组工作成效分析

（1）精神障碍者的变化。

精神障碍者长期生活在封闭的环境中，通过小组活动，能够参与互动，与同类群体进行沟通交流，与社工一起学习和成长，改变以往因残障而与社会隔绝的困境。“温馨港湾——精神障碍者互助小组”所运用的是成长小组社会工作模式，在八节循序渐进的活动中为组员增能，并挖掘其潜力达到发展、成长的小组目的。

（2）资源的不断扩展。

精神障碍者难以融入社会，最主要的一个原因就是他们手中掌握的资源是有限的，而社工正是可以为他们扩展资源的有效渠道。通过成长小组模式，成员逐步由没有资源到寻求资源，再到掌握资源，达到了理想的效果。他们在知识、信息及心理情绪等方面均获得许多资源。通过小组活动，社工还协助小组成员建立人脉网，提供社会支持资源，为其后续发展提供可能，这正好达到了成长小组模式的基本目的。

### 2. 成长小组模式运用效果分析

（1）社工的潜在主导地位。

尽管成长小组主要是通过小组成员的有机互动，利用小组的团体动力，在参与和体验中帮助小组成员自觉和成长，社工在成长小组中还是具有潜在的主导地位。在“温馨港湾——精神障碍者互助小组”活动中，社工扮演的角色是促进成长小组主动推动自我成长，运用专业知识和技能推动和引导小组成员更好地成长和发展。

（2）专业活动内容的精心设计。

成长小组涉及小组成员的自我反省，并且需要激发起小组的动力，因此，专业活动内容以及专业活动程序的设计就显得非常重要。在“温馨港湾——精神障碍者互助小组”小组活动中，为了推动精神障碍者进行自我认知，专业指导老师就先后设计了小组基本情况介绍、寻找组员的优势、发挥团体动力、锻炼社交技能、举办义工活动、促进家庭关系等多节活动，每节活动都与前后节活动紧密结合，相互促进，最终形成一个有机整体。

（3）组员的认真遴选。

成长小组获得成功还有一个关键因素就是小组成员的遴选，相对来说，成长小组也是一个同质的群体。在“温馨港湾——精神障碍者互助小组”中，有6～8名成员都是不同程度和不同性质的精神障碍者，既有共同点，又有差异性，能够更好地互相理解与合作，保障成长小组的顺利开展。

（4）成员认同感的提升。

成长小组主要是依靠小组成员之间的相互激发，在分享和倾听的氛围中得到相互的促动，因此在“温馨港湾——精神障碍者互助小组”中，第一、二节活动的主要任务就是建立信任关系，消除社工与精神障碍者以及精神障碍者组员之间的提防、戒备和不信任，这为接下来有效的开展活动打下了基础。

**3. 注意事项**

本案例从小组工作成效和小组模式运用效果两个方面进行分析，是依据真实案例进行的客观分析。往往会有各种各样的因素导致小组预期目标不能达到，对此，在对小组进行评估和结案的时候，需要根据实际情况做出是否继续跟进的决定。

# 第二节　任务中心模式

波曼（Perlman）在20世纪50年代提出通过将焦点集中在问题解决过程把个案工作的理论与实务统一起来。受波曼的影响，在20世纪60年代中期，雷伊德（Reid）与爱波斯坦（Epstein）在美国提倡并发展出一种个案工作方法——任务中心模式[①]，主张为有效达成目标，必须先制订清楚确定的计划及期限。随后，卡文（Garvin）将个案工作中的任务中心模式运用到小组工作中，不仅关注个人的问题，同时关注工作的目标，为实现小组工作的目标，社工在小组的不同阶段会采用不同的治疗手段。[②]

## 一、模式内涵

### （一）基本假设

任务中心模式的目标是协助服务对象解决问题，即社会工作者按照服务对象的

① 王思斌．社会工作概论．北京：高等教育出版社，2014：104.

② 同①123.

意愿协助其改变；这其中主要改变的行为人是服务对象，而非社会工作者。任务中心模式并不关注问题的起源和发展，而是致力于了解解决问题的阻力和助力，尽量帮助服务对象分析问题，了解解决问题时可使用的资源和会遇到的阻碍。服务对象的困扰源于处理问题的能力暂时缺损，这些困扰正是促进改变的动力。任务中心模式通过简短的介入使案例焦点得以明确，促进社会工作者和服务对象协调一致，更加努力。

## （二）相关概念

（1）任务的定义。任务主要是指为了缓和或解决问题，服务对象需要采取的行动。它不仅是服务对象要直接达到的目标，也是问题解决方法与途径的体现。任务的制定应由服务对象与社会工作者共同完成。

（2）问题类别。任务中心模式对于问题的认知是非常全面而广泛的，在这里我们主要讨论问题的分类。服务对象的问题可归纳为以下八类①：

第一，人际冲突。指个体与个体间的不协调，通常体现在家庭成员之间，主要发生在两个人产生互动时，一个人对另一个人的行为感到不适，无法接受他人行为，即两者不和谐。

第二，社会关系的不协调。社会关系的不协调主要表现在服务对象不满意与他人尤其是有特定关系的人的关系，在意自己和他人的行为，并将这些关系和行为定义为是痛苦的。概括而言，是当对与自己有一定关系的人产生不当感情时出现的不协调。

第三，与组织间的不协调。指的是个人与特定组织之间产生的不协调，比如医患之间，学生与学校之间。

第四，角色执行困难。指基于个人的不同角色，服务对象在执行时产生的困难。困难的具体形态与服务对象所扮演的不同角色有关。

第五，决定的问题。在做特殊的决定时所面临的选择困难，如是否应该做手术。

第六，反应性情绪压力。当我们遭遇问题时产生的不良情绪，如焦躁、紧张，表现为面临突发情况不知道怎么办。如果突发情况在服务对象的控制能力之外，事情会更加糟糕。

第七，资源不足的问题。人们对于特定资源的缺乏，如金钱、情欲、食物等。

第八，其他未分类的心理或行为问题，如吸毒等。

## （三）基本原则

### 1. 经验取向

聚焦于通过实证研究或者已证实的方法和理论。对于案例的假设和概念都来自对案例的资料的收集和整理，以避免个人对问题的推测，通过评估、介入以及对结

---

① 文军．社会工作模式：理论与应用．北京：高等教育出版社，2010．

案时的资料的了解，不断地改善工作模式。

**2. 整合模式**

任务中心模式整合了许多以经验为基础的理论，如问题解决学派、认知学派等。

**3. 焦点集中在服务对象认同的问题**

介入的焦点是服务对象确认和关注的问题。任务中心模式把服务对象为解决自己的问题而需要做的工作作为服务介入的核心。聚焦于为服务对象提供简要有效的服务，希望在有限的时间内达到服务对象自己选定的、明确的、有限的目标，从而提升服务效果与效率。①

**4. 系统与脉络**

问题的发生受到脉络复杂的系统的影响，因此解决问题或避免问题的再发生可促进系统发生改变，从而减少困扰。

**5. 短期的计划**

介入服务的设计是短期的，强调短期介入，在二至四个月的时间内安排八至十二次会谈，大约每周有一次会谈。

**6. 合作的关系**

在任务中心模式下，社会工作者与服务对象是一种合作的伙伴关系，社会工作者共同合作参与服务对象的服务过程并主动分享资料的评估，能够给服务对象带来更多的安全感和信任感，使得介入的策略更加有效，对调动服务对象的积极性和主动性也有着极大的促进作用，有利于发展服务对象自主解决问题的能力，提升服务对象任务完成和问题解决的效率。

**7. 结构**

设计的介入计划包括会谈次数及清楚建构的活动内容。

## 二、实务准则

### （一）介入策略

（1）通过明确的问题界定使服务对象了解问题。

（2）拟定契约，以便双方达成共识，作为服务工作的指引。

（3）具体详细地分析问题。

（4）通过给予服务对象承诺来激发服务对象的主动性，并帮他选择任务。

（5）定期回顾之前的服务内容，并给予回馈，巩固服务效果。

（6）当资源匮乏时，社会工作者可作为服务对象的支持系统，提供或链接相应

① 黄瑛．任务中心模式在企业个案服务中的运用．中国社会工作，2018（6）：30－31.

资源。

(7) 帮助服务对象明确需求，并转化为有助于问题解决的行动，社会工作者对服务对象的行动应提供有矫正作用的反馈，订正妨碍问题解决的认知。

## (二)介入程序

### 1. 问题探索与详述：预测

工作人员应该把焦点放在服务对象的需求上，不时地为服务对象考虑其未意识到的问题或者问题可能带来的后果。问题的解决办法应该由服务对象和工作人员共同决定。工作人员应该给服务对象一个直观的对于特殊情况的描述。描述的说法应该是服务对象可以理解的，并以此建立可以被测量的对照基准。问题探索是预估问题的一种资料收集工具，社会工作者应为服务对象提供合理的可能的解释。

预测时要确认的包括：(1) 行动要件，即任务执行过程必备的条件。(2) 行动阻碍，即任务执行过程中可能遇到的阻力分析。(3) 不可改变的限制，即影响任务完成的不可改变的阻碍。

### 2. 确认问题

帮助服务对象用自己的方式叙述和确认问题的潜在性，达成暂时的共识。挑战未解决的或不合理的问题定义，必要时寻求他人的参与。了解问题发生的时间、地点等细节，以书面的形式确认问题。

### 3. 订立契约

(1) 就服务对象的问题达成共识。(2) 界定介入之后要达成的结果，并列出优先级。(3) 设计完成任务的第一步。(4) 对拟定的期限达成共识。

### 4. 任务规划与执行

(1) 任务计划过程：与服务对象确认可能的任务，与服务对象达成共识要完成哪些任务，回顾和评估计划执行的情况，做好任务摘要，任务的执行过程中做好任务记录，设立记录系统，尤其是在契约中要求有系列的或重复的行动时。

(2) 确认策略：认定完成任务的动机、诱因和奖赏，使服务对象了解完成任务的价值以及完成任务对达成目标的重要性，通过引导式的练习，强化完成任务的技巧，分析并去除障碍。

(3) 规划工作者的任务：社会工作者的任务是与服务对象以外的人通力合作，共同协助服务对象达成任务；安排引发成功的契机；在服务对象技巧或资源不足时，转变角色、提供支持、协助服务对象完成任务；回顾完成的项目并进行分析。

### 5. 结束阶段

社会工作者应分析回顾问题原貌并进行对比，与和服务对象问题有关的人共同进行评估；对服务对象未来的问题进行预测，帮助服务对象增强应对的能力，通过建立额外的契约来完成新的任务；若社会工作者与服务对象在结案后仍将继续接触，要有一个明确的结束，可转为长期介入过程或安排追踪。

批判性思考问题：

和服务对象的问题有关的人可能有哪些？如果与他们共同进行评估可能遇到什么阻碍，应注意什么问题？

## 三、实务运用①

### （一）案例描述

家庭A现有两人，父亲（化名为F）与儿子（化名为S）。F，38岁，羌族，性格外向，喜欢同人交流，现在本地打工，右腿残疾；S，羌族，15岁，性格内向，不太愿意说话，爱思考，喜欢看历史类的书籍，现就读于某初级中学二年级。

地震前，F打工养家，妻子（化名为M）在家操持家务，夫妻关系很好，M照看和教育S，S能够享受来自父母的爱。因为担负教育S的义务，M一直严厉管教S，S淘气或未完成学习时，M总是严厉斥责，有时甚至追着S满院子跑。每当这种时候，S总是喜欢躲在F的身后，因为F总是能够庇护他，让他免受责罚。比起严厉的M，S更喜欢可爱的F，闲暇时，F总是逗S开心，带S出去玩耍。S有心里话，更喜欢同F交谈。地震后，M离去了，父子承受的打击是巨大的，S变得沉默了，总是将自己关在屋子里，常常暗自流泪，不愿意与人交谈，甚至不与F交谈；每天只是看电视，什么事情也不做，也不外出，也不同朋友玩耍，原先最爱去的奶奶家也不去了。F因为哀伤，将自己所有的时间和精力都投入工作中。可一旦回到家，F对妻子的思念又重新回来，当看到S的冷淡时，F便将心中的抑郁一股脑地发泄到S身上，严重时甚至打骂S。慢慢地，S就对F产生了怨恨，有时甚至公开抵触。就这样，恶性循环一直持续着，父子之间的关系日趋恶化。另外，由于工作原因，S被送到学校寄宿，S与F的见面机会就更少了，沟通也就更少了，就这样，父子之间的“冷战”愈演愈烈。

### （二）模式运用

**1. 服务模式**

任务中心模式主张在诊断及服务过程中，首先制订明确的计划与时限，如此才可能达成服务的目标。它认为人有解决问题的能力和潜力，个人通过专业服务的过程，可以增强解决问题的能力、方法和技巧，从而可以运用这些能力、方法和技巧面对日后可能发生的类似问题或新的问题。

任务中心模式把服务介入的焦点集中在为服务对象提供简要有效的服务上，希望帮助服务对象在有限的时间内实现自己所选定的明确目标。任务中心模式认为，高效的服务介入必须符合五个方面的基本要求：一是介入时间有限；二是介入目标

① 这部分案例改编自廖鸿冰，朱帅．任务中心模式下的地震伤亡家庭亲子关系改善探析：以四川理县一个地震伤亡家庭亲子小组为例．人力资源管理，2010（8）：261-262。

清晰；三是介入服务简要；四是介入过程精密；五是服务效果明显。

**2. 接案**

在确立服务关系后，社工针对父子的哀伤情绪进行了危机干预。经过4次个案服务，父子的哀伤情绪稍有缓和，F开始接受事实，S也逐渐恢复到原先的学习生活状态，但是父子之间的矛盾依然突出。

S的述说：

“我要上学，爸爸要打工，平时没什么时间见面。周末两人在家，爸爸收拾完就睡了，也没有心情和我聊天。我自己确实不知道可以和爸爸聊些什么，就算聊些学校的事，他也总是说，要好好学习，只要学习好了。就什么都好了。他不了解我，我不喜欢和爸爸说话。还有，爸爸一心情不好，就喜欢喝酒，喝醉了，有时还打我。”

F的述说：

“地震前，他总是黏着我，我们关系相当融洽，当他犯错误受惩罚时，我总是想方设法地护着他；可地震后，他开始封闭自己，不和我说话。我因为忙着工作，没时间照顾他，便将他送到寄宿学校，这样一来，我们见面的机会就更少了，我也没有时间和精力去管教他，他一直都是自己照顾自己的。周末回到家，我和他也说不上几句话。有时想和他说些什么，但两句没说完就开始吵架了。孩子不了解我，有时候我会想自己这么做究竟为了什么。”

**3. 预估**

（1）对服务对象自身系统的预估。

1）服务对象自身存在的优势。

从感受性来看，服务对象对身边发生的事情有比较高的敏感性，是个感情细腻、内心敏感的人，能敏锐地捕捉自己和他人的情绪状态；从个人能力上来看，服务对象表现出对于历史的兴趣，爱看历史类书籍，喜欢钻研，平时爱思考问题，有自己的想法和见解；从成长特质上看，服务对象正处于生理、心理迅速发展的阶段，易于接受新的观念进行思想转变、增进与他人的沟通理解。

2）服务对象自身存在的可能导致其与父亲产生矛盾的特质。

在个性方面服务对象比较内向，母亲去世之后，内心苦闷，更是出现拒绝与人交流的状态，将自己封闭在孤独和悲伤中。在行为方面，服务对象用消极的处世态度对待生活，与父亲的关系也趋于冷淡。

（2）服务对象所在家庭系统的预估。

1）家庭系统中的优势。

服务对象的父亲有比较稳定的工作，为服务对象创造了一个有基本物质保障的家庭生活环境；服务对象与父亲的关系在出现变故之前一直很好。

2）家庭系统中可能存在的发展不足问题。

服务对象的家庭出现变故之后，家庭结构的不完整给服务对象及其家人带来了很大的冲击和伤痛。由于母亲的缺失，服务对象的父亲既要承担父亲的角色又要承担母亲的角色。服务对象也需要接受残酷现实，用更成熟的态度面对生活。这些突如其来的转变给服务对象的家庭带来了很大的压力。

(3) 对亲友、社区及其他社会资源体系的预估。

1) 系统中的优势。

在亲友系统、社区支持系统以及社会资源方面，都有一些人在关注服务对象及其家庭。比如服务对象的一些亲戚朋友、社区居委会以及从事社区青少年服务工作的社会工作者等。

2) 系统中可能存在的劣势。

在上述资源中，每个群体都是出于不同的目的关注服务对象及其家庭。亲友可能是出于同情；社区居委会可能是出于对社区居民的管理；而社会工作者则是基于自身的价值观和服务特征，将服务对象及其家庭作为需要更多社会支持的困难群体加以扶助。然而，如果没有人专门从事协调和整合的工作，对于服务对象及其家庭来说，来自社区和社会各个层面的关切可能并非是对他们的支持，而是一种更大的压力。

**4. 计划**

社工发现，父子之间问题的关键点在于双方角色转换冲突与认知不足上，主要表现在沟通不畅、家庭角色认知不清、家庭支持不足等方面。所幸的是，父子双方都意识到了这一点，也希望能够改善彼此之间的关系，只是不知道怎样去做。针对这种情况，社工决定采用亲子小组的形式，通过角色扮演，增强父子之间的沟通与交流，协助父子认识和澄清其所扮演的家庭角色，实现家庭内部的角色理解和家庭支持。首先，社工同服务对象父子进行了一次长达3个小时的交流，就父子双方所表述的问题进行了澄清和说明，就问题及其缘由进行了讨论，并达成了初步的共同意见，即父子都承认问题的存在，并表示希望社工能协助解决这些问题，重修父子的良好关系。其次，社工邀请父子参与了整个方案的制定和完善，通过参与，父子较为清晰地理解了整个小组活动的目的和意义，父子对这次小组活动都比较支持。在商议小组活动开展的时间时，F表示活动时间可以固定，工作可以暂时放下，和S重新建立好关系才是最重要的。在小组活动开展过程中，父子的参与度都比较高，都能积极配合整个小组活动的开展，小组目标也基本上顺利达成。

初次接触中，社工发现服务对象父子都存在较重的哀伤情绪，特别是S，仍旧未从M离去的阴影中走出来。对此，社工计划针对父子进行心理干预，帮助父子将压抑在心中的哀伤情绪疏导出来。通过社工的疏导，找到服务对象内心的症结。而后采用间接介入，通过与服务对象的交流讨论，从侧面引导服务对象向积极正面的方向思考，接受现实。

**5. 介入**

社工围绕父子双方角色转换与认知这个焦点，在征得父子同意后，开展了四次亲子小组服务。通过角色扮演，增强父子之间的沟通与交流，协助父子认识和澄清其所扮演的家庭角色，帮助父子进行了角色转换与认知的良性转变，实现了家庭内部的角色理解和家庭支持。

(1) 介入目的。

通过亲子小组活动，加强父子之间的沟通与交流，重构父子关系，消除“敌对”情绪，认识和澄清各自的家庭角色，增进相互理解和支持，实现父子关系的改善。

(2) 具体目标达成。

1) 改变父子之间完全不交流的现状。

2) 认识与澄清各自的家庭角色。

3) 增进父子之间的相互理解和支持。

4) 父子都能为对方做一点事。

(3) 介入方法。

方法：“我和你”亲子小组。

(4) 介入步骤。

1) 第一次亲子小组活动。

通过“交朋友”的游戏，促使成员间相互询问和了解彼此的爱好、生活习惯和自我评价等个人信息，尝试在父子之间重新建立起良好的关系，增进相互之间的认识和了解；通过“猜猜我是谁”环节，让小组成员分别扮演不同角色，并由对方来猜，协助父子对角色扮演产生初步的认识，为后期的角色理解奠定基础。

通过第一次小组活动，父子重新“认识”了对方，并建立了较好的互动关系，父子之间的语言与肢体交流也开始多起来，完全不交流的现状被改变了。

2) 第二次亲子小组活动。

通过“假如我是你”的情景扮演，让成员进行角色互换，对生活中“放学回家/工作回来”等场景进行模拟表演，通过角色互换，使成员更能理解彼此所扮演的角色；在“说说心里话”环节中，社工引导小组成员分享了对角色扮演的感受；活动结束时，社工布置主题为“我想对你说”的小组作业，希望小组成员准备想对对方说的话。

通过第二次小组活动，父子互换了彼此的角色，并进行了角色扮演，相互认识和理解了家庭成员各自扮演的家庭角色和所承担的家庭责任，父子间的理解和支持得到了增进。S明白了F的难处，理解F作为家庭支柱的不易，并表示以后不再和F敌对，听F的话；F也做了自省，承认自己没能及时察觉S的心理变化，没有很好地与S沟通，希望以后能和S好好沟通。说完这些话后，父子紧紧地拥抱在一起，这是地震以来父子之间的首次拥抱。

3) 第三次亲子小组活动。

通过“回顾”环节，大家就前两次的小组活动交流了心得体会，共同制订出了改变的具体行动计划。在社工的多次引导下，父子说出了想对对方说的话，S告诉F：“您太累了，要注意身体，少喝点酒，我会听您的话努力学习的，您不用担心我。”F对S提出希望：“虽然做工忙，我还是会多花些时间来陪你，多了解你。虽然你妈妈不在了，但我还是希望我们父子还能回到原来的那种关系。我会注意我自己的行为的，不让你担心。”

通过第三次小组活动，父子说出了想对对方说的话。在大家的共同努力下，父子共同制订了10条用于改善父子关系的行动计划，并约定相互监督实施。如S需要多做些家务来减轻F的家庭负担；每次见面，F至少要听S讲一件学校里的事情，并做出积极回应等。

4）第四次亲子活动。

社工同F、S就青春期少年的生理及心理特点、存在的青春期困惑进行探讨，协助父子了解了S现阶段存在的问题，并找出了合理的解决途径。社工宣布小组结束，并约定回访时间。

通过第四次亲子活动，父子对S青春期及其面临的问题有了深刻的认识，F表示：“原来还有这么多道道，看来我必须尽量多抽点时间出来关心孩子了，以后坚决不再向孩子发脾气了。”

**6. 效果评估与反思**

通过四次亲子小组服务，父子之间的沟通与交流增多了，家庭成员的角色认知得到了澄清和理解，也成功地实现了角色转换与认知的良性转变，家庭内部的支持力度也大大增强了。

（1）改变父子之间完全不交流的现状的目标达成。

亲子小组活动结束后，父子之间谈话开始多起来，从简单的问候到每次见面的拥抱，在社工的回访电话中，F告诉社工：“孩子变得听话多了，主动与我交谈了，虽然话不多，但比以前好了许多，谢谢你们社工了。”该案例中，父子从完全不交流到渐渐融入彼此的生活，所取得的每一点进步都值得鼓励和赞扬。由于之前所经历的家庭变故，父子两人的心境都发生了很大的变化，亲子小组服务，除了达成基本目标，也为父子二人新的家庭结构增添了良性的互动途径。

（2）认识与澄清相互间的家庭角色的目标达成。

在最后一次小组总结分享中，S说出了自己的真心话：“我真不知道原来爸爸这么累，每天除了打工挣钱外，还得操心我的生活。特别是周末回到家时，爸爸总是将饭菜做好等我回来，当初，我都没有意识到这一点。”F说：“我真不知道，孩子有这么大的压力，M不在了，除了学习外，他还得自己照顾自己。当初，我那样的做法，也怪不得孩子不和我说话了。”之后，父子之间有一次长时间的拥抱。虽然在活动中有多次的拥抱，但社工发现，这一次是时间最长的，而且父子之间眼里都噙着泪水。那一刻，社工被感动了。一个和谐的家庭不只需要每个人自己付出努力，还需要彼此的相互理解和支持，即使承担着不同的家庭责任，也应该能够推己及人地进行调整、彼此认同。

（3）增进父子之间的相互理解和支持、父子都能为对方做一点事情的目标达成。

如今，父子关系得到了极大改善。S周末放假，总会提前回家，整理家务，做好晚饭，等F回来。F告诉社工：“第一次看到他下厨房的时候，看到他忙里忙外，虽然烧出来的菜不太好吃，但我还是觉得很欣慰了。真的，孩子懂事了。”当问到有没有为孩子做些什么事情时，F很自豪地说，自己很少喝酒了，也时常和孩子谈心，空闲时，还经常带着孩子出去玩。现在，两人的关系越来越好了。家庭不仅是个人休憩的港湾，更是每一个家庭成员体现价值和获得满足感的动力来源，只有家庭中的每一个个体积极为家庭做出所扮演角色应有的贡献，整个家庭系统才有可能通过良性互动获得长足而有效的发展。

另外，社工在开展亲子小组活动的过程中也出现了不少问题：第一，对小组成员的兴趣调动把握不太充分。小组初期，只有F表现得比较活跃，而S的参与度不太高；到了小组开展期，社工有意识地加入了一些S喜欢的话题和内容，通过鼓励与赞扬，S的积极性被成功地调动起来。由此可见，社工需要多做准备工作，充分了解小组成员的个性特点，这样才能更好地调动小组成员的积极性和参与性。第二，小组语言并未实现“本土化”。由于小组成员年龄跨度大，文化水平不一，在操作中，社工过多运用专业术语，导致小组成员在完成小组任务时出现一些偏差，没有及时了解社工的意思。由此可见，社工需要更好地把握专业本质，将专业表述转化为通俗易懂的语言。第三，分享引导不足。在做小组分享时，小组成员的发言过于自由，社工未能进行有效的引导，导致其发言偏离主题，分享多次出现中断。为此，社工需要进行及时有效的引导，协助小组成员分享出契合主题的真实感受。

## 复习思考题

1. 成长小组模式主要分为哪几个阶段？每个阶段各有何特点？在开展小组工作的过程中，社工的角色都有哪些不一样的变化？

2. 任务中心模式的主要理论观点是什么？如何根据服务对象的问题规划不同的任务？

## 推荐阅读书目

1. 文军．社会工作模式：理论与应用．北京：高等教育出版社，2010.

2. 宋丽玉，曾华源，施教裕，等．社会工作理论：处遇模式与案例分析．台北：洪叶文化事业有限公司，2006.

3. 里瓦斯，赫尔．社会工作实务案例分析（第三版）．李江英，译．北京：中国人民大学出版社，2006.

4. 多戈夫，洛温伯格，哈林顿．社会工作伦理：实务工作指南．隋玉杰，译．北京：中国人民大学出版社，2005.

第十一章

# 残疾人社区工作模式及运用

**本章要点**

● 地区发展模式是当前中国开展社区社会工作最为常见的一种模式。它强调在社工的协助下，当地居民发挥主要作用，共同解决社区问题，促进社区的发展。该模式强调居民的参与和协同，致力于帮助居民养成自助互助意识，增强社区凝聚力。

● 社区照顾模式是指整合全部社会资源，运用正规照顾和非正规照顾网络，为需要照顾的人士在家庭或者社区中提供全面照顾，帮助其过上正常人的生活。从照顾提供者的角度，可以将照顾分为正规照顾和非正规照顾。

**关键概念**

地区发展模式；社区融合；社区照顾模式

## 第一节　地区发展模式

### 一、模式内涵

#### （一）提出背景

地区发展模式的产生主要源于两个背景。一是新保守主义思想的影响。20 世纪 60 年代末 70 年代初，西方国家的福利政策陷入困境，引发了大量的社会问题。此时，在思想领域占据主导地位的新保守主义为了保护人们自由平等和自由竞争的权利，反对国家干预社会经济生活，主张家庭应承担自我照顾的责任。新保守主义以为，如果有人需要协助，应帮助他们发挥自我照顾的能力，而不是让他们长期依赖他人或福利机构。由此，福利意识向个人问题个人负责转变。2010 年以来的“大社会”政策，赋予地方更多的自主权。

二是联合国关于社区发展的倡导。1952年，联合国成立社区组织与发展小组，1954年改为联合国社会局社区发展组。1955年，联合国社会局将“社区发展”作为一个完整的概念提出。1957年，联合国开始研究社区发展计划在发达国家的应用。1960年，联合国出版的《社区发展与经济发展》一书将社区发展定义为一种由社区居民通过自己的努力，与政府部门、社会福利服务机构积极配合，共同改善社区的经济、社会、文化等环境的过程。在特殊的社会背景和新保守主义思潮的共同影响下，美国社区工作学者杰克·罗斯曼（Jack Rothman）适时提出地区发展模式，在社区发展史上极富传播力和影响力。

地区发展模式发展至今，其实际内容随着社区的产生而产生。只要人们聚集而居，形成一个生活共同体，就会产生一系列的共同需要。要解决和满足这些需要，就产生了一种互相合作的集体行为。这就是地区发展最为基本的内容。本书对地区发展的理解与运用主要从地区资源和地区发展的角度出发，通过地区发展模式为服务对象提供良好的社会支持与帮助，让他们更好地融入社区。

### （二）基本假设

地区发展模式作为杰克·罗斯曼1967年正式提出的社区工作三大模式之一，强调在一个较大的社区范围内，在社工的协助下，当地居民通过民主参与、团结合作（互助）、自我帮助（自助）的方式，利用当地的资源、知识和技术来解决社区问题，促进社区的发展。它强调的是一种以地区为基础的经济、社会、文化等实质内容的发展，通过鼓励社区居民广泛参与社区事务，解决社区问题，推动社区发展。在此过程中，地区发展模式强调居民的参与和协同，罗斯曼指出其目标在于建立社区自助、整合的能力，通过居民亲身参与互动，与政府一同改善社区内外环境，促进居民养成自助互助意识，增强社区凝聚力。① 地区发展模式有以下基本假设：

第一，关于个人的假设。人在自己的社区中本来是相互团结、互相合作，有能力按照原来的价值意义生活的。但是由于现代化社会中科层制结构的发展、对网络信息交流的依赖，个人逐渐倾向冷漠、孤立的封闭状态，彼此之间缺乏密切的交往，同时也缺乏主动参与公共事物的热情和动机，进而变得无助，个人与社区公共问题很难得到解决。

第二，关于社会构成的假设。社会逐渐变成一种工具理性的制度化的组织关系和市场交换关系，这会造成社会的分层和两极化。在这种情况加剧之前，需要重视地区范围的广泛民主参与，通过互助合作来重建和谐团结融洽的社区关系，增强社区居民对社区的归属感和认同感，增强居民自助解决问题的能力。②

第三，关于行为动机的假设。个人是倾向于团结合作而非竞争对抗的。人有归

---

① 李沂靖．社区工作．北京：中国社会出版社，2010：98－100.

② 曲正．社区社会组织及其社会功能探微：以地区发展模式为视角、以银川市正茂社区为个案．中国社会组织，2010（8）：40－42.

属的需求，愿意沟通交往、参与民主讨论，这样做出决策能更有效地解决社区的问题。同时，虽然个人行动追求个人利益最大化，但只要能够在集体行动中照顾到个人的需求和动机，个体也会在情感和价值层面上有动机地参与社区基层组织的活动，做出自己的贡献。

第四，关于发展与变迁的假设。早期的社区发展强调的是一种"进步"，认为发展是一种线性的进步关系，强调要建立和依靠市场经济体制，把社区的经济发展融入国家的进步当中。但是在20世纪70年代后，这种发展观开始出现问题，再加上新马克思主义对依附理论的批判，使得人们开始重新认识发展的内涵，出现了如小群体主义、生态发展模式和种族发展模式等。

### （三）相关概念

一是任务目标。指在社区中要完成的具体的实质性的工作项目，或者是要解决的具体的社区问题。通常而言有包括争取资源、成立项目、解决社区问题、满足社区需要等任务。

二是过程目标。指在社区具体项目的建设中，通过居民的广泛参与和社区工作者有目的的组织及教育，使社区个人、社区人际关系和社区整体等不同层面达到发展和增强的目标。简而言之即促进社区居民的一般能力、信心和技巧。具体包括意识觉醒、动员参与、团结合作、发展领袖、成立组织、具体行动、培养社区归属和社区认同等。在地区发展模式下，残疾人社区工作的过程目标可分为以下四点：残疾人居民对社区问题的意识和关心的增强；残疾人居民积极参与社区事务；残疾人居民与其他居民之间相互合作的加强；包括残疾人在内的社区领袖和志愿者的发展。①

## 二、实务准则

### （一）应用原则

地区发展的项目一般要根据当地社区发展的具体任务来确定。由于社区发展状况和社区居民的需求具有时效性，所以社区的具体任务也会随着社区的发展而变动。在选择社区发展项目时，我们一般遵循以下几个主要原则：

第一，社区居民是社区项目选择的主要决策者，而社工与居民之间是一种协助关系而不是包办代替的关系，社工有帮助居民分析问题和确定项目的义务。

第二，在选择社区发展项目时，应遵循集体参与的原则，居民应广泛参与，团结合作，共同决策社区事务。

第三，社区发展项目的选择必须尽可能多地考虑最广大社区居民的利益，不搞利益垄断和利益集中。

---

① 周沛，曲绍旭，张春娟，等．残疾人社会工作．北京：社会科学文献出版社，2012：265.

第四，社区发展项目的选择应遵循社区资源可持续发展的原则，不过度利用资源，不破坏社区发展的平衡。

## (二)介入程序①

**1. 准备阶段**

在这一阶段，社工首先要与当地政府和社区协商，对社区的情况进行考察和分析，与社区团体达成一致。之后，社工要确定服务计划，申请经费，为正式进入社区做好准备。

**2. 启动阶段**

在做好初期的准备工作后，社工开始进入社区。这一阶段有两个主要任务：

(1) 社工要与社区居民取得联系，并且与社区居民建立信任关系，动员居民参与居民大会。

(2) 社工要发掘社区资源，包括人力资源（社区领袖）、物力资源、财力资源、人文资源和人缘资源。

**3. 巩固阶段**

在这一阶段，社工的主要任务有：

(1) 帮助社区居民组成和建立居民组织，优化组织结构，确保组织灵活运行。

(2) 由社区代表组成社区小组，协助居民组织召开公民大会，民主协商，团结合作，共同制定社区目标，理清优先次序。

(3) 与其他居民组织互动，发展合作关系，共享资源，共建和谐社区。

**4. 评估阶段**

通过以上三个阶段的工作，社区居民的参与意愿提升，居民组织也逐渐步入正轨。在最后一个阶段，社工的主要任务有：

(1) 协助居民组织应对社区的发展和社区目标的转变，帮助其制定新目标。

(2) 社工对自己所做的工作进行全面总结和评估，为居民组织指明未来的行动角色和行动方向。

(3) 社工根据评估结果决定是撤离还是继续跟进。

## (三)介入技巧

**1. 准备阶段的介入技巧**

(1) 拜访关键人物。

社工进入社区首先要拜访社区关键人物，表达对关键人物的尊重；同时社工要表明进入社区的意图和自己的计划，争取关键人物的信任，便于进入社区开展工作。

在进入社区之前，社工要准备好自己的名片、机构的资料以及工作成就等，同

① 林香生，黄于唱．社会工作实践：社区工作．刘继同，译．香港：香港理工大学出版社，2002.

时要注意提前了解关键人物的性格爱好和当地风俗，避免礼节不当。在与关键人物沟通时要注意沟通技巧，以便达到良好的工作效果。在拜访后，社工要及时做总结，并确定拜访目标是否达到，是否需要再次拜访。

（2）与社区居民进行街头接触。

与社区居民进行街头接触，能够更真实地了解社区的具体情况和居民的关注点，同时能够为日后与居民建立信任关系奠定基础。比如在残疾人居多的社区中，残疾人的生活状况和具体需求是社工应该重点关注的，可以对残疾人对象进行更为深入的访谈。

（3）寻找介入事件。

一个受到居民广泛关注的事件能够帮助社工更好更快地进入社区。但是要注意，这一事件一定是简单的、涉及广大居民利益的，同时是易于解决的，这样才有利于动员居民参与，共同解决问题，增强居民对社工的认同感。

**2. 启动阶段的介入技巧**

（1）开展公共活动。

社工在刚开始进入社区时可以多策划和举办一些趣味性的公共活动，比如主题演讲、放电影、社区趣味竞赛等，邀请社区居民和残疾人共同参与社区活动。这样有利于团结居民，加强联系，同时有利于社工了解居民，发现人才。

（2）社区调查。

社工可以运用实地考察法、文献分析法、深入访谈法以及问卷调查法，对社区资源和环境、社区的基本规范和价值体系以及社区焦点问题进行调查，寻找社区内在动力，发掘社区可利用资源。

**3. 巩固阶段的介入技巧**

（1）界定居民组织的目标。

一个组织只有有目标才会有行动方向，而目标要建立在组织成员都清楚并同意的基础上才会有利于内部的团结和组织的发展。

（2）协助组织工作的系统化。

组织内部的结构和岗位的建立必须明确功能，界定职责和权力。同时，居民组织要简化结构，防止行政泛滥。

（3）训练组织领袖，激励组织成员。

一位优秀的组织领袖是组织维持发展的关键。领袖素质不是天生就有的，而是后天培养的，所以对组织领袖的训练十分必要。在残疾人社区发展中，社工的一个重要工作就是争取残疾人精英的参与，并且对社区领袖进行培训和督导，比如沟通技巧、组织技巧、行政管理技巧、策划技巧等。

**4. 评估阶段的介入技巧**

评估阶段社工的重要工作是帮助居民组织总结经验，将组织的目标从提供服务转移到重视残疾人的长远发展上来，比如进行社区教育发掘残疾人的潜能，使其自我意识和社会意识提高，发展居民的自助与互助等。

## 三、实务运用[①]

### （一）案例描述

**1. 社区简述**

深圳市龙岗区坪山新区共计有111名智障人士，分布于2个办事处22个社区，坪山办事处85人，坑梓办事处26人，其中以碧岭、沙湖、竹坑、石井及龙田社区的智障人士居多。本案例为坪山新区智障人士社区增能项目中2015年的服务子项目。坪山智障人士增能项目以全区智障人士为服务对象，2013年和2014年根据智障人士的服务需求设计了更为多样化且针对性更强的增能服务，包括自我照顾能力、基本认知能力、人际沟通能力、社区适应能力等。

**2. 项目概况**

（1）项目名称。

“筑一座桥，让心贴心”——智障人士社区融合服务探索。

（2）项目时间。

2015年4月至11月。

（3）项目对象。

坪山新区智障人士及社区居民。

（4）参与人数。

智障人士20人、社区居民1 039人次。

**3. 项目背景及目标**

（1）项目背景。

宏观背景：中国现在有智力残疾人500多万，涉及的家庭人口约1 000多万，其中深圳市现有残疾人约7万，其中智力残疾人约0.63万。智障人士是一个特殊的困难群体，智力障碍对智障人士的生活、身心都会造成很大的影响。由于智力和社会适应性行为存在障碍，他们的学业成就、认知功能、社会交往以及生活自理等方面也都会明显落后于同龄人。作为残疾人群体，智障人士需要国家为其提供充分的政策支持和物质保障；而作为社会成员，智障人士同样需要社会大环境所带来的安全感和归属感。

微观背景：坪山智障人士增能项目就新区智障人士所面临的问题和需求，有针对性地开展了一系列增能服务，旨在满足智障人士多方面的服务需求。2014年，该项目通过开展智障人士社区适应能力提升服务，促进智障人士走出家门、走进社区并逐步融入社区。智障人士在社区融入方面存在着诸多困难，不仅受到自身条件

---

① 这部分案例来自深圳市龙岗区龙祥社工服务中心。

的限制，还受到来自社区环境的重重阻碍。项目前两年，社工一直致力于在智障人士增能方面开展服务，但若要促进智障人士融入社区，一个良好的社区氛围是必要条件。因此，项目通过开展“筑一座桥，让心贴心”计划（以下简称“心桥”计划）来搭建智障人士和社区居民沟通互动的桥梁，促进智障人士融入社区。

(2) 项目目标。

总目标：利用当地的资源、知识和技术，搭建智障人士和社区居民的互动平台。在社区居民的参与和协同下，促进社区居民对智障人士的了解和接纳，营造良好的社区氛围，推进社区和谐发展，增强社区凝聚力。即“搭建关怀互助的新平台，建立社区融合的新意识，创造和谐美好的新环境”。

具体目标：加强智障人士和社区居民的互动和沟通；加深社区居民对智力障碍知识的认识和理解；促进社区居民对智障人士的接纳和认同。

## （二）模式运用

### 1. 准备和启动阶段（2015 年 4—5 月）

在本阶段，社工就坪山新区智障人士发展问题与当地政府和社区协商，对社区的情况进行了考察和分析，并根据坪山新区智障人士服务现状和智障人士融入社区的需求，在具体目标的指导下设计开展增能服务。

通过走访了解社区居民对智障人士的了解及接纳程度，社工发现该区目前存在的首要问题是智障人士难以融入社区，这不仅仅因为智障人士自身条件的限制，还因为社区环境等多重阻碍，从而使智障人士无法与社区其他居民进行良好的沟通。

社工在分析访谈结果后制订了初步的服务计划，并与社区达成一致，开始正式进入社区。具体包括：

(1) 服务内容。

制定访谈提纲和问卷，开展项目前期的调研工作。

(2) 介入目标。

促进社区居民对智力障碍知识和智障人士的了解。

(3) 面临的挑战和问题。

如何才能有效地对社区居民进行访谈与抽样调查？

(4) 工作重点与采取的专业行动。

走访调研之前制订详细的出行计划；工作人员提前和社区服务中心及学校社工沟通，寻求社区支持。

(5) 目标达成情况。

完成问卷访谈人数 40 人，形成调查报告 1 份。

### 2. 巩固阶段（2015 年 5—11 月）

(1) 计划。

1) 主要任务。

提升项目的认知度，促进相关合作方对项目的认可；开展智障人士社区融合相关服务。

2）介入策略。

向社区、学校、企业推介项目的服务；根据计划开展智障人士社区融合相关服务，以提升社区居民对智障人士的理解和认同，同时促进智障人士参与社区事务的机会。

3）活动内容。

为了更系统地开展项目服务，项目通过社区宣传活动、“青・翼”计划、模拟家庭体验的方式，加强社区居民对智力障碍知识的认识和了解，搭建社区居民和智障人士的互动交流平台，加强双方的互动与接触，进而促进社区居民对智障人士的理解和接纳，营造良好的社区氛围，促进智障人士融入社区。

社区宣传活动：通过摊位游戏、工作坊、讲座和沙龙等形式，开展智力障碍相关知识宣传，以增进社区居民对智力障碍及智障人士的了解。

“青・翼”计划：包括青少年知识宣传讲座及“青・翼”互动活动。知识讲座以学校及社区的青少年为服务对象，开展智力障碍知识讲座，加强青少年群体对智障人士的认识；“青・翼”互动活动通过开展青少年和智障人士的互动，让青少年更加直观地了解智障人士这个群体，并运用讲座中学到的知识与智障人士互动和沟通。

模拟家庭体验：在社区招募社区居民为义工，与智障人士组成临时的 3 到 5 人不等的“家庭”，由社工负责统筹，义工担任家长，负责带领智障人士，实现义工和智障人士共同参与和协作的服务方式。

（2）介入。

1）项目策划阶段（2015 年 5 月）。

服务内容：撰写“心桥”计划——智障人士社区融合服务项目计划书。

介入目标：形成一份切实可行的智障人士社区融合服务项目计划书。

面临的挑战和问题：根据调查分析目标和执行如何相对应。

工作重点与采取的专业行动：结合调查分析结果，制订切合实际和可实施的计划书。

目标达成情况：完成“心桥”计划——智障人士社区融合服务项目计划书。

2）宣传推介阶段（2015 年 6 月）。

服务内容：向各社区服务中心、学校及企业推广项目有关服务。

介入目标：在社区、学校及有关企业了解服务项目的基础上，与其合作开展服务。

面临的挑战和问题：如何有效地宣传项目并找到合作方。

工作重点与介入策略：通过和社区服务中心、学校及企业联系，通过 QQ 交流、海报宣传、各类媒体宣传推荐项目服务。

目标达成情况：得到了 8 家社区服务中心及两所学校的支持。

3）具体实施阶段（2015 年 6—11 月）。

服务内容一：“接纳・同行”——智力障碍知识社区宣传计划。

介入目标：通过社区宣传活动，提升社区居民对智力障碍相关知识的了解。

面临的挑战和问题：社区宣传活动形式较单一，居民参与度不高。

工作重点与介入策略：通过多种宣传方式，加大活动的宣传力度，提高社区居民参与的积极性。

目标达成情况：共计开展社区宣传活动 5 场，参与人次达 523 人次。

服务内容二："青·翼"计划。

介入目标：加深青少年对智力障碍相关知识的了解；提升青少年对智障人士的了解和接纳；促进智障人士和青少年之间的互动。

面临的挑战和问题：青少年对智力障碍相关知识的讲解存在困难；青少年不知如何和智障人士交流互动。

工作重点与介入策略：社工通过链接学校和社区的资源，开展智力障碍知识宣传讲座，再针对青少年讲解智力障碍知识的 PPT 和相关内容，尽量让讲座内容简单易懂，多利用漫画和视频的方式，提高青少年听讲座的兴趣以及对智力障碍的理解程度；根据讲座后的问卷调查了解青少年对讲座内容的接受程度及进一步跟智障人士互动的意愿；通过青少年和智障人士的互动，让青少年更直观地了解智力障碍这个群体，并运用讲座中所学的知识与智障人士沟通交流。

目标达成情况：开展智力障碍知识宣传讲座 12 场，服务 440 人次；通过调查共收回 150 份调查问卷，分析结果显示 98%的参与者了解了智障人士的相关知识，100%的参与者表示对智障人士这个群体多了一些了解，95%的参与活动的居民学习了至少 3 种与智障人士交流的方法；开展"青·翼"互动活动 3 场，服务 40 人次。

服务内容三："模拟家庭"体验计划。

介入目标：培育发展智障人士社会组织；促进社会居民参与，扩大智障人士发展空间；重视智障人士能力提升，实现智障人士与社区居民良好互动。

面临的挑战和问题：项目区别于服务中心，招募义工较为困难。

工作重点与介入策略：以社区为平台，招募社区义工和智障人士，成立残志联动队；通过义工和智障人士的结合组成 3 到 5 人不等的模拟家庭，定期参与项目开展的服务；工作员统筹设计服务，促进模拟家庭内部的互动。

目标达成情况：成立社会组织 1 个——残志联动队；开展模拟家庭活动 3 场，服务 36 人次。在活动中，智障人士和社区居民有着良好且密切的互动；通过访谈，模拟家庭义工表示对智障人士与之前有不一样的看法，如他们也能跟正常人一样融入社区生活，也能学习和成长等。

**3. 评估阶段**

召开项目总结会议，项目通过自评、第三方评估的形式，评估项目的服务成效。

(1) 评估方式。

过程评估：体现项目实施与计划的契合度，总结社区居民、青少年及模拟家庭成员的意见反馈。

结果评估：体现目标的完成情况。

（2）评估方法。

采用服务对象评估和目标评估两种方法。

（3）评估工具。

活动意见反馈表：服务对象对活动开展后的反馈及具体意见。

单个计划服务对象评估表：在每项计划服务开展结束后，根据服务内容和服务目标，对服务对象开展问卷调查，对访谈进行评估。

工作人员自我观察：社工根据每个服务对象在活动中及生活中的表现进行评估。

访谈法：根据活动的整体效果，对参与互动活动的青少年和义工进行访谈，了解服务效果。

**4. 结案阶段**

总结项目服务经验，编写项目服务手册。具体操作如下。

（1）服务内容。

提炼服务成果。

（2）介入目标。

形成项目服务手册。

（3）面临的挑战和问题。

服务手册的可操作性需要项目组工作者商量和探讨。

（4）工作重点与采取的专业行动。

服务手册内容可操作性及可借鉴性强。

（5）日标达成情况。

完成《“心桥”计划——智障人士社区融合服务探索服务手册》一份。

## （三）案例评析

### 1. 项目分析

（1）整体目标达成情况。

自项目 2015 年 4 月正式运作以来，工作人员通过积极宣传项目服务，搭建沟通交流平台，促进社区居民和智障人士的互动，增进相互了解。2015 年共计开展了社区宣传活动 5 场、讲座 12 场、“青 · 翼”互动活动 3 场、模拟家庭活动 3 场，共服务 1 039 人次。

第一，加强智障人士和社区居民的互动和沟通，扩大智障人士的人际交往，促进智障人士融入社区。

通过“青 · 翼”互动活动和模拟家庭体验计划，为社区居民和智障人士的沟通交流搭建了一个良好的平台，通过互动活动促进相互间的认识和了解，逐渐改变了社区居民之前对智障人士的歧视、不理解及不认同等态度。有义工表示自己之前对智障人士的认识太片面，在一次互动活动结束后发现原来他们是那么的可爱，也可以跟正常人一样生活。大部分智障人士服务都是从智障人士的个人层面出发，提供增能服务，而忽略了社会环境对智障人士社区融入的影响。本项目从社会环境视角出发，通过促进智障人士和社区居民的互动，在互动的同时扩大了智障人士的人际交往面，从而真正达到促进智障人士融入社区的目的。

第二，提高社区居民对智力障碍知识的认识和理解。

项目通过开展多样性的宣传服务，包括“文化下社区”宣传活动及校社联合宣传讲座。根据讲座及宣传活动发放调查问卷，项目共收回 150 份问卷，分析结果显示 98%的参与者了解了智障人士的相关知识；100%的参与者表示对智障人士这个群体多了一些了解；95%的参与活动的居民学习了至少 3 种与智障人士交流的方法。

第三，促进社区居民对智障人士的接纳和认同。

项目服务由浅到深，社工对服务对象多方面介入，积极开展社区居民与智障人士的互动服务。通过问卷分析结果可以了解：15%的参加者之前害怕与智障人士沟通，参加完活动后做到了不害怕智障人士、能够接纳智障人士；80%的参加者表示愿意参与智障人士的进一步的互动，并且愿意参加服务智障人士的义工活动。通过面对面直接的互动活动，参与到互动活动中的居民纷纷表示对智障人士的形象和认识有改观。

（2）存在的问题。

第一，项目点位置较偏，招募义工较难。

项目点所在位置偏僻，周围小区面临拆迁，附近居民越来越少，于是进驻其他社区招募了义工。由于距离问题，不少义工不愿意奔波，在招募模拟家庭成员时存在一定的困难。

第二，宣传对象广度有待提高。

项目在今年的服务中链接整合了社区及学校的资源。但较少链接企业相关方面的资源，项目可进一步拓展相关资源。

**2. 地区发展模式运用效果分析**

（1）社区资源的利用。

地区发展模式强调的是当地居民利用当地的资源和技术来解决当地的问题。坪山智障人士增能项目在 2013 年和 2014 年以全区智障人士为服务对象，根据智障人士的服务需求设计了多样化且有针对性的增能服务，为 2015 年开展此子项目奠定了充分的基础。在社会工作者的协助下，各社区互相帮助与合作，通过资源与信息共享，顺利开展智障人士融入社区的活动。

（2）项目目标的实现。

“搭建关怀互助的新平台，建立社区融合的新意识，创造和谐美好的新环境”是本次项目的总目标。结合地区发展模式所强调的居民参与和协同来看，通过社区宣传活动、“青・翼”计划以及模拟家庭体验等为社区居民和智障人士的沟通交流搭建了一个良好的平台，通过互动活动促进相互认识和了解，改变了社区居民之前对智障人士的歧视、不理解及不认同等态度。这些都体现了社区融合进步的理念，也为营造更为融洽的社区新环境奠定了基础。

(3) 社区的发展。

地区发展模式强调问题的解决和共同发展，因此地区发展模式下的社会工作服务内容应该是综合服务对象自身及环境优势，促进服务对象的成长以及与环境的良好互动，进而增强服务对象的信心，提升服务对象应对自身及环境压力等方面的能力。① 针对智障人士融入社区难、社区环境阻碍重重等问题，这一项目从社会融入的角度出发，致力于促进社区居民和智障人士的良好互动，希望智障人士能够在社工的协助下开始走进社区，提升自身的社会能力。但考虑到智障人士的特殊性，社会工作者要引导社区居民掌握主动权，促进居民养成自助互助意识，增强社区凝聚力。

**3. 专业反思**

(1) 社区接纳对智障人士社区融合有着重要的作用和影响。智障人士所面临的问题不仅仅是个人原因造成的，也有社会环境因素的影响，所以智障人士的社区融合不仅要从智障人士的个人方面进行介入，也需要从社区层面进行介入并开展相关服务。社工服务时需要循序渐进，逐渐在潜移默化和层次清晰的过程中促进社区居民对智障人士的了解和接纳。社区宣传是必要的手段，但如果仅停留在浅层次的宣传上面，宣传效果也将处于浅层次。所以在社区宣传的基础上，社工需要将服务逐步深化，搭建好居民和智障人士的沟通平台，促进社区居民与残障群体的相互认识和了解。

(2) 社区融合服务任重道远，需坚守信念并持之以恒。无论是对于智障人士还是其他类别的残疾人，社区融合不仅任务艰巨，也需要很长的时间。作为残障领域的社工，需要付出更多的努力和耐心，不断努力，要相信智障人士这个特殊群体可以逐步融入他们所生活的社区，能够更加独立自主地生活。

## 第二节 社区照顾模式

### 一、模式内涵

#### (一) 提出背景

社区照顾最初起源于第二次世界大战后的“反院舍化”运动。欧洲许多大型的弱势群体服务机构是在 19 世纪建立的，院舍照顾（住院式照顾）已有百余年的历史。在高福利政策的鼎盛时期，英国等福利国家对无依无靠的老年人和有心理残障

① 王才章，黄君．灾后社区重建中的社会工作介入：从地区发展模式的视域展开．社会工作，2011 (1)：85-87.

的人实施住院式照顾，即国家和政府通过兴办大型的福利院舍来集中供养和照料这些老人和精神病患者，为此政府还出巨资聘用了大量专职人员。第二次世界大战以后，英国推行的这种福利国家政策，即政府出钱、出人照顾那些无依无靠、日常生活有困难的人，收效还是不错的，特别是对那些生活不能自理的老人来说。英国上下大力宣扬和推行这种院舍照顾，一些国家和地区也纷纷效仿。但随着时间的推移，20 世纪 50 年代初期，西方社会（如英国）开始关注这种院舍照顾产生的一些非人性化的后果。社区照顾最初就是针对这些问题和后果提出来的。

### （二）相关概念

社区工作的内容主要包括社区活动、社区康复、社区照顾等。社区活动是以整个社区及社区中的居民为服务对象，提供助人的、利他的服务的一种社会工作专业方法。它有利于残疾人打开封闭的自我，与他人交往。但由于残疾人的个体差异较大，对于残疾程度较严重的残疾人，在社区活动中往往难以最大限度地利用社区资源。因此应将社区活动与社区康复相结合，两者互相促进，帮助残疾人进行康复，提高残疾人的生活质量。

社区康复是一种专业康复服务和社区非正式支持网络相结合的社会网络模式。社区康复需要社区和专业机构合作，把正式的专业机构服务和社区中非正式的社会关系网络结合起来，为残疾人提供服务，使其得到更好的康复服务和照顾，从而更好地融入社会，改善生活品质。对社区内的残疾人进行康复服务，应将残疾人分区统一安排，专人负责；定期组织残疾人参加社区的针对性讲座，邀请专门的康复医师进行现场指导。对有康复意向的残疾人，定期派出康复指导员登门教授康复训练方法，对康复对象细微的肢体功能进步要及时肯定，适时地给予强化。

社区照顾是指整合全部社会资源，运用正规照顾和非正规照顾网络，为需要照顾的人士在家庭或者社区中提供全面照顾，促成其过正常人的生活。一般而言，照顾可以从四个层面进行界定：（1）行动照顾——照顾起居饮食、打扫居所、代为购物等；（2）物质支援——提供衣物、家具和现金，提供食物等；（3）心理支持——问候、安慰、辅导等；（4）整体关怀——留意生活环境、调动周围资源以支援等。

同时，从照顾提供者的角度，可以将照顾分为正规照顾和非正规照顾。正规照顾通常指由政府承担及提供的照顾性服务，这些正规服务多由政府人员及专门工作人员实施。不过，随着民间组织和志愿者团体的发展，他们提供的服务也被纳入正规照顾的范畴。非正规照顾则是指由家人、亲友或者邻居基于情感和人伦上的因素及动力而提供的无偿照顾。社区照顾往往涉及行动、物质、心理和环境等各个层面，涵盖正规照顾和非正规照顾。只有如此，社区照顾才能满足需要照顾的人士多方面的服务需求。

### （三）基本假设

在政府和社会推动社区服务发展的背后，隐含着一个基本假设：社区照顾在某些方面优于院舍照顾。具体说来，这一假设可以分为以下两点：

第一，服务对象生活的原环境优于机构的环境。

让服务对象在自己生活的原环境——自己家中或社区中类似家的环境内，尽可能地过正常的生活。社区提供适当的照顾与支持，使其个人生活实现高度的独立自主性，同时协助他们发挥最大的潜能，有利于他们个人能力的保持和身心的康复。

第二，社区可以有效地利用非正式资源实现对需要康复服务的服务对象的支持和照顾。

社区照顾服务模式下，志愿者团体可以将社区内疏远的网络联结起来，将那些松散的资源整合起来加以有效利用，实现正式服务系统和非正式照顾系统互补，有效地满足社区内有服务需求的人士，以建立理想的和有关怀的社区生活。

**批判性思考问题：**

残疾人在社区有哪些正式资源与非正式资源？

## 二、实务准则

香港学者林香生将社区照顾的实践原则概括为以下四个方面[①]：

第一，社区照顾应以地区为介入单位。

服务的地区化是社区照顾发展的先决因素。这就需要调动和运用社区资源解决服务对象的困难，并改善服务对象的社区人际关系。一般情况下，社区照顾是以一个地域社区作为提供服务的基地，这样能够方便社会工作者动员地区服务并为有需要的人士组织社会照顾网络。

第二，工作人员对社区情况和资源网络要有充分的了解和认识。

社会工作者在进入社区工作时，必须广泛认识社区各方面的人和事，了解社区内各类需要照顾的服务对象的基本情况，只有对社区内各类人群的问题和需要、社区的资源分配与运用状况、居民的群体生活和人际关系网络情况有深入的认识和了解，才能有效地推动社区照顾工作。

第三，为需要照顾的人士进行个别社区照顾策划与安排。

社区内不同的服务对象对照顾的需求不同，他们的能力各异，个人与社区机构和个体的关系也有分别，对解决问题的方法和要求也不尽相同。因此，社区照顾的实施必须从需要照顾的人士的问题和处境出发，依据社区内可运用的资源而定。只有这种形式的服务安排才会适合需要照顾者的情况和需求。

第四，重视社区非正式网络的建立和运用。

社区照顾的一个重要策略就是充分发挥社区内非正规照顾的力量，配合正规的社会服务，建立一个有效的“照顾网络”。事实上，社区中也存在着许多对居民生活影响巨大的人际关系网络，可以为人们提供精神或资源上的支援，包括家人、邻

① 江立华，雷洪．社区工作．武汉：华中科技大学出版社，2009：122.

里和面对相同问题的人。社区照顾非常注重挖掘并发挥这些助人资源的作用，以追求服务的个性化，节约照顾成本并建设关怀型社区。

### （一）应用原则

第一，以服务对象原来熟悉的正常化的环境和方式向其提供照顾，修正院舍照顾引起的服务对象不适应环境的问题。

第二，注重利用社区中存在的非正式的自然关系网络和正式网络的结合，向服务 对象提供帮助和服务。

第三，发挥社会支持网络中的正面的社会资本作用，避免引起社会排斥。

第四，注意现代社会变迁引起的社会非正式关系网络的破损，一方面要尽量修补勾连个人的社会关系网络，另一方面要强调正式组织在社区中的扎根和延伸。

第五，不能借口社会非正式网络的存在就减少政府和机构等正式网络对社区提供的服务。

### （二）介入策略及社会工作者专业角色

社区照顾模式下，社会工作者采用不同的介入策略，在当中扮演的专业角色也有所不同。表 11－1 呈现了社会工作者为智力障碍人士提供服务的介入策略及其扮演的专业角色。

**表 11－1　介入策略与社工专业角色**

| 策略 | 治疗者 | 辅助者 | 经纪 | 倡议者 | 顾问 |
| --- | --- | --- | --- | --- | --- |
| 个案式的专业介入 | 为智力障碍人士提供治疗或其他心理治疗、游戏治疗 | 为家长提供辅导服务 | 为智力障碍人士寻找特殊服务或有关服务 | 为个别个案倡议及争取合适的服务 | 就个案情况向其他服务机构提供意见 |
| 以网络为专业介入的对象（以社会网络为主） | 家庭治疗小组治疗 | 为家长小组提供训练课程，教导有关技巧 | 为家长小组的活动提供社区资源 | 替家长向有关方面提出意见及争取改善 | 为家长小组提供支援以及活动和发展方向上的意见，但以社工的意见为主导 |
| 以网络辅助专业介入（专业为主，网络为辅） | 推动家长小组的活动，协助新家长适应有关问题 | 家长和朋辈的辅助配合专业的辅导服务 | 推动家长协助机构推行服务 | 教育家长倡议的重要性，鼓励他们争取权益 | 社工的意见和家长的意见均可影响家长小组的决策，以伙伴关系为主 |
| 以网络为辅助主体，专业只从旁协助 | 互动团体不定期地邀请专业人士主持特约的治疗小组 | 为家长和朋辈的辅助提供训练，协助家长自行进行辅助 | 向家长小组提供财政或社区资源的资料或申请途径 | 家长小组为主要的政策及权益倡导者 | 社工提出参考意见，但不介入决定过程 |

资料来源：夏建中．社区工作（第三版）．中国人民大学出版社，2015：162.

## 三、实务运用[①]

### （一）案例描述

**1. 基本情况**

上海市西南角的 M 街道，人口较为密集，残障人士较多。该街道结合社区融合的理念，针对社区的残障人士，采用社区活动、社区康复、社区照顾等模式开展工作，增强社区中残障人士的归属感和主人翁意识，提高社区凝聚力。街道希望通过这些活动，动员社区各个层面的残障人士群体，全方位地调动社区居民的积极性，让更多人融入社区，交到朋友，收获快乐和交往经验，从而提升他们在思维和体能等各方面的能力，向社区融合迈进。

小全，今年 35 岁，是一名中度智障者。小全一家五口人，有一个智力正常的弟弟，现已成家。小全因自身条件的限制从小没有接受过教育，母亲平时在家会教他一些简单的算术知识。小全目前与父母及外婆同住，主要的经济来源是父母的退休工资。

自从小全患上了风瘫病以来，虽然经过多方治疗略有好转，但令人沮丧的是他怎么也站不起来了，从此长期在家中，出门只能依靠轮椅。据医生分析，他可能永远也站不起来了。因住院治疗也不见成效，医生劝其回家养病，这让全家人都感到十分绝望和无助。小全性格较内向，总是将自己封闭起来，平时情绪基本稳定，但在着急时会冲母亲发脾气。

**2. 问题分析与评估**

社工上门通过与小全的交流发现小全及其家人对社区活动感兴趣，但是考虑到小全的身体状况，小全及家人十分伤心绝望。因此，在本案中，社工首先要处理的是服务对象及其家庭的消极情绪，改变其错误的认知，使服务对象认识到自己的潜能，从而帮助服务对象及其家庭树立信心。这可以通过社区活动干预的形式进行。其次要处理的是小全身体机能欠佳的问题，解决这个问题应该充分利用社区康复资源，动员其家人带服务对象参加各项有益的社区康复活动。

### （二）模式运用

首先，通过社区活动让服务对象走出家门，实现社区融合。然后，接受社区康复，通过社工与家长的共同努力帮助服务对象逐步恢复健康。

**1. 建立良好的专业关系**

- **谈话片段 1**

**社工：** 我是社区残疾人运动队的教练，也是专门负责小全的助理员。我以

① 这部分案例改编自杨福义，张福娟，章淼榕，等．缺失与重塑：残疾人社会工作案例研究．上海：华东理工大学出版社，2017：181－199。

前是区里的举重运动员和轮椅车运动员。我们社区很关心你家小全，要我来帮助他。你能不能简单介绍一下小全的情况呢？

**母亲：**小全自从去年患风瘫之后，一直无法走路，每天只能躺在床上打发时间，看着他想动又不能动的样子，我真觉得对不起他。

**社工：**这个样子是得想办法改变。那你们有没有采取一些办法来帮助他改变现状呢？

**母亲：**有呀，我们带他看遍了上海的各家医院，什么办法都想过也试过了，就是治不好他的病。他本来脑子就不好了，现在又得了这种病，我们真觉得对不起他。呜……呜……

**社工：**（递上纸巾）看得出你们为了小全的健康很担心，也费了不少工夫，真是不容易。

**母亲：**实在是没有办法啊，我觉得现在生活都没有意义了。呜……呜……

**社工：**千万别这么想，不是有句话叫“皇天不负有心人”吗？只要我们不放弃努力，就还有希望。现在我们社区组织了一个“残障人士阳光之家”，是专门组织残障人士活动的机构，你们有空可以来看看，就在你们家附近。最近我们准备组织迎特奥训练活动，时间是每周日下午一点半，地点在社区小学里。

**母亲：**我们小全怎么去呢？坐着轮椅去吗？

**社工：**坐着轮椅来也可以，我们明天下午就有训练，天气预报说明天的天气不错，就让他出来晒晒太阳，顺便看看，如果他愿意的话就带他参与一下我们的活动吧！

**母亲：**我觉得是挺好的，就是担心他的身体吃不消。

**社工：**先试试看吧。你们平时也会带他出来的吧？

**母亲：**有时候会的，但是如果他出了什么问题，我一个人应付不了呀。

**社工：**我们也有助残员，大家都会帮你的。不用太担心，到时候记得给他多穿点衣服。

**母亲：**我考虑一下吧。谢谢你！

初次会谈较为成功，家长有改变的想法，只是信心不足。社工通过适当的情绪处理和支持鼓励，帮助家长树立了一定的信心，家长表示愿意带小全参加社区活动。在社工与小全母亲进行交流的过程中，小全一直沉默不语，躲在妈妈身后。社工尝试与他交流，在妈妈的指导下，他能够简单地回答社工的一些问题。

和服务对象交流、建立良好的关系、了解其兴趣爱好是整个工作的基础。因此，社工在通过家长了解到小全喜欢打牌后，便以此为突破口，经常上门陪小全打牌，利用打牌的机会拉近距离。几次下来，小全对社工产生了良好的印象。社工也进一步了解了小全的一些情况。生病之前他的兴趣较广泛，喜欢打乒乓球、拍皮球、跑步等活动，也喜欢做算术题。社工告诉小全，在社区的“阳光之家”活动室，有很多和他一样的伙伴，可以和他们一起打牌、下跳棋。这让小全对社区活动产生了兴趣并充满期待。

• **谈话片段 2**

**社工**：打牌好玩吗？

**小全**：好玩！

**社工**：在我们“阳光之家”有许多叔叔阿姨，还有一些和你一样的孩子，他们也经常打牌，还玩一些其他的游戏。你想不想来参加呢？

**小全**：想！

**社工**：那你明天就来参加我们的活动吧？

**小全**：那你……你……去吗？

**社工**：我当然会去啦。

**小全**：我……我……自己不敢去。

**社工**：让妈妈带你去，或者我来接你一起去，好不好？

**小全**：好！

**2. 制订服务计划**

(1) 诊断与评估。许多研究表明，封闭的生活环境会给人的情绪带来极其不良的影响。本案的服务对象不但长期封闭在家，而且卧病在床，这会使他的身体、情绪、认知发展滞后。由于缺乏锻炼及系统的康复治疗，小全的腿开始萎缩，这不利于今后康复工作的开展，更不利于小全的身心健康成长。小全本就性格内向，胆小怯懦，再加上缺乏与他人沟通交流的机会及集体合作的意识，就更找不到归属感，因此变得极为封闭。

(2) 制订社区康复计划。根据服务对象小全的身心状况，结合社区资源条件和社区活动的安排，社工、社区医生及家长共同制订了具体的社区康复计划。一是社区活动。鼓励服务对象参与各种社区活动，培养兴趣，锻炼身体，学习与人沟通的技巧。二是社区康复与家庭康复相结合。在社区医生指导下，进行中西结合的康复训练，同时，在社区医生及社工指导下，家长定期给小全做腿部按摩，并帮助小全完成一些简单的室内运动。

**3. 辅导与矫治**

(1) 社区活动。在母亲及社工的陪同下，小全陆续参加了社区举办的心理健康讲座、读书会、理发小组、社区康复指导系列讲座、“周周练”、秋游以及“我们的嘉年华”等一系列社区活动。在集体活动中，社工及家长教他如何与人交往，例如鼓励他主动与他人打招呼。得到他人的回应之后，他胆子就更大了，开始愿意与人交往，还结交了朋友。在活动的开始阶段，由妈妈负责接送他，后来逐渐由社工上门接送。小全也逐渐不依赖妈妈了，在活动中能够独立完成一些任务。在“周周练”活动中，开始的时候小全是坐在轮椅上进行活动的，教练员就让他练习打乒乓球和传球。此时社区康复也在同步进行之中，逐步恢复以后，教练员让他做一些力量型的活动，发现他有滚球的潜力，于是便指导他进行练习，鼓励他参加区里的“特奥会”。在大家的鼓励与帮助下，小全结交了几个好朋友，还与其他成员一起获得了区级“特奥会”的银牌。

(2) 社区康复。在小全的康复过程中，社工及家长坚持进行社区康复。社区康复的方式是将社区康复与家庭康复相结合，社区康复指导员不仅利用社区中的康复器材对小全定期进行训练，也定期上门向家长教授康复训练方法，保证小全每天都得到充分的康复训练。

社区康复指导员的工作包括以下几点：

第一，服务对象的肢体功能障碍的评定。肢体功能障碍主要包括运动、感觉、平衡和协调障碍，以及痉挛、关节活动度等，此外还包括服务对象的日常生活适应能力。评定内容主要包括体位转移能力、个人卫生自理能力、行走及乘坐交通工具能力、交流能力和社会认知能力等。

第二，根据评定的结果制定康复目标。前期目标为：完成床上自理动作、移乘动作，从床到轮椅再到一般椅子。中期目标为：立位平衡。后期目标为：日常生活动作及协调性训练，学习生活自理、健侧代偿，达到最大程度的生活适应，最终回归社会。

第三，康复训练。采用分级别、小步子渐进的训练形式，具体步骤包括：良肢位摆放、简单被动活动；座位训练、床上负重训练；移乘动作训练、简单的主动借助活动；坐站转换、站立、站立重心转移、行走训练、拐杖的使用；上下阶梯、实用性行走训练；抗阻训练、平衡训练、协调性训练、适应性训练。

第四，康复方法。社区康复指导人员采用多种方法对小全进行康复训练。一是传统训练技术。早期的康复治疗方法着重于肌肉的重新训练，如肌力训练、关节活动训练、矫形器应用等。二是作业相关训练。即选择、调整作业和周围环境，使服务对象能主动参与，成功地完成所布置的作业，通过活动刺激加强残存的或潜在神经元的突触连接，防止废用性肌肉萎缩和软组织挛缩等。此外，强制性使用双腿也有助于功能的恢复。三是中医治疗。采用针灸、拔火罐等方法，配合训练的进行。

**4. 效果评估**

通过参与社区活动，小全锻炼了身体，陶冶了情操，培养了合作意识，邻居们都说他“好像换了一个人似的”。他的变化是大家有目共睹的，从最初坐在轮椅上活动到利用拐杖，到最后完全能够自由活动。医生鉴定他已经完全恢复了行走的能力，这让许多医生都觉得惊奇。在区级“特奥会”的滚球比赛中，小全和其他三名队员通过努力拼搏，拿到了团体银牌，这让他第一次感受到了社会对自己的肯定，情绪也大有好转。

## （三）案例评析

### 1. 理论分析

(1) 社区工作的理论基础。

“阳光之家”相关的中心概念包括社区参与和社区融入。社区参与指一个健康、理想的社区需要让居民有归属感，让他们把自己当作社区的一分子，关注社区的需要与问题，并愿意为社区贡献自己的力量（包括当志愿者、当社区领袖、向有关当局传达居民需要等），以改善社区的生活。社区融入倡导的是职业层面和社区层面的更广泛意义的参与，尤其是困难群体对社区生活的参与。根据广泛化法则，让残障、贫困、有缺陷的群体通过切实体验并使用社区设施，享受机构服务，同时参加社区生活，建立与社区的自然关系。残障人士通常较易从社区的主流生活中消失，他们不知晓社区建设的新方向和新福利的设立，这种现象被称为“社会性死亡”。所以，社区融入是评估人们是否积极和健康生活的重要指标之一。

(2) 社区活动具体分析。

社区活动及社区康复是社区工作的重要方面，做好两者点和面相结合的相关工作，有利于社区工作的开展。

社区活动不仅可以鼓励各类残障人士走出家门融入社区，同时也可以促进各类残障人士之间以及残障人士与普通社区居民之间的融合。目前国内的社区活动工作仍处于起步阶段，主要是通过残障人士集体活动的方式，残障人士之间以及残障人士与普通社区居民之间的融合还不够充分。如何切实有效地促进社区融合是亟待解决的问题。

理想的以社区为基础的康复中心应具有专科医师和多学科的工作组，以社区为基础，覆盖一定的地理范围和一定数量的服务对象。这种工作组与当地医院有密切联系，并且能提供康复与教育训练服务。此外，社区中的个体行医者，如护士、各种治疗师、咨询师等也可以提供上门服务。在现实中这种模式最受欢迎，但缺点是缺乏必要的社会支持，常面临经费紧张的问题。

国内目前较多的是采取以家庭为基础的功能训练方式，后来又建立了街道康复治疗室，除提供躯体、心理、精神康复等服务外，还有职业康复和社会康复、体育和娱乐活动等。由于我国的康复医学起步较晚，且受到经济条件和认知水平的限制，社区康复系统还不成熟。

另外，我国目前经济、医疗保险、社会福利等制度还不够完善。鉴于此，有必要制定一套简单可行、经济实用的运动功能障碍康复治疗方案，对社区康复服务人员进行短期培训，让他们快速掌握基本的康复治疗原则与方法，以社区训练的方式使社区中的残障人士在出院后仍能得到有效的康复治疗，以进一步促进其功能恢复，减轻障碍，减轻家庭和社会的负担，更重要的是促进其社会融入，构建平等、和谐的社区环境。

**2. 效果评价**

(1) 成功之处。

通过对社区残障人士及其家属的访谈和问卷调查可以发现，本次活动基本完成了预定的各项任务，实现了最初设定的目标。这些目标的实现主要表现在以下几个方面：参加活动的大多数残障人士走出了家门，改变了封闭的状态，开始接触社会；残障人士及其家庭关系有了一定的改善；社工及助残员的助残意识、助残能力进一步提高。

（2）不足之处。

由于时间仓促、精力有限、准备不足以及专业的社会工作经验的相对缺乏，本案中的社区工作仍存在一些不足，需要在今后的实践工作中加以改进。具体而言，主要表现在以下方面：服务对象的范围较小，需要社工根据实际需要进一步地挖掘与拓展；由于服务的时间较短，社工的专业化、规范化以及科学化程度都有待提高；整个社区活动的周期较短，缺少连贯的后续服务加以推进，活动结束时，许多学员还意犹未尽，需要考虑如何建立长效机制。

**3. 建议**

（1）活动的形式应多种多样，以满足不同成员的需要。

在本次社区活动中，社工设计了多种多样的活动，包括室内的集体活动、专家讲座以及室外的参观活动等，受到了残障人士的好评。因此在社区活动中应进一步丰富活动形式，开展如各类残障人士合作、残障人士亲子合作等不同活动，以满足成员的需要。

（2）改进家庭教育观念，增强家庭教育意识。

社工在社区调查中发现，很多家庭由于种种原因，对家长教育孩子中的责任、家庭教育的地位和作用、家庭教育的基本知识和方法等问题的认识存在不同程度的偏差，所以必须进一步增强家庭的教育意识。可在社区开展不同形式的有关家庭教育、家庭康复的讲座来解决这个问题。

（3）加强社区残障服务设施建设，增强残障居民的归属感。

社区是居民生活和活动的主要场所，是否具备完备的活动设施已经成为衡量社区活动是否具有凝聚力的一个重要标准。因此开展有关残障人士的社区工作，就必须完善社区的设施建设，增加社区活动及社区康复的场所，增强残障居民的归属感。

（4）发掘各种社会资源，动员各方力量进行社区活动。

街道可以链接社区内外的高校、企业、机构、政府部门的人力、物 力、财力、信息等多方面的资源，还可以动员各界志愿者的力量，尽可能提供更全面与多样的服务来满足残障人士的需要。同时应做好活动的宣传工作及组织工作，促进社区内残障人士与普通居民的有效融合。

## 复习思考题

1. 在地区发展模式中，如何对过程目标进行评估？如何评判服务对象是否做到民主参与、共同承担？

2. 社区照顾模式与院舍照顾的联系与区别有哪些？这种照顾模式存在哪些利与弊，社工的作用是什么？

## 《推荐阅读书目》

1. 文军．社会工作模式：理论与应用．北京：高等教育出版社，2010.

2. 宋丽玉，曾华源，施教裕，等．社会工作理论：处遇模式与案例分析．台北：洪叶文化事业有限公司，2006.

3. 哈德凯瑟，等．社区工作理论与实务（第二版）．夏建中，等译．北京：中国人民大学出版社，2008.

4. 里瓦斯，赫尔．社会工作实务案例分析（第三版）．李江英，译．北京：中国人民大学出版社，2006.

附　录

# 残疾人社会工作专用表格

## 附录一　残疾人个案工作用表

### 一、 个案表格使用指引

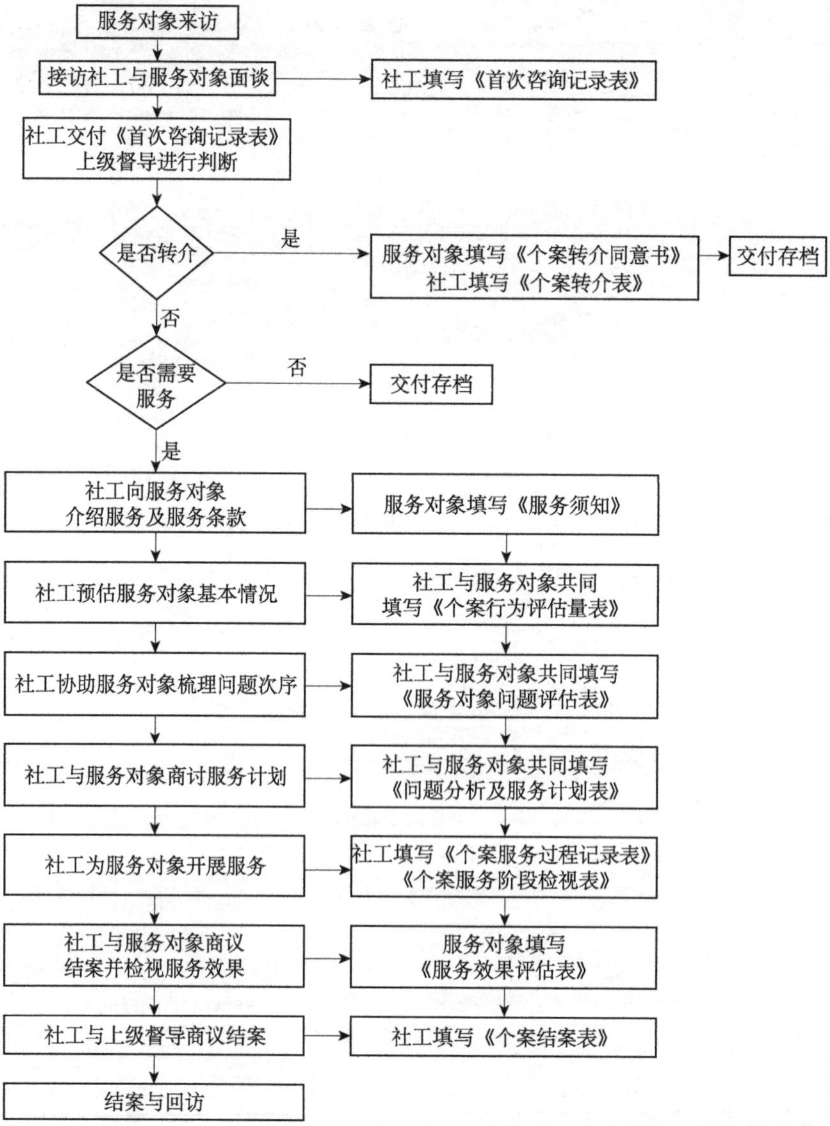

## 二、 首次咨询记录表

| 个人信息 | | | | | |
|---|---|---|---|---|---|
| 姓名 | | 性别 | | 年龄 | |
| 电话 | | 住址 | | | |
| 婚姻状况 | | 职业 | | | |
| 户籍 | | 籍贯 | | | |
| 证件号码 | | | | | |
| 接案社工 | | | 接案时间 | | |
| 接案途径 | | | | | |

| 家庭信息 | | | | | | |
|---|---|---|---|---|---|---|
| 姓名 | 关系 | 性别 | 年龄 | 从事职业 | 所在地区 | 联系方式 |
| | | | | | | |
| | | | | | | |

**问题/需要**

□康复服务　□家庭暴力　□学习问题　□法律咨询

□心理辅导　□婚姻问题　□流浪救助　□政策指引

□哀伤辅导　□未婚怀孕　□经济援助　□纠纷调解

□精神问题　□家庭关系　□老人赡养　□就业推荐

□其他：

**个案背景**

| 接案社工建议 | |
|---|---|
| 危机因素 | □低□中□高<br>说明： |
| 紧急服务 | □需要□不需要<br>说明： |
| 跟进服务 | □需要□不需要<br>说明： |

**服务对象态度**

□愿意接受服务□不愿意接受服务□不适用

说明：

| 上级督导建议 | | | |
|---|---|---|---|
| 跟进服务 | □需要□不需要 | 任务委派 | |

上级督导备注：

上级督导签名：

日期：

## 三、个案转介同意书

本人完全明白及同意_____________社工服务中心转介本人/____________（身份证号码：_____________）到_____________，目的是________________。

服务对象签名：
日期：
负责社工签名：
日期：

（备注：您提供的资料，将会用于申请有关服务，您有权查阅及更正本机构所保存的有关您的资料。如有任何疑问，或要求查阅更正资料，请联络有关职员或本机构负责人。）

## 四、个案转介表

| 转出机构信息 | | | |
|---|---|---|---|
| 转出机构 | | | |
| 社工姓名 | | 联系方式 | |
| 个案类型 | | 接案日期 | |

服务对象/家长同意将其转介到＿＿＿＿＿□是□否

| 个案资料 | | | |
|---|---|---|---|
| 姓名 | | 身份证号码 | |
| 性别 | | 出生日期 | |
| 地址 | | 联系方式 | |

相关家庭成员

| 姓名 | 关系 | 性别 | 年龄 | 从事职业 | 所在地区 | 联系方式 |
|---|---|---|---|---|---|---|
| | | | | | | |
| | | | | | | |
| | | | | | | |

现正为服务对象提供服务的其他机构：

社工曾处理的问题：

个案发展：

社工评估和建议：

社工签名：　　　　　　　　上级督导签名：

日期：　　　　　　　　　　日期：

注：本表一式两份，一份由服务对象交给转入机构，一份由转出机构存档。

## 五、服务须知

本机构为您提供的服务由政府购买，不向您收取任何费用。请仔细阅读以下条款，在确认您完全同意后签署姓名。

(1) 我已了解个案辅导服务所包含的内容，并自愿接受该服务。

(2) 我同意该服务机构在保密的情况下记录我的个人信息，并将服务过程作为内部档案留存。

(3) 我明白社工服务以“助人自助”为基本原则，服务效果与我本人的参与度密切相关，在接受服务的同时我仍然负有自主解决问题的责任。

(4) 我明白若服务目标已达成，社工会主动与我商讨结束服务，我也有权随时与社工协商，提出终止服务。

本人签名：

签署日期：

## 六、个案行为评估量表

| 服务对象姓名： | 个案编号： |
|---|---|
| □没有完成行为量表评估［原因：□不需要（请说明）］ | |
| □当事人□未能/□拒绝回答 | |
| □转介人未能提供详情 | |
| □其他（请说明） | |
| □完成行为量表（评估日期：　　　　　　　　） | |

在过去（6个月内），当事人是否有以下情况

| 项目描述 | | | 服务对象 | | | | | | 社工≠ | | 备注 |
|---|---|---|---|---|---|---|---|---|---|---|---|
| 注：以下有阴影部分为重点问题<br>请圈出问题的严重程度 | | | 没有 | 有 | | 不知道 | 不适用 | 没有 | 有 | | |
| | | | | 不严重 | 严重 | | | | 不严重 | 严重 | |
| 生理方面 | 1 | 睡眠出现问题 | □ | 1□ | 2□ | □ | □ | □ | 1□ | 2□ | |
| | 2 | 胃口出现问题 | □ | 1□ | 2□ | □ | □ | □ | 1□ | 2□ | |
| | 3 | 健康出现问题 | □ | 1□ | 2□ | □ | □ | □ | 1□ | 2□ | |
| | 4 | 记忆力方面出现问题 | □ | 1□ | 2□ | □ | □ | □ | 1□ | 2□ | |
| 行为习惯方面 | 5 | 出现饮酒过量问题 | □ | 1□ | 2□ | □ | □ | □ | 1□ | 2□ | |
| | 6 | 出现药物、毒品、酒精饮品依赖等问题 | □ | 1□ | 2□ | □ | □ | □ | 1□ | 2□ | |
| | 7 | 出现沉迷赌博问题 | □ | 1□ | 2□ | □ | □ | □ | 1□ | 2□ | |
| | 8 | 工作、学习、注意力出现问题 | □ | 1□ | 2□ | □ | □ | □ | 1□ | 2□ | |

续表

| 项目描述 | | | 服务对象 | | | | | 社工＃ | | | 备注 |
|---|---|---|---|---|---|---|---|---|---|---|---|
| 注：以下有阴影部分为重点问题<br>请圈出问题的严重程度 | | | 没有 | 有 | | 不知道 | 不适用 | 没有 | 有 | | |
| | | | | 不严重 | 严重 | | | | 不严重 | 严重 | |
| 精神方面 | 9 | 有奇怪或令人困扰的思想 | □ | 1□ | 2□ | □ | □ | □ | 1□ | 2□ | |
| | 10 | 听到奇怪的声音对你说话 | □ | 1□ | 2□ | □ | □ | □ | 1□ | 2□ | |
| | 11 | 见到别人看不见的奇怪影像 | □ | 1□ | 2□ | □ | □ | □ | 1□ | 2□ | |
| | 12 | 觉得有人伤害你 | □ | 1□ | 2□ | □ | □ | □ | 1□ | 2□ | |
| | 13 | 感到抑郁以致影响日常生活 | □ | 1□ | 2□ | □ | □ | □ | 1□ | 2□ | |
| | 14 | 感到恐惧、焦虑以致影响日常生活 | □ | 1□ | 2□ | □ | □ | □ | 1□ | 2□ | |
| | 15 | 想袭击他人 | □ | 1□ | 2□ | □ | □ | □ | 1□ | 2□ | |
| | 16 | 有结束自己生命的念头 | □ | 1□ | 2□ | □ | □ | □ | 1□ | 2□ | |
| | 17 | 曾有自毁行为（如割脉） | □ | 1□ | 2□ | □ | □ | □ | 1□ | 2□ | |
| 人际关系方面 | 18 | 经历感情□婚姻□关系的变化 | □ | 1□ | 2□ | □ | □ | □ | 1□ | 2□ | |
| | 19 | 经历情感□婚姻暴力□虐待□事件 | □ | 1□ | 2□ | □ | □ | □ | 1□ | 2□ | |
| | 20 | 经历情感□婚姻□受第三者困扰 | □ | 1□ | 2□ | □ | □ | □ | 1□ | 2□ | |
| | 21 | 觉得管教□照顾□子女有困难 | □ | 1□ | 2□ | □ | □ | □ | 1□ | 2□ | |
| | 22 | 觉得父母□子女□被虐待 | □ | 1□ | 2□ | □ | □ | □ | 1□ | 2□ | |
| | 23 | 与父母□子女□相处出现问题 | □ | 1□ | 2□ | □ | □ | □ | 1□ | 2□ | |
| | 24 | 与朋友□同事□邻居□相处有问题 | □ | 1□ | 2□ | □ | □ | □ | 1□ | 2□ | |
| | 25 | 与兄弟姐妹相处出现问题 | □ | 1□ | 2□ | □ | □ | □ | 1□ | 2□ | |
| | 26 | 姻亲相处有问题 | □ | 1□ | 2□ | □ | □ | □ | 1□ | 2□ | |
| | 27 | 经历亲人□朋友□去世的哀伤 | □ | 1□ | 2□ | □ | □ | □ | 1□ | 2□ | |

续表

| 项目描述 | | | 服务对象 | | | | | 社工# | | | 备注 |
|---|---|---|---|---|---|---|---|---|---|---|---|
| 注：以下有阴影部分为重点问题<br>请圈出问题的严重程度 | | | 没有 | 有 | | 不知道 | 不适用 | 没有 | 有 | | |
| | | | | 不严重 | 严重 | | | | 不严重 | 严重 | |
| 工作/学业方面 | 28 | 学业上有困难 | □ | 1□ | 2□ | □ | □ | □ | 1□ | 2□ | |
| | 29 | 工作不稳定 | □ | 1□ | 2□ | □ | □ | □ | 1□ | 2□ | |
| | 30 | 有经济困难□压力□ | □ | 1□ | 2□ | □ | □ | □ | 1□ | 2□ | |
| 其他 | 31 | 缺乏照顾□支援□ | □ | 1□ | 2□ | □ | □ | □ | 1□ | 2□ | |
| | 32 | 其他 | □ | 1□ | 2□ | □ | □ | □ | 1□ | 2□ | |
| 重点问题分： | | | | | | 重点问题分： | | | | | |
| 非重点问题分： | | | | | | 非重点问题分： | | | | | |

注：①#只适用于社工与当事人的评估有差别时。

②区别分数：0至4分→小组/活动；如社工需要进一步评估服务对象的需要/服务要求→个案辅导。

5分或以上→个案辅导。

## 七、服务对象问题评估表

| 服务对象姓名 | | 个案编码 | |
|---|---|---|---|
| 接案日期 | | 评估日期 | |
| 请填写服务对象需要处理的问题（按优先次序） | | 困扰程度（0至5分，0代表不困扰，5代表非常困扰） | |
| 1. | | | |
| 2. | | | |
| 3. | | | |
| 4. | | | |
| 5. | | | |
| 6. | | | |
| 7. | | | |
| 8. | | | |
| 9. | | | |
| 10. | | | |

社工签名：

签署日期：

## 八、问题分析及服务计划表

| 服务对象姓名： | 个案编码： |
|---|---|
| **问题呈现** | |
| （服务对象自述的表面问题，可引用原话） | |
| **问题分析** | |
| （社工根据所述情况，分析问题的深层根源所在） | |
| **目标制定** | |
| （与服务对象商议后制定目标） | |
| **行动策略** | |
| （具体化的行动） | |

社工签名：

签署日期：

上级督导签名：

签署日期：

## 九、个案服务过程记录表

| 服务对象姓名： | 个案编码： |
|---|---|

| 日期： | 时间： | 地点： |
|---|---|---|
| 参与人员： | | 服务方式：（面谈/电联/家访/与其他单位联系） |

服务过程/评估/跟进
1. 服务对象现在的情况
2. 社工观察/评估
3. 社工建议/下次联络时间/下次跟进事项

| 日期： | 时间： | 地点： |
|---|---|---|
| 参与人员： | | 服务方式： |

服务过程/评估/跟进
1. 服务跟进
2. 服务对象现在的情况
3. 社工观察/评估
4. 社工建议/下次联络时间/下次跟进事项

| 日期： | 时间： | 地点： |
|---|---|---|
| 参与人员： | | 服务方式： |

服务过程/评估/跟进
1. 服务跟进
2. 服务对象现在的情况
3. 社工观察/评估
4. 社工建议/下次联络时间/下次跟进事项

社工签名：

签署日期：

## 十、个案服务阶段检视表

服务对象姓名：　　　　　　　　　　个案编号：

| | | |
|---|---|---|
| 原服务需求： | 目前阶段的变化： | 近阶段服务需求： |
| 原服务目标： | 目前阶段的变化： | 将目标修订为： |
| 原行动计划： | 目前阶段的变化： | 将行动计划修订为： |

社工签名：
签署日期：
督导意见：

注：此表为长期个案服务检视所用，个案服务时间满六个月/一年或服务对象情境有较大改变时使用。

## 十一、服务效果评估表

（结案/未结案）

服务对象姓名：________个案编码：________填表日期：________

1. 您对负责社工的表现满意吗？

□非常满意□满意□一般□不满意□非常不满意

2. 负责社工为您提供了何种帮助？请从下列项目中挑选（可选多项）

□没有提供帮助

□转介服务□提供有用资料□行为问题

□婚姻关系调适□家庭关系调适□学习问题

□复康工作□生活适应□健康问题

□情绪辅导□人际关系□就业辅导

3. 总体而言，服务能否协助您面对/解决您的困难？

| 完全不能解决←——→完全能解决 | | | | | | | | | |
|---|---|---|---|---|---|---|---|---|---|
| 1 | 2 | 3 | 4 | 5 | 6 | 7 | 8 | 9 | 10 |

4. 自接受本机构服务后，您的情况是否有改善？

| 完全没有改善←——→完全改善 | | | | | | | | | |
|---|---|---|---|---|---|---|---|---|---|
| 1 | 2 | 3 | 4 | 5 | 6 | 7 | 8 | 9 | 10 |

5. 与社工接触时，您对解决您困难的积极性如何？

□非常积极□积极□一般□不积极□非常不积极

6. 本服务结束之时，您与社工双方原商定的目标能否达到？

□能□不能（原因：________________）

7. 其他评语及意见：

________________________________________

________________________________________

## 十二、个案结案表

| 服务对象姓名： | 个案编码： |
|---|---|
| 接案日期： | 结案日期： |

**服务过程及现状总结**

1. 服务时间跨度、服务次数、服务方式
2. 服务对象的情况变化、问题解决程度
3. 目前服务对象的意愿、情绪、期望等
4. 社工观察、总结

**协定服务目标达成情况**

1. 目标一
2. 目标二
3. 目标三

**结案原因**

□目标达到□超出服务范围
□社工认为不适合继续跟进（如：服务对象失去联系）
□服务对象不愿意继续接受服务（注明原因）
□其他情况（注明情况）

**服务对象知道个案已结束及其他相关情况：□是□否**

社工签名：

签署日期：

上级督导签名：

签署日期：

# 附录二 残疾人小组工作用表

## 一、基本情况登记表

| | | | | | |
|---|---|---|---|---|---|
| 姓名 | | 性别 | | 籍贯 | |
| 出生年月 | | 文化程度 | | 婚姻状况 | |
| 家庭月收入 | | 残疾类别 | | 残疾部位 | |
| 残疾等级 | | 残疾原因 | | | |
| 是否就业 | | 是否低保户 | | 每月领低保金 | |

小组协议如下。

（1）保密：为每个人的隐私绝对保密，若由于特殊情况要将组内资料向外呈报，亦需同时指出原因及所涉及范围。

（2）开放：在集体中充分信任他人，袒露成长中的烦恼，并敞开胸襟吸纳多方观点。

（3）非评判：欢迎不同意见，但不伤害他人，不评判正确与错误，不批判别人的观点。

（4）鼓励：组员伤心时，学会鼓励对方。

（5）尽情表达：鼓励用自己的观点来阐述自己的价值观和喜好。

（6）团结合作：组员与工作人员平等地营造一个舒适和能自由发表意见的环境。

（7）平等参与：积极参与组内活动，接受自己将要扮演的角色，不得随便更改。

（8）归属感：组员对小组有投入感，准时到会，不无故缺席。

（9）小组活动时不得吵闹。

（10）小组为封闭式小组，组员守约而不轻易退队。

（11）组员有权利放弃参与自己不喜欢的活动项目。

（12）个别组员若有需要，可以单独约见组长。

（13）组内有相应的奖惩规则（讨论）。

组员签名：

日期：

## 二、小组计划书

### （一）小组计划书

编号：

（至少于小组开展活动 10 个工作日前递交）

小组名称：

<table>
<tr><td>1</td><td colspan="2">小组背景：</td><td rowspan="8">督导意见：</td></tr>
<tr><td>2</td><td colspan="2">理论架构：</td></tr>
<tr><td>3</td><td colspan="2">小组目标：</td></tr>
<tr><td>4</td><td colspan="2">小组对象：</td></tr>
<tr><td>5</td><td colspan="2">小组详情：</td></tr>
<tr><td>6</td><td colspan="2">招募小组对象方法：</td></tr>
<tr><td>7</td><td colspan="2">所需人力资源：</td></tr>
<tr><td>8</td><td colspan="2">小组检讨方式 / 评估方法：</td></tr>
<tr><td rowspan="4">9</td><td>可预见的困难：</td><td>对策：</td><td rowspan="4"></td></tr>
<tr><td></td><td></td></tr>
<tr><td></td><td></td></tr>
<tr><td></td><td></td></tr>
</table>

### （二）小组每节具体计划

第 1 节主题：

<table>
<tr><td>日期/时间</td><td>目的</td><td>内容</td><td>所需物资</td><td>负责人</td></tr>
<tr><td></td><td></td><td></td><td></td><td></td></tr>
<tr><td></td><td></td><td></td><td></td><td></td></tr>
<tr><td></td><td></td><td></td><td></td><td></td></tr>
<tr><td>服务主任/<br>督导意见</td><td colspan="4"></td></tr>
</table>

第 2 节主题：

…………

第 3 节主题：

…………

（可自行增减填写空行）

## 三、罗森伯格自尊量表

请在你认为最适合自己的选项后画“√”。

1. 我认为自己是个有价值的人，至少与别人不相上下。

(1) 非常同意____。(2) 同意____。(3) 不同意____。(4) 非常不同意____。

2. 我觉得我有许多优点。

(1) 非常同意____。(2) 同意____。(3) 不同意____。(4) 非常不同意____。

3. 总的来说，我倾向于认为自己是一个失败者。*

(1) 非常同意____。(2) 同意____。(3) 不同意____。(4) 非常不同意____。

4. 我做事可以做得和大多数人一样好。

(1) 非常同意____。(2) 同意____。(3) 不同意____。(4) 非常不同意____。

5. 我觉得自己没有什么值得自豪的地方。*

(1) 非常同意____。(2) 同意____。(3) 不同意____。(4) 非常不同意____。

6. 我对自己持一种肯定的态度。

(1) 非常同意____。(2) 同意____。(3) 不同意____。(4) 非常不同意____。

7. 整体而言，我对自己很满意。

(1) 非常同意____。(2) 同意____。(3) 不同意____。(4) 非常不同意____。

8. 我要是能更看得起自己就好了。*

(1) 非常同意____。(2) 同意____。(3) 不同意____。(4) 非常不同意____。

9. 有时我的确感到自己很没用。*

(1) 非常同意____。(2) 同意____。(3) 不同意____。(4) 非常不同意____。

10. 有时我觉得自己一无是处。*

(1) 非常同意____。(2) 同意____。(3) 不同意____。(4) 非常不同意____。

注：*号表示是反向计分题。

评分标准：在1、2、4、6、7题中，(1)、(2)、(3)、(4) 选项的分值分别为4分、3分、2分、1分；在3、5、8、9、10题中，(1)、(2)、(3)、(4) 选项的分值分别为1分、2分、3分、4分。

结果分析：本表最高得40分，最低得10分。分值越高，表示自尊程度越高。

## 四、小组活动量表

1＝非常不符合；2＝大部分不符合；3＝不确定；4＝基本符合；5＝非常符合

（1）我觉得小组是一个安全和值得信任的环境。（　　）

（2）我觉得大家互相信任而且坦诚。（　　）

（3）我能在小组活动中自由地表达我的看法和意见，而不必担心其他组员的批评指责。（　　）

（4）小组成员都能对其他人表示应有的关注，聆听他人的发言。（　　）

（5）我在小组中能够对他人的分享给予关注，能够仔细聆听。（　　）

（6）我讲话没人听，而且经常被人打断。（　　）

（7）我不想分享我的感受和经验。（　　）

（8）参加小组让我觉得快乐而轻松。（　　）

（9）参加小组使我对自己越来越有信心。（　　）

（10）在小组中我乐于和其他人分享我的经验。（　　）

（11）我对自己在小组中的表现是满意的。（　　）

（12）我喜欢组长的领导方式。（　　）

（13）我可以在小组活动中学到东西，觉得小组聚会是有意义的。（　　）

我认为在本次小组活动中能学到的是：

我认为本次小组活动应该改进的是：

## 五、小组工作结案评估表

| | | | |
|---|---|---|---|
| 小组名称 | | 社工姓名 | |
| 起止时间 | | 单元次数 | |

目标达成情况

参与者参与/表现情况

社工自我总评

建议

督导意见

签名：

年　月　日

# 附录三 残疾人社区社会工作用表

## 一、社会支持评定量表（肖水源1986年编制）

指导语：下面的问题用于反映您在社会中所获得的支持，请按各个问题的具体要求，根据您的实际情况写。谢谢您的合作。

1. 您有多少关系密切、可以得到支持和帮助的朋友？________（只选一项）

（1）一个也没有。（2）1～2个。（3）3～5个。（4）6个或6个以上。

2. 近一年来您________（只选一项）

（1）远离家人，且独居一室。

（2）住处经常变动，多数时间和陌生人住在一起。

（3）和同学、同事或朋友住在一起。

（4）和家人住在一起。

3. 您与邻居________（只选一项）

（1）相互之间从不关心，只是点头之交。

（2）遇到困难可能稍微关心。

（3）有些邻居很关心您。

（4）大多数邻居都很关心您。

4. 您与同事________（只选一项）

（1）相互之间从不关心，只是点头之交。

（2）遇到困难可能稍微关心。

（3）有些同事很关心您。

（4）大多数同事都很关心您。

5. 从家庭成员处得到的支持和照顾（在无、极少、一般、全力支持四个选项中选择合适选项）

Ⅰ. 夫妻（恋人）________

A. 无 B. 极少 C. 一般 D. 全力支持

Ⅱ. 父母________

A. 无 B. 极少 C. 一般 D. 全力支持

Ⅲ. 儿女________

A. 无 B. 极少 C. 一般 D. 全力支持

Ⅳ. 兄弟姐妹________

A. 无 B. 极少 C. 一般 D. 全力支持

Ⅴ. 其他成员（如嫂子）________

A. 无 B. 极少 C. 一般 D. 全力支持

6. 过去，在您遇到急难情况时，曾经得到的经济支持和解决实际问题的帮助的来源有__________

（1）无任何来源。

（2）下列来源__________（可选多项）

A. 配偶 B. 其他家人 C. 亲戚 D. 朋友 E. 同事 F. 工作单位 G. 党团工会等官方或半官方组织 H. 宗教、社会团体等非官方组织 I. 其他（请列出）

7. 过去，在您遇到急难情况时，曾经得到的安慰和关心的来源有__________

（1）无任何来源。

（2）下列来源__________（可选多项）

A. 配偶 B. 其他家人 C. 朋友 D. 亲戚 E. 同事 F. 工作单位 G. 党团工会等官方或半官方组织 H. 宗教、社会团体等非官方组织 I. 其他（请列出）

8. 您遇到烦恼时的倾诉方式__________（只选一项）

（1）从不向任何人诉述。

（2）只向关系极为密切的1～2个人诉述。

（3）如果朋友主动询问，您会说出来。

（4）主动述说自己的烦恼，以获得支持和理解。

9. 您遇到烦恼时的求助方式__________（只选一项）

（1）只靠自己，不接受别人帮助。

（2）很少请求别人帮助。

（3）有时请求别人帮助。

（4）有困难时经常向家人、亲友、组织求援。

10. 对于团体（如党团组织、宗教组织、工会、学生会等）组织活动，您__________（只选一项）

（1）从不参加。

（2）偶尔参加。

（3）经常参加。

（4）主动参加并积极活动。

计分原则：

1. 社会支持评定量表条目计分方法

（1）第1～4、8～10条：每条只选一项，选择（1）（2）（3）（4）项分别计1、2、3、4分。

（2）第5条分A、B、C、D四项计总分，每项从“无”到“全力支持”分别计1～4分。

（3）第6、7条如回答“无任何来源”则计0分，回答“下列来源”者，有几个来源就计几分。

2. 社会支持评定量表分析方法

(1) 总分：即 10 个条目计分之和。

(2) 客观支持分：2、6、7 条计分之和。

(3) 主观支持分：1、3、4、5 条计分之和。

(4) 对支持的利用度：8、9、10 条。

## 二、社会再适应量表（霍尔姆斯和瑞赫 1967）

| 序号 | 生活事件 | 压力指数 |
|---|---|---|
| 1 | 配偶死亡 | 100 |
| 2 | 离婚 | 73 |
| 3 | 婚姻失败（分居） | 65 |
| 4 | 监禁 | 63 |
| 5 | 家庭亲密成员死亡 | 63 |
| 6 | 受到伤害或疾病 | 53 |
| 7 | 结婚 | 50 |
| 8 | 被解雇 | 47 |
| 9 | 与配偶重修旧好 | 45 |
| 10 | 退休 | 45 |
| 11 | 家庭成员健康状况改变 | 44 |
| 12 | 怀孕 | 40 |
| 13 | 性生活障碍 | 39 |
| 14 | 家庭中增加新成员 | 39 |
| 15 | 职务重新调整 | 39 |
| 16 | 收入状况改变 | 38 |
| 17 | 亲密朋友死亡 | 37 |
| 18 | 改行 | 36 |
| 19 | 与配偶争吵次数改变 | 35 |
| 20 | 负债超过 1 万美元 | 31 |
| 21 | 贷款或契据取消 | 30 |
| 22 | 工作中职责变化 | 29 |
| 23 | 子女离家 | 29 |
| 24 | 吃官司 | 29 |
| 25 | 个人取得杰出成就 | 28 |
| 26 | 配偶开始或停止工作 | 26 |
| 27 | 学业开始或结束 | 26 |
| 28 | 生活水平改变 | 25 |
| 29 | 修正个人习惯 | 24 |
| 30 | 和上司相处不好 | 23 |
| 31 | 工作时数或工作条件改变 | 20 |
| 32 | 搬家 | 20 |

续表

| 序号 | 生活事件 | 压力指数 |
|---|---|---|
| 33 | 转校 | 19 |
| 34 | 娱乐方式转变 | 19 |
| 35 | 教堂活动改变 | 19 |
| 36 | 社交活动改变 | 18 |
| 37 | 贷款（少于1万美元） | 17 |
| 38 | 睡眠习惯改变 | 16 |
| 39 | 家庭联欢时人数改变 | 15 |
| 40 | 饮食习惯改变 | 15 |
| 41 | 度假 | 13 |
| 42 | 过圣诞节 | 12 |
| 43 | 轻微犯法 | 11 |

简介：经实践检验，该量表有一定实用价值。“量表上得分较高的人，较容易罹患心脏病、骨折、糖尿病、白血病以及小感冒。”量表中的分数，也与“精神障碍、抑郁、精神分裂症以及严重的心理疾病有关”。另外，多种生活事件不断的累加，其效应就更明显，由于遭遇者的整体免疫功能降低，极易患病。

## 三、纽芬兰纪念大学幸福度量表

我们想问一些关于你的日子过得怎么样的问题。在最近几个月里，你是否有下面所描述的感受？如果符合你的情况，答“1=是”，如不符合，答“2=否”，如不清楚，答“3=不知道”。请将所选数字写在题号后 [ ] 内。

您的：姓名（ ）性别（ ）出生日期（ ）职业（ ）文化程度（ ）

1. [ ] 你处于巅峰状态吗？(PA)
2. [ ] 你情绪很好吗？(PA)
3. [ ] 你对自己的生活特别满意吗？(PA)
4. [ ] 你感到很走运吗？(PA)
5. [ ] 你烦恼吗？(NA)
6. [ ] 你非常孤独或与人疏远吗？(NA)
7. [ ] 你忧虑或非常不愉快吗？(NA)
8. [ ] 你会因为不知道将会发生什么事情而担心吗？(NA)
9. [ ] 你为自己目前的生活状态感到哀怨吗？(NA)
10. [ ] 总的来说，生活处境的改变使你满意吗？(PA)
11. [ ] 这段时间是你一生中最难受的时期吗？(NE)
12. [ ] 你像年轻时一样高兴吗？(PE)
13. [ ] 你所做的大多数事情都单调或令你厌烦吗？(NE)
14. [ ] 过去你感兴趣做的事情，现在仍然乐在其中吗？(NE)
15. [ ] 当你回顾一生时，感到相当满意吗？(PE)
16. [ ] 随着年龄的增加，一切事情更加糟糕吗？(NE)
17. [ ] 你感到很孤独吗？(NE)
18. [ ] 今年有一些小事使你烦恼吗？(NE)
19. [ ] 如果你能随便选择自己的住处的话，你愿意选择哪里？(PE)
20. [ ] 有时你感到活着没意思吗？(NE)
21. [ ] 你现在和年轻时一样快乐吗？(PE)
22. [ ] 大多数时候你感到生活是艰苦的吗？(NE)
23. [ ] 你对你当前的生活满意吗？(PE)
24. [ ] 和同龄人相比，你的健康状况与他们差不多，甚至更好些吗？(PE)

简介：

纽芬兰纪念大学幸福度量表（MUNSH）的理论结构是情感平衡理论。这一理论把幸福理解为两种对立而同样重要的、彼此独立的情感之间的平衡，即正性情感与负性情感之间的平衡。正性情感增加一个人的幸福度，负性情感降低一个人的幸福度，总的幸福度是两者之间平衡的结果。MUNSH 由 24 个条目组成：10 个条目反映正性和负性情感，其中 5 个条目反映正性情感（PA），5 个条目反映负性情感（NA）；14 个条目反映正性和负性体验，其中 7 个条目反映正性体验（PE），另 7 个条目反映负性体验（NE）。总的幸福度＝PA－NA＋PE－NE。

评分：

对每个条目答“是”，记 2 分；答“不知道”，记 1 分；答“否”，记 0 分。第 19 项答“现在住的地方”，记 2 分；答“别的”，记 0 分。第 23 项答“满意”，记 2 分；答“不满意”，记 0 分。总分＝PA－NA＋PE－NE，得分范围为－24 分至＋24 分。为了便于计算，加上常数 24，记分范围为 0～48 分。

## 四、家庭亲密度与适应性量表

指导语：这里共有 30 个关于家庭关系和活动的问题。这里所指的家庭是指与您共同食宿的小家庭。请您按照您家庭目前的实际情况来回答，回答时请您在右侧五个的答案中选一个您认为适当的答案。请不要有什么顾虑，认真按您自己的意见回答每个问题，不要参考家庭其他成员的意见。如果您对某个问题不太清楚如何回答，请按估计选一个最接近的，不要漏项。

说明：此心理测试分为两部分，一部分是家庭目前的实际情况，一部分是理想中的家庭情况。项目是一样的，每个项目都有五个备选答案，两部分的选择结果可能不同。

| 序号 | 项目 | 不是 | 偶尔 | 有时 | 经常 | 总是 |
|---|---|---|---|---|---|---|
| 1 | 在有难处时，家庭成员都会尽最大的努力相互支持。 | | | | | |
| 2 | 在我们的家庭中，每个成员都可以随便发表自己的意见。 | | | | | |
| 3 | 我们家的成员比较愿意与朋友商讨个人问题，而不太愿意与家人商讨。 | | | | | |
| 4 | 每个家庭成员都参与重大的家庭决策。 | | | | | |
| 5 | 所有家庭成员会聚集在一起进行活动。 | | | | | |
| 6 | 晚辈可以对长辈的教导发表自己的意见。 | | | | | |
| 7 | 在家里，有事大家一起做。 | | | | | |
| 8 | 家庭成员一起讨论问题，并对问题的解决感到满意。 | | | | | |
| 9 | 家庭成员与朋友的关系比家庭成员的关系更亲密。 | | | | | |
| 10 | 在家庭中，我们轮流分担不同的家务。 | | | | | |
| 11 | 家庭成员都互相熟悉其他成员的亲密朋友。 | | | | | |
| 12 | 家庭状况有变化时，家庭平常的生活规律和家规很容易有相应的改变。 | 不是 | 偶尔 | 有时 | 经常 | 总是 |
| 13 | 家庭成员自己要做决策时，喜欢与家人一起商量。 | | | | | |
| 14 | 当家庭中出现矛盾时，成员之间互相谦让取得妥协。 | | | | | |
| 15 | 在我们家，娱乐活动都是全家一起做的。 | | | | | |
| 16 | 在解决问题时，孩子们的建议能够被接受。 | | | | | |
| 17 | 家庭成员之间的关系是非常密切的。 | | | | | |
| 18 | 我们家的家教是合理的。 | | | | | |
| 19 | 在我们家，每个成员都习惯单独活动。 | | | | | |
| 20 | 我们家喜欢用新方法去解决遇到的问题。 | | | | | |
| 21 | 家庭成员都能按家庭所做的决定去做事。 | | | | | |
| 22 | 在我们家，每个成员都分担家庭义务。 | | | | | |
| 23 | 家庭成员喜欢在一起度过业余时间。 | | | | | |
| 24 | 尽管家里有人有这样的想法，家庭的生活规律和家规还是难以改变。 | | | | | |

续表

| 序号 | 项目 | 不是 | 偶尔 | 有时 | 经常 | 总是 |
|---|---|---|---|---|---|---|
| 25 | 家庭成员都很主动地和家里其他人谈自己的心里话。 | | | | | |
| 26 | 在家里，家庭成员可以随便提出自己的要求。 | | | | | |
| 27 | 家庭中，每个家庭成员都分担家庭义务。 | | | | | |
| 28 | 当家庭中产了矛盾，家庭成员会把自己的想法埋在心里。 | | | | | |
| 29 | 在家里，我们更愿意分开做事，而不太愿意和全家人一起做。 | | | | | |
| 30 | 家庭成员可以分享彼此的兴趣爱好。 | | | | | |

量表的评分与分析：

量表中30个问题的答案得分为1～5分：不是=1，偶尔=2，有时=3，经常=4，总是=5。

亲密度和适应性得分分别按如下方法计算：

亲密度得分=36+I～1+I～5+I～7+I～11+I～13+I～15+I～17+I～21+I～23+I～25+I～27+I～30－I～3－I～9－I～19－I～29

适应性得分=12+I～2+I～4+I～6+I～8+I～10+I～12+I～14+I～16+I～18+I～20+I～22+I～26－I～24－I～28

“I～X”表示第X条项目的得分。

简介：家庭亲密度与适应性量表第二版（Family Adaptability and Cohesion Evaluation Scales，FACES II）由奥尔森（Olson）等于1982年编制。该量表为自评量表，包括两个分量表，共有30个项目，大约需25分钟完成。FACES II 主要评价两方面的家庭功能：（1）亲密度（cohesion），即家庭成员之间的情感联系；（2）适应性（adaptability），即家庭体系随着家庭处境和不同发展阶段出现的问题而做出相应改变的能力。每个项目的答案分为五个等级，参试者的回答代表该项目所描述的状况在其家庭出现的程度。对这30个项目的每个项目，参试者要回答两次，一次是对自己家庭现状的实际感受，另一次是自己所希望的理想家庭状况。FACES II 有两个稍有不同的版本，一个用于有孩子同住的家庭，另一个则用于无孩子同住的家庭。根据奥尔森等的家庭“拱极模式”（circumpolar model），用FACES II 的家庭亲密度与适应性这两个分量表的分数可将参试者的家庭区分成16种家庭类型。目前，FACES II 在美国已广泛应用于（1）对不同的家庭类型进行比较；（2）找出在家庭治疗中需要解决的各种问题；（3）评价家庭干预的效果。

## 五、家庭功能评定量表

### （一）介绍

自20世纪60年代以来，精神病学家和心理治疗家对家庭治疗的兴趣与日俱增，有关家庭治疗和家庭功能的文章层出不穷。因此，设计出可信的评定家庭功能的工具便成为一个首要问题。有研究表明，家庭功能主要与家庭系统中的相互作用和系统性质有关，而与家庭成员的内心活动关系不大。因此，作者设计出了家庭功能评定（family assessment device，FAD），用以收集整个家庭系统各方面的资料。在设计FAD时，条目的选择参照了以往的一些研究结果，并依据麦克马斯特（McMaster）的家庭功能模式（McMaster model family functioning，MMFF）来确定量表的测定范围。FAD起初含240个条目，第二次修订后含53个条目，第三次修订后又增加了7个条目，共60个条目。MMFF将家庭功能概括为以下七个方面，也就是FAD的七个分量表：

（1）问题解决（problem solving，PS）：指在维持有效的家庭功能水平时，家庭解决问题（指威胁到家庭完整和功能容量的问题）的能力，包含以下条目：2、12、24、38、50、60。

（2）沟通（communication，CM）：家庭成员的信息交流。重点在于言语信息的内容是否清楚，信息传递是否直接。包含以下条目：3、14、18、22、29、35、43、52、59。

（3）角色（roles，RL）：这里指家庭是否建立了完成一系列家庭功能的行为模式，如提供生活来源、营养和支持，支持个人发展、管理家庭，为成人提供性满足。此外，还包括任务分工是否明确和公平，以及家庭成员是否认真地完成了任务。本分量表包含以下条目：4、8、10、15、23、30、34、40、45、53、58。

（4）情感反应（affective responsiveness，AR）：评定家庭成员对刺激的情感反应的程度，包含的条目为：9、19、28、39、49、57。

（5）情感介入（affective involvement，AI）：评定家庭成员相互之间对对方的活动和一些事情关心和重视的程度，包含以下条目：5、13、25、33、37、42、54。

（6）行为控制（behavior control，BC）：评定一个家庭的行为方式。在不同的情形下有不同的行为控制模式。本分量表包含以下条目：7、17、20、27、32、44、47、48、55。

（7）总的功能（general functioning，GF）：从总体上评定家庭的功能，包含12个条目：1、6、11、16、21、26、31、36、41、46、51、56。

### （二）目的

FAD仅是一个筛选工具，其目的是简单有效地找到家庭系统中可能存在的问题。FAD所确定的问题均可进一步在生物、心理和社会因素方面进行探讨。

## （三）适应范围

FAD在涉及家庭功能评定的各种科研和临床工作中，均可作为一种工具被采用。

## （四）信度、效度检验

量表作者对FAD的信度、效度做过反复测定，均提示FAD有较好的信度和效度。

（1）FAD与社会性期望（social desirability）的关系：样本为随机选取的72个家庭中的164人，结果表明FAD 7个量表分与社会性愿望量表分的相关系数为－0.06～－0.19，提示社会性期望对家庭功能并不产生严重的影响。

（2）重测信度与平行效度：对45名健康者的两次FAD分（间隔1周）的分析显示信度系数分别为PS 0.66，CM 0.72，RL 0.75，AR 0.76，Al 0.67，BC 0.73，GF 0.71。对同一样本，比较FAD及家庭单元问卷（family unit inventory，FUI）的一些分量表，这些分量表从理论上分析应有相关的7个量表中，相关分析结果显示6个相关系数达0.5以上（0.51～0.75），1个相关系数为0.48。提示FAD与FUI有较好的平行效度。FAD与测定家庭功能的另一问卷FACESⅡ的比较分析也获得了类似的结果。

（3）判别效度：根据有经验的治疗者对42个家庭的家庭功能评定结果，将家庭分为健康和不健康两组，再比较每组的FAD的7个分量表，检验结果表明：仅行为控制在两组间差异未达显著性（P＝0.12），两组间其余各量表分的差异有显著性（P⩽0.01）。故在FAD的7个分量表中，有6个分量表能对家庭功能做出正确评价。将翻译后的问卷用于在25名已婚者中做信度检验（间隔10天），除问题解决分量表的相关系数稍低（r－0.32），其余6个分量表的相关系数在0.5以上（0.54～0.77），提示FAD有较好的信度。

## （五）使用方法及注意事项

（1）要求年龄在12岁以上的家庭成员都要完成FAD问卷。

（2）FAD的每个条目有四个答案供选择，评分为：很像我家＝1；像我家＝2；不像我家＝3；完全不像我家＝4。对不健康的条目（带＊号者），评分为5－实际得分。这样，对所有的条目来说，1分代表健康，4分代表不健康，每个量表的各条目得分的平均数即为该量表的得分，评分范围为1～4分。如果一个分量表的条目有40％未被回答，则该分量表不予计分。

## （六）结果的解释

参见（五）使用方法及注意事项。

## （七）应用价值及理论意义

FAD的理论基础是“McMaster家庭功能模式”，其所测定的家庭功能的范围与临床关系较密切，又具有良好的信度、效度。在临床工作和研究中，FAD可帮助我们对家庭功能进行较客观的评定，其结果对实际工作可提供理论参考。①

### （八）问卷

姓名________性别________年龄________测验日期________编号

指导语：这份量表包含了一些对家庭的描述，请仔细阅读每一项，并根据近两个月您对您家庭的看法（或者您对家庭近期的印象），在四个可能的答案中圈选出与您家庭最接近的数字。

选择答案的原则是：(1) 很像我家：这一项非常准确地描述了您的家庭。(2) 像我家：这一项大致上描述了您的家庭。(3) 不像我家：这一项不太符合您的家庭。(4) 完全不像我家：这一项完全不符合您的家庭。

测验题目（60题）

| | 很像我家 | 像我家 | 不像我家 | 完全不像我家 |
|---|---|---|---|---|
| 1. * 由于我们彼此误解，难以安排一些家庭活动。 | | | | |
| 2. 我们在住处附近解决大多数日常问题。 | | | | |
| 3. 当家中有人烦恼时，其他人知道他为什么烦恼。 | | | | |
| 4. * 当你要求某人去做某事时，你必须检查他们是否做了。 | | | | |
| 5. * 如果某人遇到麻烦时，其他人会过分关注。 | | | | |
| 6. 发生危机时，我们能相互支持。 | | | | |
| 7. * 当发生了出乎预料的意外时，我们手足无措。 | | | | |
| 8. * 我们家时常把我们所需要的东西用光。 | | | | |
| 9. * 我们相互都不愿流露出自己的感情。 | | | | |
| 10. 我们肯定家庭成员都尽到了各自的家庭职责。 | | | | |
| 11. * 我们不能相互谈论我们的忧愁。 | | | | |
| 12. 我们常根据我们对问题的决定去行动。 | | | | |
| 13. 你的事只有对别人也重要时，他们才会感兴趣。 | | | | |
| 14. * 从他们正在谈的话里，你不明白其中一个人是怎么想的。 | | | | |
| 15. * 家务事没有由家庭成员充分分担。 | | | | |
| 16. 无论每个人是什么样的，都能被别人认可。 | | | | |
| 17. * 你不按规矩办事，却很容易逃脱处分。 | | | | |
| 18. 大家把事情摆在桌面上说，而不用暗示的方法。 | | | | |
| 19. * 我们中有些人缺乏感情。 | | | | |
| 20. 在遇到突然事件时，我们知道怎么处理。 | | | | |
| 21. * 我们避免谈及我们害怕和关注的事。 | | | | |
| 22. * 我们难得相互说出温存的感受。 | | | | |

① WETAL M J. The McMaster family assessment device reliability and validity. Journal of Marital and Family Therapy, 1985, (11) 4: 345 - 356.

续表

| | 很像我家 | 像我家 | 不像我家 | 完全不像我家 |
|---|---|---|---|---|
| 23. * 我们遇到经济困难。 | | | | |
| 24. 在我们试图解决一个问题之后，通常要讨论这个问题是否已解决。 | | | | |
| 25. * 我们太以自我为中心了。 | | | | |
| 26. 我们能相互表达出自己的感受。 | | | | |
| 27. * 我们对梳妆、服饰、习惯无明确要求。 | | | | |
| 28. * 我们彼此间不表达爱意。 | | | | |
| 29. 我们对人说话都直说，不转弯抹角。 | | | | |
| 30. 我们每个人都有特定的任务和职责。 | | | | |
| 31. * 家庭的情绪气氛很不好。 | | | | |
| 32. 我们有惩罚人的原则。 | | | | |
| 33. * 只有当某事使我们都感兴趣时，我们才一起参加。 | | | | |
| 34. * 没有时间去做自己感兴趣的事。 | | | | |
| 35. * 我们经常不把自己的想法说出来。 | | | | |
| 36. 我们感到我们能被别人容忍。 | | | | |
| 37. * 只有当某件事对个人有利时，我们相互才感兴趣。 | | | | |
| 38. 我们能解决大多数情绪上的烦恼。 | | | | |
| 39. * 在我们家，亲密和温存居次要地位。 | | | | |
| 40. 我们讨论谁做家务。 | | | | |
| 41. * 在我们家，对事情做出决定是困难的。 | | | | |
| 42. * 我们家的人只有在对自己有利时，才彼此关照。 | | | | |
| 43. 我们相互间都很坦率。 | | | | |
| 44. * 我们不遵从任何规则和标准。 | | | | |
| 45. * 如果要人去做某件事，他们常需别人提醒。 | | | | |
| 46. 我们能够对如何解决问题做出决定。 | | | | |
| 47. * 如果原则被打破，我们不知道将会发生什么事。 | | | | |
| 48. * 在我们家什何事都行得通。 | | | | |
| 49. 我们将温存表达出来。 | | | | |
| 50. 我们镇静地面对涉及感情的问题。 | | | | |
| 51. * 我们不能和睦相处。 | | | | |
| 52. * 我们一生了气，就互不讲话。 | | | | |
| 53. * 一般来说，我们对分配给自己的家务活都感到不满意。 | | | | |
| 54. * 尽管我们用意良好，但还是过多地干预了彼此的生活。 | | | | |
| 55. 我们有应付危险情况的原则。 | | | | |
| 56. 我们相互信赖。 | | | | |
| 57. 我们会当众哭出声来。 | | | | |
| 58. * 我们没有合适的交通工具。 | | | | |
| 59. 当不喜欢有的人的所作所为时，我们就会给他指出来。 | | | | |
| 60. 我们想尽各种办法来解决问题。 | | | | |

**图书在版编目（CIP）数据**

残疾人社会工作/余艳萍主编；秦琴副主编．--北京：中国人民大学出版社，2021.9
新编21世纪社会工作系列教材
ISBN 978-7-300-29843-6

Ⅰ.①残… Ⅱ.①余… ②秦… Ⅲ.①残疾人-社会工作-中国-教材 Ⅳ.①D669.69

中国版本图书馆CIP数据核字（2021）第177769号

新编21世纪社会工作系列教材
**残疾人社会工作**
主　编　余艳萍
副主编　秦　琴
Canjiren Shehui Gongzuo

| | | | |
|---|---|---|---|
| **出版发行** | 中国人民大学出版社 | | |
| **社　　址** | 北京中关村大街31号 | **邮政编码** | 100080 |
| **电　　话** | 010－62511242（总编室） | | 010－62511770（质管部） |
| | 010－82501766（邮购部） | | 010－62514148（门市部） |
| | 010－62515195（发行公司） | | 010－62515275（盗版举报） |
| **网　　址** | http://www.crup.com.cn | | |
| **经　　销** | 新华书店 | | |
| **印　　刷** | 北京捷迅佳彩印刷有限公司 | | |
| **开　　本** | 787 mm×1092 mm　1/16 | **版　　次** | 2021年9月第1版 |
| **印　　张** | 16.25 插页1 | **印　　次** | 2025年3月第5次印刷 |
| **字　　数** | 331 000 | **定　　价** | 48.00元 |

## 关联课程教材推荐

| 书号 | 书名 | 作者 | 定价 |
|---|---|---|---|
| 978-7-300-27998-5 | 家庭社会工作（第二版） | 张翠娥 | 39.8 元 |
| 978-7-300-28092-9 | 社会工作行政（第二版） | 时立荣 | 39.9 元 |
| 978-7-300-28790-4 | 社会工作实务案例教程 | 陈树强<br>李璐龄 | 49.8 元 |
| 978-7-300-25600-9 | 社会服务项目运作实务 | 赵海林 | 38.0 元 |

## 配套教学资源支持

尊敬的老师：

衷心感谢您选择人大版教材！相关的配套教学资源，请到中国人民大学出版社官网（www.crup.com.cn）下载。部分教学资源需要验证您的教师身份后，才可以下载，请您登录出版社官网后，点右上角“注册”，填写“会员中心”的“我的教师认证”项目，等待后台审核。我们将尽快为您开通下载权限。

如您急需教学资源或教材样书，也可以直接与我们的编辑联系：

龚洪训电话：010-62515637 电子邮箱：6130616@qq.com

专业教师 QQ 群：

195761402（全国社会学教师 QQ 群）

欢迎您登录浏览人大社网站，了解图书信息，共享教学资源

期待您加入专业教师 QQ 群，开展学术讨论，交流教学心得